中公新書 2338

清水真人著

財務省と政治

「最強官庁」の虚像と実像

中央公論新社刊

まえがき

「それは全く意味のない仕事だ。武村正義《たけむらまさよし》官房長官にいくら話を聞いても、何も分かるはずがない。なぜなら、我々大蔵省は、官房長官に重要情報を何も上げていないのだから」

一九九四年三月二日。政治記者だった筆者が経済部に移り、大蔵省担当になった翌日のことだ。先輩の指示でさっそく、主計局幹部が住む東京・目黒区の公務員住宅に朝駆けに及んだ。首尾良く幹部の公用車に同乗取材し、二月まで首相官邸を担当して、武村長官らを取材していた、と自己紹介した途端に「意味のない仕事」だと一刀両断されてしまったのだ。

五五年体制と呼ばれた自民党の長期単独政権。冷戦終結、バブル崩壊とともに行き詰まり感が強まった。小沢一郎《おざわいちろう》や武村らの脱党による大分裂を経て九三年八月、細川護熙《ほそかわもりひろ》を首相に非自民連立政権が誕生するが、ほどなく細川を挟んで最高実力者の小沢と内閣の番頭役の武村の確執が激化した。細川は九四年二月、消費税率を三%から七%に引き上げ、社会保障財源化する「国民福祉税」構想を打ち出すが、武村らの猛反対で撤回に追い込まれていた。

福祉税構想は小沢と大蔵省の連携から出てきたと目されていた。筆者は「大蔵省がいくら最強官庁と言っても、官房長官を無視するとは官僚の矩《のり》を超えているのではないか」と問うた。返ってきた反論は「時の首相（細川）と与党の最高実力者（小沢）の二人から命令されたことで、官僚は従わないわけにいかない。大蔵省が決めたわけではない」であった。

今の財務省でも主流を占める主計官僚の傲岸《ごうがん》さを言いたいのではない。当時の政局を左右したのは細川、小沢、武村のトライアングルの力学だ。その機微を、主計局は福祉税騒動や予算編成を通じて極めて正確につかんでいた。政治記者としてそこに瞠目《どうもく》したのである。

日本の政治は予算を軸に動く。時の政権は掲げた重要政策の実行に向け、その裏づけとなる次年度予算案を一二月に編成する。翌年一月召集の通常国会に提出し、三月中に成立させるのが政権運営の生命線だ。景気後退期には頻繁に補正予算を組み、経済を下支えする。

この予算編成を担ったのが大蔵省だ。主計局は各省から概算要求を受け、査定を通じて予算の配分や増減を差配。政権の意向に沿ってメリハリもつける。景気動向を見ながら、全体の規模も統制する。税収は主税局が見積もり、歳出・歳入両面をにらんで帳尻《ちょうじり》を合わせる。個別の権益や利害には超然としてみせ、政策全体に目配りする総合調整役を自負する。

「金庫番の大蔵省が石頭だから、大事な予算がつかない」は与党議員や各省が支持者や業界向けに使う常套句《じょうとうく》だ。現実には与党や各省との綱引きの末に大蔵省が譲って着地させる場面もしばしばだが、「最強官庁」と一目置かせる代わりに、こんな憎まれ役も甘受してきた。

査定権を背景に、大蔵省には各省から業界や族議員らの動きが刻々と伝えられた。当時は日銀の一般監督権も持ち、銀行行政を通じて官民にまたがる資金の流れをしっかりつかんでいた。戦後のメーンバンク制の下では産業界の動向まで掌握していた。この広く、深いインテリジェンス（諜報《ちょうほう》）こそが政治と向きあう大蔵省の強みとなってきた。本省から一定の独立性を保って徴税実務を遂行する外局の国税庁に対しても、政治家たちは身構えてきた。

予算の国会での成立をスムーズに運ぶため、大蔵省は多数派を形成する政権与党と、国会提出前の予算編成の段階から緊密な連携を迫られた。自民党が政権を独占した五五年体制では、有力ないくつかの派閥の合従連衡《がっしょうれんこう》から首相が選ばれていた。首相（政府）よりも与党が強く、ひいては派閥の領袖《りょうしゅう》の方がパワーを持った「党高政低」型の二重権力構造だ。

大蔵省は政権の真の実力者は誰か、を見極めようと常に目を凝《こ》らした。最高実力者と誼《よしみ》を通じる、ある元事務次官の言を借りれば、「つるむ」ことが円滑な総合調整に欠かせなかった。五五年体制下では与野党間の政権交代など想定外。戦後の公務員制度は政治的中立を建前とするが、大蔵省は時の首相や蔵相に仕えるだけでは済まず、二重権力型の自民党システムに深く組み込まれて「共犯関係」を築いた。実質的な政治プレーヤーだったのである。

五五年体制の爛熟《らんじゅく》期、大蔵省に最も影響力を誇った政治家は竹下登《たけしたのぼる》だ。蔵相経験が長く、消費税導入を実現した首相でもある。退陣後も保持した隠然たる政治力。その源泉の一つは、大蔵省から吸い上げるインテリジェンスだった。主計局は予算の編成や印刷、国会審議に必要な日数を前例からはじき、成立までの工程表を練って権力中枢への根回しを重ねる。このやり取りを通じ、大蔵省の政策情報が政局情報を加味した「政治日程」に変換される。

この政治日程に誰より精通していたのが竹下だ。自ら「巻物」と呼んだ手製の「竹下カレンダー」には大蔵省インテリジェンスを基礎に外交・皇室情報なども合わせ、半年から一年先までの緻密《ちみつ》な政治日程を書き込んだ。これを片手に中長期の政局シナリオを描き、着地点から逆算して今打つべき手を熟考したのだ。首相より与党・派閥主導の自民党システムにあって、竹下が「権力の司祭」を息長く演じるうえで、大蔵省との蜜月《みつげつ》は不可欠だった。

その自民党が下野し、細川非自民連立政権で飛び出したのが福祉税構想だった。不安定化した政党政治を尻目に一瞬、大蔵省が「最強官庁」として突出したようにも見えたが、それは崩れゆく五五年体制の残照だった。新与党との関係を築くべく粛々と動く大蔵省を見て、自民党はこれは裏切りだ、とあらぬ怨恨《えんこん》を抱き、政権復帰後も「共犯関係」は戻らない。

冷戦終結と自民党政治の閉塞《へいそく》から、五五年体制を支えた統治構造を改革する動きも始まった。衆院への小選挙区制導入を軸とする政治改革は、二大勢力が競い、政権交代も起きる政治システムへの移行を半ば強制していく。衆院選が政権を選ぶ選挙、首相を選ぶ選挙なのだと捉《とら》え直され、政党政治は首相の支持率と指導力の演出を常に意識する時代に入る。

バブル崩壊後の政府は財政出動による景気対策を繰り返し、少子高齢化もあって財政赤字が急拡大した。政治は「負担の分配」を避けられなくなる。グローバル市場経済は政策決定にスピード感を求め、それも首相主導のトップダウン化を後押しした。相次ぐ金融機関の経営破綻《はたん》処理に巨額の公的資金投入を迫られると、政治は財政・金融を一手に担ってきた大蔵省に責任追及の矛先を向ける。総合調整役の大蔵省そのものが問題とされたわけだ。

九〇年代後半には橋本行革と呼ばれた中央省庁再編の議論が進む。首相の指導力強化と「大蔵省解体」が二大テーマとなった。前者の目玉が予算などマクロ政策の基本方針を大蔵省に任せず、首相主導で決めるための経済財政諮問会議の新設だ。後者が大蔵省から金融行政を扱う金融庁を分離し、権限を縮小することと、日銀の独立性の強化だった。

政権交代と首相主導を志向した統治構造改革。自民党の派閥の勢力均衡の秩序に首相が乗り、土台は大蔵省が支えた五五年体制のコンセンサス型の「昭和デモクラシー」は、政権選択選挙で得た民意を背に、首相がトップダウンで突き進む多数支配型の「平成デモクラシー」へ移行し始める。それを見せつけているのが「自民党をぶっ壊す」と叫んで五年五カ月間、官邸主導で政権を維持した小泉純一郎《こいずみじゅんいちろう》であり、第二次内閣以降の安倍晋三《あべしんぞう》だ。

橋本行革でマクロ政策の司令塔の座を降りた新生・財務省。予算編成機能は保持し、霞が関・永田町周辺のインテリジェンス機関としては、今も「最強」かもしれない。ポスト小泉期や民主党政権期は政治が混迷し、財務省が「最強官庁」として復権するかに見えることもあった。ただ、統治構造改革が「明治維新や戦後改革にも匹敵するような大いなる制度進化・変化のさなか」（経済学者の故青木昌彦《あおきまさひこ》）の不安定な過渡期にあるとは言え、政権交代や首相主導への潮流に目を凝らせば、政と官の力関係は確実に政治優位に傾いてきている。

竹下亡き後は財務省を「使いこなす」姿勢の「調整族」の黒幕型の実力者もなかなか現れなくなった。財務省にとっても、時の首相と「つるむ」関係を築けるかどうかが決定的になりつつある。水と油に見える民主党政権と第二・三次安倍内閣には隠れた共通項がある。それは政権運営のファンダメンタルズ（基礎的条件）として伝承されてきた「竹下カレンダー」を、権力中枢が財務省と共有するのを拒む場面が目立ち始めたことだ。政官関係の構造変化に押され、官を代表する財務省は受け身の「撤退戦」を強いられているとも言える。

本書は五五年体制の爛熟期から安倍政権まで、大蔵・財務省と政治の綱引きを追い、それを平成の統治構造改革の潮流にも位置づけて実像を描き出す試みだ。「財務省」よりも「財務省と政治」を論じるので、政治と切っても切れない予算編成や税制改革にとりわけ着目する。「財務省」や日本経済を語るなら、国際金融・通貨政策なども外せないことは論を待たないが、これらは「財務省と政治」に深く関わる側面に限って取り扱うにとどめる。

財政規律を重視し、予算編成や税制改正を司《つかさど》る大蔵・財務省が本当にずっと「最強官庁」だったのなら、一五年度末で国債残高が対国内総生産（GDP）比で一六〇％に上る八〇〇兆円を超える、と見込まれるほどの借金財政になぜ陥ったのだろうか。そうなる前に「最強官庁」は歳出をバッサリ削減するか、どんどん増税すればよかったのではないだろうか。とりわけ、バブル経済末期の一九九〇年度末からの二五年間で、国債残高は六三〇兆円の急増を記録する。これは五五年体制が崩れ、平成の統治構造改革が進む過程と重なる。

統治構造改革の幕間《まくあい》に「改革派」を名乗り、大蔵・財務省を「最強官庁」と見立てて、権力闘争を挑む勢力が次々に現れた。細川や武村らを源流とし、民主党へ流れ込んで二〇〇九年の政権交代で表舞台に躍り出た政治家の一群。慶大教授の竹中平蔵《たけなかへいぞう》やその下に結集した有識者と「脱藩官僚」の集団。大蔵・財務省に対抗心を燃やし続ける通産・経産官僚たち。本書はこんな「改革派」の系譜にも目を向ける。実は「最強官庁」を最も必要としてきたのは「改革派」だからだ。強大な敵役に立ち向かってみせるから存在感が際立つわけで、大蔵・財務省が地盤沈下すると、「改革派」のビジネスモデルも成り立たなくなってしまう。

さりとて、「最強官庁」は「改革派」による作為の虚像に過ぎない、と切り捨てるわけにもいかない。実像はどうあれ、相手に手強《てごわ》いと思わせれば、交渉力は高まる。わずかな譲歩にも価値が出て、難題を着地させやすくなる。だから、財務省が自分を「弱い」と認める理由もまた、ないのだ。この話は一筋縄ではいかない。本書がこんな奇妙な共同幻想で成り立ってきたようにも見える「最強官庁」説の過去といまの見極めの一助になればと思う。

本書は多数の国会議員や政策当局者らへの二〇年を超す取材に基づいているが、本文中で示した以上に情報源を明かすことは差し控えたい。肩書や役職はすべて記述当時のものとし、敬称は略させていただいた。緻密な編集作業で支えていただいた中公新書編集部の田中正敏氏に深く感謝申し上げる。田中氏との縁をつないで下さった『中央公論』編集部の中西恵子氏にもお礼を申し上げたい。

目次

第3章　新生・財務省と小泉政治

財務省機構図

（2015年７月現在）

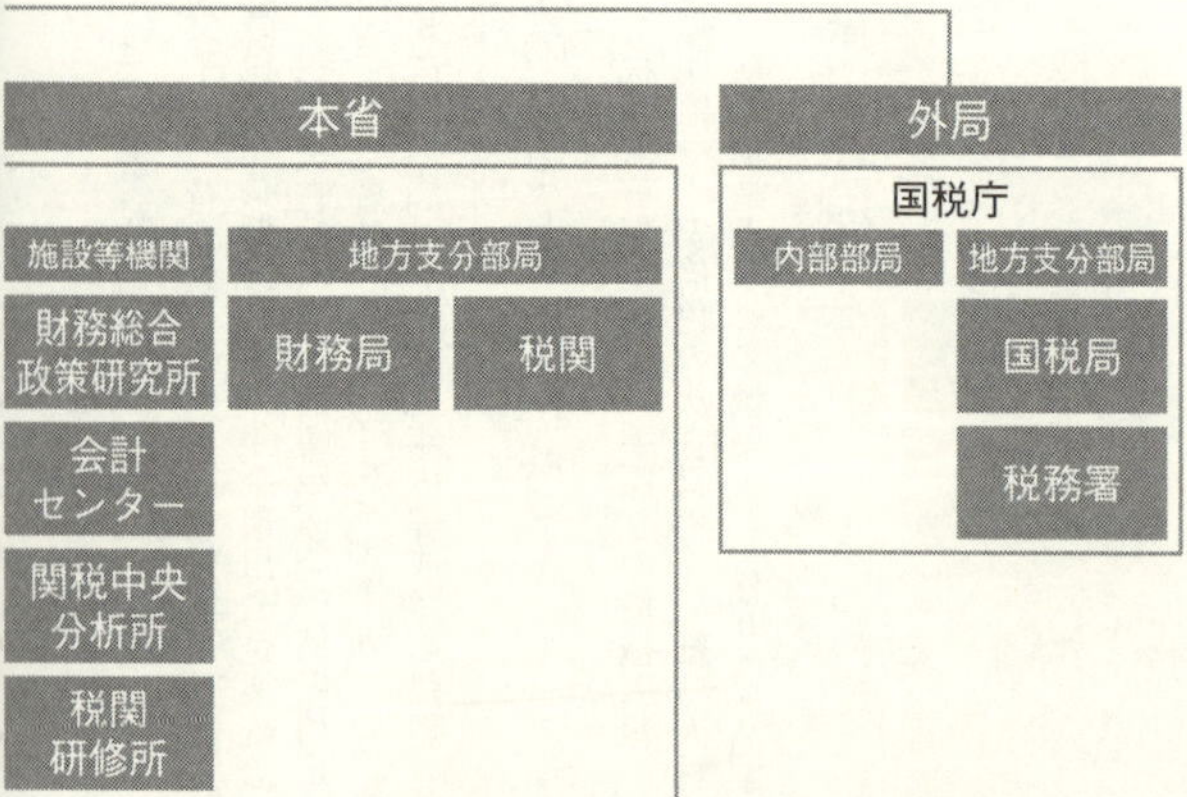

写真・アフロ

財務省

- 財務大臣
- 副大臣（2）
- 大臣政務官（2）
- 事務次官
- 財務官
- 秘書官

本省

内部部局

大臣官房	主計局	主税局	関税局	理財局	国際局
官房長	局長	局長	局長	局長	局長
総括審議官	次長（3）	参事官		次長（2）	次長
政策評価審議官					
審議官(11)					
参事官(10)	総務課	総務課	総務課	総務課	総務課
秘書課	司計課	調査課	管理課	国庫課	調査課
文書課	法規課	税制第一課	関税課	国債企画課	国際機構課
会計課	給与共済課	税制第二課	監視課	国債業務課	地域協力課
地方課	調査課	税制第三課	業務課	財政投融資総括課	為替市場課
総合政策課	主計官(11)		調査課	国有財産企画課	開発政策課
政策金融課	主計監査官			国有財産調整課	開発機関課
信用機構課				国有財産業務課	
厚生管理官				管理課	
				計画官（2）	

注1）カッコ内は人数。審議官のうち3人は、関係のある他の職を占める者をもって充てられる。

注2）証券局、銀行局は1998年6月22日の金融監督庁設置にともない廃止された。

歴代財務（大蔵）次官（1993年〜2015年）

氏名	就任日	政権	主な出来事
斎藤次郎	1993年6月25日	宮澤、細川 羽田、村山	非自民政権で予算編成が越年、国民福祉税騒動
篠沢恭助	1995年5月26日	村山	住専処理に6850億円投入
小川 是	1996年1月5日	村山、橋本	日銀法改正、消費税率が3％から5％に
小村 武	1997年7月15日	橋本	山一証券などが連鎖破綻、東京地検特捜部が大蔵省を強制捜査
田波耕治	1998年1月30日	橋本、小渕	過剰接待事件で大量処分、金融監督庁が独立、長銀・日債銀破綻
薄井信明	1999年7月8日	小渕、森	竹下登、小渕恵三死去
武藤敏郎	2000年6月30日	森、小泉	金融庁発足、省庁再編により大蔵省から財務省に、経済財政諮問会議の力強まる
林 正和	2003年1月14日	小泉	りそな銀行に公的資本注入、大規模な円売りドル買い、日銀が量的緩和進める
細川興一	2004年7月2日	小泉	消費税増税をめぐり「上げ潮派」と「麻布連合」対立
藤井秀人	2006年7月28日	小泉、安倍	大蔵省出身の的場順三が官房副長官に就任
津田廣喜	2007年7月10日	安倍、福田	日銀総裁人事で民主党が財務省出身者を拒否
杉本和行	2008年7月4日	福田、麻生	リーマン・ショック、消費税増税へ税法附則104条
丹呉泰健	2009年7月14日	麻生、鳩山 菅	同期から2人目の次官、民主党政権で事業仕分け
勝 栄二郎	2010年7月30日	菅、野田	東日本大震災、消費税率引き上げに民自公3党合意
真砂 靖	2012年8月17日	野田、安倍	アベノミクス始動、日銀が「異次元の金融緩和」
木下康司	2013年6月28日	安倍	消費税率が5％から8％に
香川俊介	2014年7月4日	安倍	15年からの消費税率10％への引き上げ延期
田中一穂	2015年7月7日	安倍	同期から3人目の次官

序章　五五年体制——自民・大蔵の「共犯システム」

予算カレンダーで火花

一九九一年九月六日、国会内の官房長官室。年末の予算編成の日程繰り上げを迫る自民党国会対策委員長の梶山静六《かじやませいろく》と、難色を示す大蔵省主計局長の斎藤次郎《さいとうじろう》が怒鳴りあっていた。

梶山「まだ何か文句を言いに来たのか！　お前らなんか叩《たた》き潰《つぶ》してやる！」

斎藤「既に休日返上、徹夜で作業しています。計数整理や印刷工程も正確を期す必要があります。予算案をいつ出すかは最終的には内閣の判断だ。できないものはできません！」

梶山「もういい。俺は家に帰る！　大蔵省が国会対策でも何でも勝手にやっておけ！」

この日の衆院本会議では、通常国会の召集を一二月から翌年一月に変える国会法改正案が議題だった。従来は一二月に召集しても、年末を挟んで一月下旬頃に政府が予算案を国会に提出するまで自然休会としていた。これは会期のムダだとして、与野党は一月召集で合意。同時に実質審議を早く始めたい、と予算案の提出前倒し論が浮上した。そのため、例年一二月二九日頃までかかっていた予算折衝を、二三日の天皇誕生日の前に終わらせる改革を大蔵省に求めたのだ。だが、実務を預かる主計局は物理的に難しいと突っぱねていた。

最後は官房長官の坂本三十次《さかもとみそじ》が議院運営委員会で「可能な限り早めるよう誠心誠意努力する」と答弁して収めたが、本会議開会は二時間もずれ込んだ。最大派閥・竹下派の大幹部だった梶山と、内閣の大番頭である官房長官を差し置いてやりあった斎藤。「十年に一人の大物」と呼ばれた大蔵官僚だが、この後は梶山のもとに進んで足を運ぼうとはしなかった。

自民党が長期単独政権を築いた一九五五年体制の爛熟期の一場面である。結局、九二年度予算案は一日だけ早めて一二月二八日に閣議決定。その後も段階的に繰り上げ、二四日決定の慣行が定着していく。七〇年代までは予算編成が越年し、一月まで自民党と各省が入り乱れて分捕り合戦が続くことが珍しくなかった。年内編成が基本になったのは財政再建が政治課題になった八〇年代以降だ。大蔵省は「どんなに熾烈《しれつ》な折衝《せっしょう》も大晦日《おおみそか》まで」とまず日程から与党の予算増額圧力にタガをはめ、財政規律の回復への一歩としたわけだ。

それが「クリスマス前まで」では背水の陣にならず、歯止めが緩みかねない、と身構えた面もあった。こんな些細《ささい》な変更でも自民党と大蔵省が火花を散らすほど、予算編成を基軸に練られる政治カレンダーは政権運営のファンダメンタルズ（基礎的条件）となっていた。

「最強官庁」と呼ばれた理由

高層化が進む東京・霞が関の官庁街。際立って古めかしく、地下一階・地上五階という重心の低さも相まって独特のどっしりした印象を醸《かも》し出すのが財務省の庁舎だ。戦時中の一九四三年に大蔵省庁舎として完成した。財政再建を唱える立場から、建て替えは後回しにした。正面玄関から階段を上ると、廊下に赤絨毯《じゅうたん》が敷かれた二階の一角に大臣、副大臣（二名）、政務官（二名）と現在では五人の政治家の執務室がある。この階に官僚のトップに立つ事務次官、国際金融交渉に飛び回って「通貨マフィア」と呼ばれる次官級の財務官、省内調整や人事を受け持つ大臣官房の官房長らの部屋も並ぶ。予算の責任者である主計局長、税制を担当する主税局長もいる。中枢部局が集中する「二階」の風景は大蔵省以来、変わらない。

「国の財政を処理する権限は、国会の議決に基いて、これを行使しなければならない」

憲法八三条は国会による財政統制をこううたう。八四条は租税を課すには法律によらねばならないとの「租税法律主義」を明記。八六条は「内閣は、毎会計年度の予算を作成し、国会に提出して、その審議を受け議決を経なければならない」と定める。八六条を字句通りに読めば、予算を巡っては内閣と国会が対峙《たいじ》するはずだが、「予算の作成」は憲法に次いで制定された財政法で蔵相（今は財務相）に委《ゆだ》ねられ、国会は五五年体制の下では自民党が支配していった。だから、実質的には大蔵省と自民党の攻防へと変換されたのだ。

「財政とは、政府のあらゆる政策が経済的価値をまとって表現される場である。それゆえ、予算を査定する官僚はあらゆる政策の監督者としての地位にあるということもできる」

山口二郎《やまぐちじろう》『大蔵官僚支配の終焉《しゅうえん》』は予算編成の重みをこう喝破する。主計局は各省の概算要求を査定して配分や増減を固め、全体の規模も統制。自民党とは濃密な折衝も強いられるが、総合調整役を演じる。これが政府部内で「最強官庁」と呼ばれてきた第一の理由だ。

官邸・霞が関の情報網

主計局には局長をトップに、次長が三人いる。各次長が厚生労働、公共事業、防衛などを分担する一一人の主計官（課長級）を数人ずつ指揮する。各主計官の下にやはり数人ずつの主査（課長補佐級）がいて、査定の最前線を担う。各省は予算を握る主計局には与党の族議員や業界の動向などを逐一、耳打ちする。予算に絡む国会答弁には主計局の事前了解を求める。こうして霞が関で針の落ちる音も聞き逃さない情報ネットワークを築いてきた。

政府部内の要所に人材も配置している。省庁再編前から、歴史が浅い防衛省や環境省などにしばしば次官候補を出向させている。近年は内閣府の事務次官も出した。各省の定員の増減を決める総務省の管理官（課長級）、給与配分を差配する人事院の給与二課長など、霞が関のヒトとカネの急所を握るポストも押さえてきた。首相や官房長官の秘書官にも同期のトップ級が出向し、首相官邸に上がるどんな情報も見逃さない。こんな大蔵省のパワーが突出するのを避けるため、官邸で全官僚機構のトップに立つ官房副長官（事務担当）には厚生、自治、警察など旧内務省系の次官経験者を充て、バランスを取るのが不文律となった。

大蔵省の時代に「四階」と言えば、金融部局を指したものだ。銀行局、証券局、国際金融局が集まっていた。金融の護送船団行政やメーンバンク制を通じ、大蔵省は官邸や霞が関だけでなく、金融・産業界にまで情報収集の手を延ばした。それも力の源泉として、日本経済を司る「最強官庁」を自任したのは確かだ。今は国際局だけが残り、国内金融行政は金融庁に切り離された。なお、最上階の五階には税の徴収を担う外局の国税庁がある。国税庁長官は次官級だが、独立性が高く、財務相に業務内容の報告に来たりはしない。

与党主導の政官融合体制

「ほかの国の予算編成システムを知っている者にとって日本の予算編成で最も驚くべき点は、与党組織が予算編成のほとんどすべての段階で日常的に関与していることである」

戦後の七四年度予算までを分析したジョン・C・キャンベル『自民党政権の予算編成』は、大蔵省主導のプロセスへの与党の全面関与を、日本特有の光景として真っ先に指摘する。

政権党と大蔵省など霞が関の官僚機構が予算編成や法案の企画・立案の段階から濃密な接触を重ね、国会への提出前にすり合わせを完了する与党事前審査システム。これは五五年体制成立直後から始まった、との研究もある。与党議員が大蔵省などの官僚を呼びつけて予算の情報提供を求めたり、陳情に及んだりする。官僚が円滑な国会審議をにらんで与党政治家の間を根回しに飛び歩く。これらは当たり前の行為と見なされてきた。だが、日本がしばしば同じ議院内閣制のモデルとする英国では、与党議員と官僚機構の接触は原則禁止だ。

英国は一八世紀前半に財政を司る「第一大蔵卿《きょう》」が次第に政府の首席と見なされるようになって首相という官職ができた。首相は今も「第一大蔵卿」を兼務する。実質的な予算編成は「第二大蔵卿」である財務相が責任者だ。各省との予算折衝の矢面に立つのは財務相を補佐する財務首席政務官で、これも閣議に列席する。税制改正に至っては財務相の専権事項で、各省に相談すらしない。財務省の政府内での地位は日本とは段違いに高い。

財務官僚の高田英樹《たかだひでき》は私的な報告書「英国財務省について」で「発表前の政策や法案について与党の議員に個別に『説明』するといったことはない。また、党の部会に役人が出席して政策の説明を行うということもない。議員の側から、政府の施策について何か影響を与えるには、担当の大臣と話をするしかない」と描写する。与党事前審査の慣行もない。

衆院選で多数を制した勢力から、国会が首相を選ぶ。首相が閣僚を選んで内閣を組織し、官僚機構を統御する。日本国憲法が想定する議院内閣制はここまでは英国と大差ない。何が違うのか。英国では幹事長などにあたる政権党幹部もこぞって入閣する。一元化された権力主体としての内閣が、議会の法案審議や採決日程まで差配する。米国流の厳格な三権分立の思想が流れ込んだ日本国憲法では、内閣は国会とは切断され、審議日程に介入できない。

そこで、もともとは内閣と一体であるはずの「与党」が、別の権力主体のような顔をして国会対策を引き受けた。内閣は与党の支持を調達しない限り、予算も法案も成立させられない。両者は「双頭の鷲《わし》」のように二元化して並び立った。大蔵省など官僚機構は首相や蔵相らに仕えると同時に、与党への根回しに奔走する日常となった。五五年体制の長期化で「与党・官僚内閣制」（田中秀明《たなかひであき》『日本の財政』）とも言うべき政官融合体制が出現したのだ。

縦割り・積み上げ・全会一致

東西冷戦下で成立した五五年体制。最大野党の社会党は衆院選で過半数の公認候補を立てたのは五八年だけで、野党連合政権構想もまとまらず、政権交代の選択肢がなかった。

一つの選挙区の定数が三〜五の中選挙区制。自民党は各区で複数の当選を目指して候補者を競わせた。この同士討ちが淵源《えんげん》となって党内に有力派閥が割拠し、総裁＝首相の座を巡る抗争を繰り返した。派閥の合従連衡に乗る首相の指導力は制約され、与党主導に傾いた。

並行して政官融合と与党事前審査制を特質とする政策決定システムは七〇年代初頭までにほぼ定着した。その特徴は「縦割り・積み上げ・全会一致」だ。自民党政務調査会には建設、農林、郵政など各省に対応する部会が並び、特定分野に精通する「族議員」が台頭した。長期政権化につれ、癒着《ゆちゃく》防止で一〜二年で役職の異動を繰り返す官僚より、何年もその分野の政策や予算に関わり続けるベテラン「族議員」の方が専門性で上回る例が増えたのだ。官僚も各業界も自民党本部に通って「族議員」に予算の増額や税の減免などを陳情した。これが政官業の「鉄の三角同盟」だ。あらゆる政策はまず縦割りの部会で揉《も》んで、了承されると政調審議会に上がる。政審は次第に形骸《けいがい》化するが、最終最大の関門は総務会だ。二〇人で構成する党議決定機関である。議事は党則上は多数決だが、全会一致が慣行となってきた。

佐藤誠三郎《さとうせいざぶろう》・松崎哲久《まつざきてつひさ》『自民党政権』は、こんなシステムを『自民＝官庁混合体によって枠づけられ、仕切られた多元主義」と呼んだ。多元的な社会の利害が縦割りの仕切りに応じて吸い上げられ、仕切りごとに政官業が一体となって経済成長のパイの分配を求めた。

その結果、自民党政調会は縦割りの霞が関と合わせ鏡となる。分野別のミクロの権益追求には熱心でも、全体を見渡して優先順位やメリハリをつけるマクロの統合機能に乏しかった。歳入との見合いで過度な増額要求は抑えに回る「憎まれ役」は専ら主計局が引き受けた。

一方、税制改正は個別の増減税やその規模を決めるだけでなく、「公平・中立・簡素」といった原則に照らし、税体系全体の整合性を損なわない目配りが要る。そこで専門議員が集まる党税制調査会が大蔵省主税局と二人三脚を組み、例外的な総合調整機能を担った。

予算編成過程ではぶつかっても、ひとたび与党の了解の下で政府案を閣議決定し、国会に出せば政と官は「共犯関係」で野党の修正要求を跳ね返し、早期成立に向けて粛々と協調した。後年に「竹下カレンダー」として完成される政治日程にも、大蔵省は関与し続けた。

政と官のどちらが優位かは別として、大蔵省が深く組み込まれた縦割り・積み上げ・全会一致型の自民党システム。それを成り立たせた土台は「戦後の日本政治において圧倒的に重要な事実、すなわち高度経済成長である」とキャンベルは言う。多元主義下の熾烈な予算の分捕り合戦も「パイが絶えず大きくなっていったために、一切れの大きさを巡る紛争は緩和された」わけだ。主要経費の伸び率に大差をつけず各省横並びに配慮した「バランス」型、前年度実績を基準に漸進《ぜんしん》的に増減させる「増分主義」が特徴となった。

政治家は予算の個別の「箇所づけ」に熱心で、予算全体の見栄えやりくりを心配するのは大蔵省。主計局長を最後に退官した涌井洋治《わくいようじ》（後に日本たばこ産業会長）は「政治が果たすべき機能の一部を行政が担い、行政分野の一部に政治が介入し、両者が混同されていた」と振り返っている。高度成長が終わっても、厳しく身を切る改革や、縦割りの仕切りを超えた政策資源の大胆な再配分に自民党システムは不向きで、財政赤字を積み上げていく。

田中角栄という屈曲点

内務省解体などを横目に、戦後占領期も組織としては生き延びた大蔵省だが、公職追放などで人事秩序は混乱した。予算編成の責任者となる主計局長から事務次官へ上り詰める人事コースが次第に主流になっていくが、例えば池田勇人《いけだはやと》は主税局長から次官に昇格している。東大法学部卒業者が圧倒的に多い戦後昭和の次官で、ただ一人の京大卒でもある。主計局長でも昭電疑獄で逮捕・起訴された福田赳夫《ふくだたけお》（公判で無罪）は次官になれず、政界に進出する。

福田の後、占領期が終わると主計局長は例外なく次官に昇格していく。ただ、森永貞一郎《もりながていいちろう》（後に日銀総裁）、石野信一《いしのしんいち》（後に太陽神戸銀行頭取）や谷村裕《たにむらひろし》（後に東証理事長）ら「官房型官僚」（牧原出《まきはらいずる》『内閣政治と「大蔵省支配」』）と呼ばれた五〇年代半ば～六〇年代後半の次官たちはキャリアの仕上げとして主計局長を経験したものの、主計畑一筋ではなかった。

主計局長を次官にしない異例の人事が再現したのは、高度成長が終焉を迎えた七四年。自らも次官になれなかった福田が蔵相だった田中角栄内閣だ。福田は主計局長の橋口収《はしぐちおさむ》を新設の国土事務次官に回し、角栄肝煎《きもい》りの二兆円の所得税減税に尽力した主税局長の高木文雄《たかぎふみお》を次官に据えた。当時まだ若手だった、後の次官経験者は「次期首相を狙った福田氏が、田中首相への政治的配慮を優先した人事で、ある種の密約ではなかったか。あの二兆円減税こそ、財政危機の遠因になった」と振り返る。大蔵次官人事への政治の介入も異例だった。

角栄の日本列島改造論は地価高騰に石油ショックも手伝って経済混乱を招き、政敵の福田を蔵相に登板させた。福田は総需要抑制策に転換するが、二兆円減税は止めきれず、次官人事でも角栄の介入を許した。減税は次の三木武夫《みきたけお》内閣下の七五年度補正予算から赤字国債を発行する伏線となる。さらに角栄が「福祉元年」を宣言し、年金支給額の大幅増や老人医療費の無料化を敢行したことが社会保障費も急増させ、高齢化とともに財政の桎梏《しっこく》となる。

大蔵省では財政への危機感から、政治と対峙する主計局に選《よ》りすぐりの人材を集中配置する人事が顕著になる。「主計にあらずんば人にあらず」的な出世コースが定着するのはここからだ。高度成長の転換点となった田中内閣は、大蔵省にとっても屈曲点だったのだ。

赤字国債の本格発行を始めた三木内閣の蔵相は大平正芳《おおひらまさよし》だった。贖罪《しょくざい》意識から、首相として臨んだ七九年の衆院選で一般消費税の導入を掲げるが、党内の猛反発で投票日直前に撤回してしまう。結果も振るわずに党内抗争を招き、八〇年の衆参同日選の最中に急死する。

次の首相の鈴木善幸《すずきぜんこう》は行政改革の優先を掲げ、新設の第二次臨時行政調査会会長に経団連会長の土光敏夫《どこうとしお》を担ぎ出す。土光の「増税なき財政再建」路線に大蔵省も従った。八二年度予算では概算要求から主な各経費の伸びを前年度以下とする「ゼロ・シーリング」を実施した。だが、巨額の税収不足が判明し、八四年度に赤字国債を脱却する目標は達成が絶望となって鈴木退陣の引き金ともなる。「増税なき財政再建」は破綻が避けられない宿命にあった。

それでも首相が中曽根康弘《なかそねやすひろ》に代わった八三年度からは「マイナス・シーリング」に踏み込み、歳出抑制の旗を振る。政策的経費である一般歳出全体の伸び率も「ゼロ」に抑えた。

シーリング方式は各省横並び・一律が特徴となった。建設、農林、商工など政官業の各省別「鉄の三角同盟」が群雄割拠する自民党システム。個別の査定で予算配分にメリハリをつけるのは至難で、皆で歳出抑制の痛みを等しく分かち合うしか手はない、と考えられたのだ。

これは「縦割り・積み上げ・全会一致」の自民党システムに見合う方式だった。財政健全化を掲げる主計局だが、査定は相手省の要求を一方的に切り込めば評価される、という単純作業でもない。特に当時は自民党政権が半永久的に続く前提だから、勝ち負けがはっきりし過ぎて、政官業の同じ顔ぶれが再び集まる翌年度の予算編成に遺恨《いこん》が尾を引くのは好ましくない。全当事者が渋々でも納得できる線で着地させ、「収める」調整力こそが求められた。主計官や主査は割り切った政治的リアリズムを備えていなければ、務まらなかった。

「横からの入力」とバブル

大蔵省には、財政再建には歳入の比重を所得税や法人税などの直接税から間接税へ移行させ、課税ベースが広く、税収が景気動向に左右されにくくて安定する付加価値税（消費税）の導入に改めて挑むしかないとの機運が強まった。しかし、中曽根には別の野心があった。「戦後政治の総決算」を掲げた中曽根が狙ったのは、一九四九年のシャウプ勧告以来の税制抜本改革だ。増減税同額とし、間接税の増税も容認するが、主眼は税率構造を簡素化し、都市部の中間層の負担を減らす所得税減税。自民党の支持基盤のウイングを広げようとした。

八六年七月の衆参同日選で自民党を大勝させた中曽根は、選挙中に「国民と党が反対するような大型間接税と称するものは、やる考えはない」と発言した。ただ、党税調会長として頼った山中貞則《やまなかさだのり》が取引の各段階で物品・サービスに課税する付加価値税を主張。幹事長の竹下登、蔵相の宮澤喜一《みやざわきいち》らも支持し、中曽根ものんだ。その結果、新税「売上税」創設法案は公約違反と指弾され、八七年の通常国会で廃案に追い込まれてしまう。

八〇年代は日米貿易摩擦の激化から、八五年九月のプラザ合意と急激な円高ドル安による為替調整、さらに金融自由化へと、政官業の「仕切られた多元主義」の自民党システムを外圧という「横からの入力」（政治学者の佐々木《ささき》毅《たけし》）が揺さぶった。ある大蔵次官OBは「西側陣営の結束のために日本の経済一人勝ちも黙認した米国が、冷戦の勝利が見えて『平和の配当』を求め始めた」と振り返る。別の次官経験者はプラザ合意を「日米同盟を維持するにはあそこが臨界点だった。対米黒字の削減要求に応えざるをえなかった」と漏らす。

売上税の廃案とともに米国の黒字削減＝日本の内需拡大要求が「増税なき財政再建」を押し流す。予測を超えて進んだ円高不況も重く見た中曽根は八七年五月、ヴェネツィア・サミットを控えて事業規模六兆円の総合経済対策を決断する。大蔵省は財政出動の規模を抑えようと防戦するが、資産倍増論を唱える宮澤も中曽根に与《くみ》し、押し切られた。この間、日銀の低金利政策も続いていた。財政出動・金融緩和の果てに訪れたのがバブル経済だった。

「調整族」竹下の十年計画

大平が一般消費税を掲げ、衆院選で苦戦した七九年に立ち戻る。第二次大平内閣で蔵相になったのが竹下だ。竹下は「大平さんが（竹下が）官僚出身でないからこそ、税制改革ができると思って白羽の矢を立ててくれた」と回顧している（後藤謙次《ごとうけんじ》『竹下政権・五七六日』）。

同年一二月、財政再建を巡るこんな国会決議の裏でも、竹下が与野党間を工作に動いた。

「財政再建は、一般消費税（仮称）によらず、まず行政改革による経費の節減、歳出の節減合理化、税負担公平の確保、既存税制の見直し等を抜本的に推進することにより財源の充実を図るべきであり、今後、景気の維持、雇用の確保に十分留意しつつ、歳出、歳入にわたり幅広い観点から財政再建策の検討を進めるべきである」（傍点筆者、以下同）

この決議は大平内閣が閣議決定した「いわゆる一般消費税（仮称）」は葬ったが、大型間接税自体は全否定していない、と解釈された。竹下は蔵相から党幹事長代理、さらに中曽根内閣でも再び蔵相として、行革や歳出削減など税制改革の地ならしを一歩一歩進めた。戦後三番目に長い一五八六日間、蔵相を務め、官僚の経歴や年次までそらんじる気配りで省内の人心を収攬《しゅうらん》した。八五年、ロッキード事件の一審有罪後も「闇《やみ》将軍」として君臨した田中角栄に造反し、新たな最大派閥「経世会《けいせいかい》」を旗揚げして最高権力ににじり寄っていく。

八七年には幹事長として売上税法案の廃案と引き換えに衆院議長あっせんを演出。直間比率の見直しなどに取り組む与野党税制改革協議会を設置させる「一歩後退、二歩前進」に持ち込んだ。中曽根の後継指名で首相に就くと、竹下は大蔵省が望んだ多段階の付加価値税案を「消費税」として担ぎ、自らレールを敷いた税制抜本改革にまい進した。

首相自ら「大型間接税の六つの懸念」を説明。所得税・法人税減税を先に野党に約束するなど手練手管を尽くした。蔵相や首相の歴代の秘書官を務めた大蔵官僚には主税畑出身者がそろい、共通の粘り強さから「竹下、おしん、主税局」と称された。加藤《かとう》淳子《じゅんこ》『税制改革と官僚制』は「税制改革のような不人気な政策を施行していくには、竹下首相の手法は特に効果的であった」と評する。財政再建決議から一〇年越しで消費税導入を完遂した。

「僕は昔から国会議員は『調整族』であるべきだと思っている。この手法を決して誇りには思っていないし、立派なことだとも思っていないが、元来、国会議員は国民のニーズがよくわかるから、こうした存在であっていい。『調整族』は得てしてリーダーシップがないと言われるが、調整もリーダーの資質の一つだと思う」(九六年の日本経済新聞のインタビュー)

竹下は角栄から継承した最大派閥の数の力と族議員の秩序、加えて大蔵省との蜜月を源泉に、退陣後も「調整族のドン」として隠然たる権力の司祭役を演じ続ける。日程から政局運営で先手を打つ「竹下カレンダー」や、「長期多角決済」と呼ばれた政治家の貸し借りに基づく独特の利害調整術に、財政・金融を握る「最強官庁」の情報と権能は不可欠だった。

平成の統治構造改革へ

消費税三%の導入は所得税・法人税減税とセットで差し引きでは減税だったが、折からのバブル経済で税収は急増した。九〇年度に赤字国債脱却という財政再建目標も達成。次々にグッドニュースに沸いた「最強官庁」大蔵省だが、その本質はバブルのあだ花だった。

米国という外圧が、公共投資などの内需拡大路線と金融自由化による銀行の護送船団行政の緩みをもたらし、八〇年代後半は財政・金融両面で大蔵省のグリップが弱まり始めていたのだが、危機の予兆は覆い隠された。ほどなくバブルは崩壊。すべてが逆回転し始める。自民党政権もリクルート事件、佐川急便事件といったバブルも絡む政治資金スキャンダルで揺れていた。九二年、最大派閥の「経世会」は内紛から竹下系と小沢一郎系に分裂する。

バブル崩壊後の不況が続く九三年四月。首相の宮澤喜一は総合経済対策の策定を表明して「規模としては史上最大」とぶち上げた。具体化は自民党政調会に任せた。

政調会長の三塚博《みつづかひろし》を補佐し、大蔵省に財政出動拡大を迫ったのが、政調会長代理の亀井《かめい》静香《しずか》だ。陳情団の前で受話器を握って「何を言ってるんだ！　ちゃんとやれ」と凄《すご》んでみせ、ガチャンと切って「大蔵省も了解した」とつぶやく。相手は東大在学中から親しい大蔵省幹部。電話を受けると「また亀井氏だ」とぼやくのが常で、了解などしていなかった。

それでも大蔵省は史上最高の事業規模一三兆円超の対策を積み上げた。その代わり、自民党は大蔵省が嫌がった所得税減税の回避を受け入れた。首相が大枠を示し、自民党と大蔵省は表舞台では激しくやり合い、与党主導を演出しながら、水面下でしっかり連携していた。半永久政権を前提に「共犯関係」を結んできた自民党と大蔵省の最後のあうんの呼吸だった。

この頃にはバブル崩壊の帰結としての金融システム危機の影が、「最強官庁」大蔵省の足元に忍び寄りつつあった。政党政治の側では、ほどなく「政権交代」と「首相主導」をキーワードとする平成の統治構造改革の幕が開く。その改革の渦に、バブル崩壊の重い足かせに縛られて身動きしづらい「最強官庁」も否応なく巻き込まれていく宿命にあった。

第1章　「無謬」神話の終わり

1　「親小沢」越年予算に遺恨

「政治改革政権」と減税

一九九三年八月一〇日、首相官邸。新首相の細川護熙が就任記者会見に臨んでいた。

「政治改革法案要綱は各党派で合意が得られるよう努力している。九月の早い時期に臨時国会を開いて審議できる状況になればと思う。年内に成立するよう最大限に努力したい」

三八年間続いた自民党単独政権にピリオドを打った非自民七党一会派の連立政権の船出。

細川は一枚看板に掲げた政治改革法案の年内成立に首相の職を賭《と》す、と明言してみせた。その半面、慎重な言い回しにとどめた重要課題が、景気対策の柱、所得税減税論だった。「今の厳しい財政状況で、所得税減税は簡単に考える環境ではない。消費税率引き上げは税体系全体のバランスの問題で、景気対策の財源としては考えていない」

バブル崩壊後の経済再生も、焦眉《しょうび》の急だった。この年三月、社会党など当時の野党は消費を刺激する所得税減税を求め、自民党政権は「前向きに検討する」と言いながら棚上げした。その社会党などが与党入りし、減税論が再燃する。そこに米国からの外圧も絡んだ。

クリントン米政権は日本に対米貿易黒字の是正を迫っていた。関税貿易一般協定（ガット）の多角的貿易交渉（ウルグアイ・ラウンド）でコメの輸入自由化を求める傍ら、自動車や保険の市場開放も要求。円高圧力をかけて内需拡大を迫り、所得税減税も求めてきたのだ。

そこで大蔵省は消費税率三％を引き上げて財源を確保し、抜本的な税制改革として実現すべきだ、と防戦した。細川が新内閣を発足させた九日、官邸に真っ先に呼び込んだ霞が関の官僚は、大蔵事務次官の斎藤次郎。厳しい財政状況の説明を受け、就任会見で減税に踏み込むのは控えたわけだ。「政治改革政権」の裏側で、税制改革を巡る攻防が始まっていた。

大蔵省は細川が知事を務めた熊本県庁に企画開発部長として代々、中堅官僚を出向させていた。当時の主計局には総務課長の田谷《たや》廣明《ひろあき》を筆頭に課長や主計官に「殿（細川）は直前にインプットされた話を、すぐ披露する癖がある」などと細川を知り尽くす出向経験者がそろっていた。なかでも細川工作の尖兵《せんぺい》となって次官の斎藤を手引きしたのは田谷だ。歴史的な政権交代に戸惑いも隠せない霞が関の官僚機構にあって、大蔵省の動きは素早かった。

竹下派分裂の余波

大蔵省は前年の九二年秋から、息を詰めて政局を見守ってきた。自民党の最大派閥・竹下派の会長で、当時の政界の最高実力者でもあった金丸信《かねまるしん》が佐川急便事件で失脚。同派はそれをきっかけに、跡目争いから小沢一郎を核とする羽田《はた》（孜《つとむ》）派と、派閥の創業者で元首相の竹下登を後ろ盾にする小渕恵三《おぶちけいぞう》らの小渕派に分裂した。小沢は衆院への小選挙区制導入などの政治改革を旗印に「改革派」を名乗り、反対勢力を「守旧派」と決めつけた。

これが党を二分する権力闘争に発展し、九三年六月に宮澤喜一内閣不信任決議案が羽田派の造反で可決される。宮澤が衆院を解散すると、武村正義、田中秀征《しゅうせい》ら若手議員一〇人が脱党して新党さきがけを旗揚げ。羽田派も四四人で新生党を結党し、自民党は分裂した。七月の衆院選で、細川が代表を務めた日本新党も含め、新党勢力が軒並み躍進し、自民党は過半数割れした。ここでふらつく自民党を出し抜く電光石火で細川を口説き、首班候補に担いだのが小沢だ。非自民八党派をまとめ、一気呵成《いっきかせい》に「政治改革政権」を樹立した。

ここから、政治改革に権力闘争の遺恨が絡んだ「親小沢 vs. 反小沢」の対立構図は約二〇年間、与野党を超えて政局を揺るがし続ける。竹下とのパイプを基軸に、同派と誼を通じて政策決定を司ってきた大蔵省も、この対立に巻き込まれずには済まなかった。さらに政治改革に始まる平成の統治構造改革は政官関係を変質させ、その大波にも大蔵省はさらされる。

この細川政権では、後年の民主党政権のような「政治主導」という名の官僚排除には至らなかった。非自民政権への不安感を鎮めようと、行政の継続性を演出しさえした。その象徴が官僚機構のトップに立つ事務担当の官房副長官人事だ。八七年の竹下内閣からその職にあった石原信雄《いしはらのぶお》（元自治事務次官）を続投させた。蔵相には藤井裕久《ふじいひろひさ》、通産相には熊谷弘《くまがいひろし》とその省の官僚出身で、小沢に従って自民党を飛び出した与党経験の豊かな議員を充てた。

連立八党派は幹事長級の与党代表者会議を最高意思決定機関とし、新生党代表幹事の小沢が主導して「GHQ」と呼ばれた。官邸ではトップの細川を官房長官の武村が支え、小党の党首ながら小沢と常に張り合おうとする。こんな非自民政権の新しい権力構造に、大蔵省は即応する。「つるむ」パートナーと見定めたのは、与党最高実力者となった小沢だ。おあつらえ向きに、六月に事務次官に昇格したばかりの斎藤次郎は小沢とパイプが太かった。

小沢・斎藤ライン

「十年に一人の大物次官」と言われた斎藤。六年余の西ドイツ駐在を除けば、ほぼ一貫して主計畑を歩んだ。八〇年代初頭、各省の歳出を一律に抑制するシーリング方式を定着させるなど財政再建路線の基礎を固めた。次官就任時にも「赤字国債を再び出さないことが眼目」と宣言していた。大の宴席嫌いで、有力な政治家だからといって誰とでも付きあうタイプではなかった。直球勝負のシャイな合理主義者。ニックネームは「デンちゃん」だった。

　イラクのクウェート侵攻を受けた九一年の湾岸戦争。蔵相の橋本龍《はしもとりゅう》太郎《たろう》が九〇億ドルの資金負担を米国に約束し、大蔵省は国会対策を主導する官房長の斎藤らが竹下や自民党幹事長だった小沢に働きかけ、臨時増税や歳出削減で四苦八苦して財源を捻出《ねんしゅつ》した。斎藤は公共事業担当主計官の頃から、金丸信に連なる建設族として頭角を現した小沢と親交があった。九〇億ドルの教訓から、二人は国際貢献を見据えた恒久的な財政措置の必要性を共有する。

　同年一二月、自民党の「国際社会における日本の役割に関する特別調査会」会長に転じた小沢は法人税、石油税などの増税で五〇〇〇億円規模の「国際貢献基金」を創設する構想を打ち出した。この基金は政府開発援助（ＯＤＡ）などとは別枠で、湾岸戦争のような危機に備えて大蔵省が資金をプールする仕組み。当時の小沢は最大派閥・竹下派の大幹部で、首相の宮澤喜一も一目置く実力者。自民党政権は「国際貢献税」という増税に一気に動き出すかに見えた。

　待ったをかけたのは、税制改正を専権事項と自任する党税制調査会だった。トップダウンで降って湧いた増税に「開かれた政党の体をなしていない」と小沢流への反発が

斎藤次郎（読売新聞社）

噴出した。結局、宮澤政権は国際貢献税を撤回するが、小沢と斎藤の肝胆《かんたん》相照らす関係は生き続ける。

ほどなく、三八年ぶりの政権交代に向き合った斎藤。政治の激動期に財政規律と大蔵省の組織を守るには、非自民政権の最高実力者・小沢とのホットラインを頼むしかなく、それに伴う政治的リスクは、時の事務次官が一身に背負うほかに選択肢は見当たらなかった。

「変革」に寄り添う

細川政権と大蔵省の滑り出しは上々だった。政権交代の激動で霞が関の政策決定は止まっていた。平時なら七月中に閣議了解する九四年度予算の概算要求基準（シーリング）作りも遅れていた。しかし、大蔵省は細川が正式に首相に就く一週間近く前の八月三日に独自ルートでシーリング原案を説明し、内諾を得て、一三日に素早く閣議了解に持ち込んだ。

シーリングでは一般行政経費などの経常的経費は前年度当初予算比一〇％減と厳しく枠をはめた半面、公共事業などの投資的経費は同五％増と景気下支えに配慮した。自民党政権からの「変革」も演出した。投資的経費の「生活関連重点化枠」「公共投資充実臨時特別措置」や経常的経費の「生活・学術研究臨時特別措置」などの特別枠を全廃したのだ。

これらの特別枠は自民党政権が掲げた「生活大国」構想などに合わせ、硬直化しがちな予算配分にメリハリをつける狙いで設けていた。ただ、特別枠を巡って族議員による予算分捕り合戦が過熱。特別枠以外の予算本体の固定化も招き始めた。非自民政権の誕生を機にシンプルな要求基準に戻し、予算全体を通して配分見直しに取り組む路線に切り替えた。

「自民党単独政権末期は族議員・各省・業界の鉄の三角同盟が既得権益をがっちり押さえ、予算編成にも閉塞感が漂っていた。非自民政権で一瞬、青空がのぞいたような気がした」

当時の主計局次長の一人は後にこう述懐している。与党実力者の小沢自身が建設族上がりで、非自民政権が既得権益と無縁だったわけでも何でもないが、「自民党」という重しが外れ、細川の「変革」の旗印の下で大蔵省に歳出構造見直しへの機運が高まったのも事実だ。

細川は最初の所信表明演説で「九四年度予算編成では公共事業のシェアの抜本的な変更に取り組み、国民生活の質の向上に資する分野に思い切って重点投資する」と意欲を示した。これに大蔵省主計局を事務局とする財政制度審議会（蔵相の諮問機関）が呼応した。一一月二六日には公共事業に「A」「B」「C」と優先順位を初めて明示する報告書を出す。

「集中的に投資」する優先度「A」は住宅、上下水道などの生活環境整備。治山、治水など国土保全は「B」で「着実に実施」するが、農業生産基盤、漁港、港湾など産業基盤整備は「C」で「抑制気味に扱う」と明記した。実際の予算編成でもこれに沿った配分変更を試みる。事業別の配分比率の変更幅は最大でも一ポイントに満たなかったが、地方・農村偏重から大都市の生活者へと重心を移し、細川が掲げた「責任ある変革」の演出を試みた。

増減税一体論争

こんな予算編成の新機軸も、下野した自民党には、大蔵省を先頭に霞が関が自分たちを見捨て、手のひらを返したように非自民政権にすり寄っていくように映った。

これまで自民党本部へ政策の説明に足繁く通った局長が専ら与党に出向き、現れなくなる。代役は格落ちの課長だ。時の内閣に仕えるのが官僚の職責、という「理」は分かっても、「万年与党」意識にどっぷり浸かった議員の多くは持ちつ持たれつ、貸し借りの「共犯関係」で結ばれていたはずの官僚から裏切られたかのような痛憤《つうふん》の「情」を抑えきれなかった。

しかも、大蔵省などが頼る与党最高実力者は、自民党を政権から追い落とした張本人の小沢だ。党内に渦巻く「反小沢」の怨念《おんねん》は、そのまま反官僚、反大蔵の感情に転化し始める。

斎藤は税制改革でも細川の「変革」に乗ろうとして抜本改革のシナリオを持ち込む。通産次官の熊野英昭《くまのひであき》を伴い、首相公邸に細川を密かに訪ねたのは一〇月九日の土曜日だった。

「所得税五兆円、住民税二～三兆円、併せて七～八兆円の減税。（筆者注・財源を確保するための増税で）消費税は五～六％か。（中略）（同・増減税の実施時期に）一五カ月のタイム・ラグを置き、その間は行革も当然やるが、赤字国債で対処するほかなし」

細川の首相時代の回顧録『内訟録《ないしょうろく》』によると、斎藤と熊野は九四年度税制改正で先行減税に踏み切ったうえ、一五カ月後に消費税率を引き上げて財源を確保するこんなプランを具申した。当面のつなぎの減税財源としては赤字国債発行を容認するが、将来の増税と一体での決定を前提としていた。斎藤・大蔵省が頼る小沢も減税先行―消費税増税論だった。

小沢は自民党脱党直前の九三年五月の著書『日本改造計画』で、所得税・住民税を半分にし、法人税を「世界最低水準」に下げて、消費税率を一〇％に引き上げるよう提唱。増減税に二～三年の時差を容認していた。執筆のプロセスでは、小沢が竹下内閣で官房副長官を務めた際、秘書官だった大蔵官僚の香川俊介《かがわしゅんすけ》（後に財務事務次官）らが関わったとされる。

細川には対米貿易黒字是正を迫る米国の内需拡大圧力が重くのしかかってきた。一一月四日、駐日米大使ウォルター・モンデールが副総理・外相の羽田孜を通じて細川に大統領ビル・クリントンの親書を届けた。細川は一九日に米シアトルでのアジア太平洋経済協力会議（APEC）首脳会議へ飛び、九月の国連総会に続く日米首脳会談に臨む日程だった。

クリントンはこの親書で細川に大型減税を迫ったうえで「所得減税が消費税率引き上げによって相殺されぬよう希望する」と斎藤らの税制改革プランに内政干渉まがいのクギを刺したのだ。減税から増税まで二年以上間を空けるべきだ、との米側の見解も伝えられた。

斎藤は一一日夜、公邸に細川を訪ねて「増減税ワンセット、一五カ月タイムラグ」論を訪米直前の政府税制調査会の中間答申で打ち出す案を持ち込んだ。だが、細川は「いきなり消費税や実施時期の話を持ち出せば、政治的にもたず、政権崩壊に至る」と却下した。『内訟録』に「大蔵省のみ残りて政権が潰れかねぬような決断は不可」と記している。

バブル期の税収増で、国は九〇年度予算で赤字国債脱却を果たしたが、バブル崩壊後は財政のやりくりは再び厳しさを増した。大蔵省は財政法で公共投資などへの充当を認める建設国債の増発には動いたが、減税の財源に建設国債は充てられない。斎藤・大蔵省は財政規律の譲れない歯止めとして、赤字国債の再発行の回避に強くこだわっていた。

官の矩を超えた知恵

細川が「年内成立」を誓った政治改革関連法案は秋の臨時国会で大波に揉まれていた。最大野党の自民党は小選挙区制の賛否で依然、二分して大方針が定まらず、与野党攻防もダッチロールを続けた。一一月一八日、与党は政府案を一部修正して衆院を通過させた。自民党の造反者は一〇人を超え、多くの「離党予備軍」も潜在してガタガタだった。

半面、細川と小沢も崖《がけ》っ縁《ぷち》に立たされていた。国会召集からここまで二カ月。参院の審議時間を考えると、一二月一五日の会期末までの法案成立が厳しくなったからだ。

経済の足取りは依然覚束《おぼつか》ない。一二月後半は国会を閉じ、減税問題の決着も含め九四年度予算案を年内に編成して年明けから通常国会で早期成立に動く。それが景気対策上は必須条件と受け止められた。だが、政治改革法案の「年内成立」が潰《つい》えれば、細川は公約違反で進退を問われかねない。景気対策と政治改革の両立は頭を抱える難問となった。

一一月一八日夜、細川は公邸で小沢と密談した。腹を合わせたのは、年を越して一月二九日まで臨時国会を大幅延長し、そこまでに政治改革法案を通す異例の「越年国会」案だった。

年内は無理でも、臨時国会中に成立させれば、細川の高支持率で公約違反への批判は乗り切れると踏んだ。ただ、年末年始も国会を続け、並行して減税問題も含む九四年度予算編成に取り組むのは物理的に困難と見られた。「経済無策」との誹《そし》りをどうかわすか。ここで、斎藤率いる大蔵省が奇策をひねり出し、細川・小沢ラインに救命ブイを投じたのである。

それはこんなカレンダーだった。翌一九日のシアトルでの細川・クリントン会談では、九四年二月前半にワシントンで本格的な再会談を開くことで合意が見込まれた。そこで、当面は政治改革法案の成立を優先し、減税問題と九四年度予算編成は思い切って越年させる。編成の期限は減税問題が焦点となる細川訪米直前とする。ただ、これでは予算の成立が大きくずれ込んでしまうから、景気下支えのため九三年度第三次補正予算を年明けに先行して組む。年度変わりの端境《はざかい》期の公共事業などを手厚くして「経済無策」批判を打ち消す――。

政局の隘路《あいろ》を打開するこのカレンダーを細川が最終決断するのは一二月一七日だ。当時は主計局課長だった元大蔵官僚は「自民党が斎藤・大蔵省許さじ、と遺恨を深めた訳は、国民福祉税より、予算の越年編成と三次補正先行というまさかの奇策にあった」と述懐する。

常に予算の年内編成を主張する大蔵省があえて越年を認めてまで、政治改革を優先する政治日程作りの知恵を出したわけだ。越年編成を最終決断した責任は細川・小沢ラインにある。だが、自民党には、小沢が旗を振り、「親小沢 vs.反小沢」の怨念渦巻く権力闘争の道具ともなってきた選挙制度改革の実現を大蔵省が後押しした、と映った。それどころか、崖っ縁まで追いつめたはずの細川と非自民政権の延命に大蔵省が公然と手を貸した、とさえ受け止められた。この二点で官僚の矩《のり》を超えた過度の政治介入と断じられてしまった、との分析だ。

一方で、斎藤・大蔵省にも非自民政権と一蓮托生《いちれんたくしょう》で突っ走らざるをえない事情があった。小沢は政治改革に決着をつけたうえで、減税問題と一体で消費税率引き上げにも取り組む意欲をのぞかせていた。大蔵省は小沢を後ろ盾にすれば、細川も説得できると踏んでいた。

ここで政治改革とともに政権が倒れ、政局が混迷すれば税制改革は遠のく。それどころか景気対策優先で減税の切り離し実施論すら強まりかねない。予算編成を先送りしてでも、ひとまず政治改革の命脈をつなぐことが、税財政への打撃を避ける窮余《きゅうよ》の一策と考えたのだ。

武村外しの命令

細川はシアトルからとんぼ返りした後の二三日、武村と税制改革や景気対策を巡って協議したが、『内訟録』には武村の態度を「部外者的な感じ」と突き放す論評が残る。連立与党を主導する小沢は、武村が小沢らとはほとんど連絡も取らず、何かにつけて古巣の自民党と気脈を通じて策動していると疑い、細川を挟んだ両者のさや当てが激化していた。

一二月五日、細川は公邸で小沢、斎藤らと越年編成カレンダーを確認した。消費税増税を年金などの社会保障財源に充てる独自構想を描き始めていた細川は「景気対策としての減税と、高齢化社会に向けての増税を切り離してやるべし」と説いた。同席した公明党書記長の市川雄一《いちかわゆういち》の証言によると、斎藤らは「政治家はいつも減税先行で、増税をやらずに逃げてしまう」と政治家不信もあらわに増減税一体論を譲らず、小沢は沈黙を守っていた。

この日、武村は細川に「減税のみで予算は年内編成」を進言した。自民党や経済界、連合からも年内編成論が強まり、政権中枢で対立が先鋭化する。細川は一四日未明に社会党などの反対を押し切ってウルグアイ・ラウンドでのコメ部分開放受諾を正式に表明するが、この大詰めでも自民党と連絡した武村に小沢らが激怒。ついに小沢は細川に武村更迭《こうてつ》を迫った。

一七日夜、断続的な与党代表者会議でも予算編成時期を巡る対立は解けず、細川一任となる。政治家が入り乱れる官邸に大蔵省を代表して現れ、細川に面会したのは蔵相の藤井裕久ではなく、官僚トップの斎藤だった。細川は深夜に越年編成の決断を明らかにした。

小沢を取るか、武村を取るかの選択を迫られた細川はこの後、武村外しの腹をくる。二六日、公邸で小沢、市川と密会。政治改革法案を成立させたうえ「臨時国会終了後、内閣改造をやる」などと小沢と一蓮托生で進む方針を確認したのだ。大蔵省も細川、小沢双方から武村への情報遮断を命じられ、権力構造の変質を素早く察知することになる。

年が明けて一月二九日未明。細川と自民党総裁の河野洋平《こうのようへい》はトップ会談に臨み、衆院定数を小選挙区三〇〇、比例代表二〇〇（全国一一ブロック制）とする自民党の言い値にほぼ沿った最終合意に至った。「政治改革政権」の最大の目標が曲折の末に実現した。

大蔵省はこの間も九四年度予算編成と増減税一体の税制改革に全精力を集中していた。細川は二月一一日に新経済対策を手に訪米する計画なので、前日の一〇日に予算の大蔵原案を内示。そこから逆算して二日には税制改革案を決める段取りで、もう時間がなかった。

国民福祉税の急浮上

一月三〇日、武村がまたも小沢らを刺激した。講演などで減税先行論を口にしたのだ。翌三一日。官邸に乗り込み、武村に抗議に及んだのは小沢側近でもある蔵相の藤井裕久だ。

「はなはだ遺憾だ。増減税を一体的に処理するのは政府の方針だ。何の痕跡《こんせき》も残さずにいずれ（消費税の増税を）やるというのでは（減税財源の）担保にはならない」

大蔵省に戻り、わざわざ記者会見した藤井は内閣の要《かなめ》である官房長官をこう公然と批判した。異様な光景だった。小沢・斎藤ラインの武村への宣戦布告であった。所得税減税を二年間、先行させたうえ消費税の税率を三％からいきなり二倍超の七％に引き上げ、社会保障財源化を匂わせる「国民福祉税」に衣替えする最終案がここから、一気に浮上してくる。

斎藤は官房長の小村武《こむらたけし》ら少数の側近チームに極秘に改革案を練らせた。主計局長の篠沢《しのざわ》恭助《きょうすけ》、主税局長の小川是《おがわただし》ら幹部でも最終案を知ったのは公表直前だ。最高実力者の小沢のお墨付きを得て、政権運営で小沢に軸足を置いた細川がのめばトップダウンで走る――増税の難しさを知る主税局は、消費税導入時も自民党税制調査会で慎重に議論を積み重ねたように、こんな密室の手法は採らない。「最終案が来ました」と小沢から案が届いたかのように根回しに来た斎藤側近の主計官僚に、小川は「この話は断って下さい」と告げたほどだ。篠沢も「国民福祉税」の発想や税率七%に意外感を持った。減税の財源確保が主眼なら、従来の三%の倍の六%が限度だと見られていたからだ。『内訟録』には、細川が社会党説得のため消費税を年金財源に充て、福祉目的化した「新税」に見せる工夫を斎藤に求めた記述がある。小沢はそもそも消費税一〇%論者。これらの事情から減税穴埋めを超え、高齢化社会の社会保障財源確保まで見通した抜本改革色の強い「国民福祉税」案に傾斜したのだ。

決着期限とされた二月二日夜の首相官邸。細川、武村、副総理・外相だった羽田孜に最終案が配られた。九四年一月に遡《さかのぼ》って所得・住民税などで六兆円の減税を先行実施し、九六年四月から消費税を廃止して七%の「国民福祉税」に切り替える骨子。寝耳に水の武村は、文面にじっと見入る細川に、首相すら全容を知らなかったのでは、とさえ疑った。実際、細川も文書で「七%」の税率や「国民福祉税」の名称を見たのは初めてだった。

腰だめ会見に「なぜだ」

細川は与党代表者を招集し、一任を求めるが、社会党は難色を示した。委員長の村山富市《むらやまとみいち》は細川に再考を直談判。武村も反対した。細川は減税先行期間を二年から三年に延ばす修正を表明したが、与党は真っ二つのまま。三日午前一時前、細川は見切り発車で記者会見した。「高齢化社会になっても活力ある社会を築くのが責務だ。現在は働き盛りの人への負担が重くなりすぎている。これを軽減し、皆で必要な費用を支える負担の仕組みが必要だ」

こう力説し、国民の理解を求めた細川だが、積算根拠を詰められるとふらついた。

「さまざまな観点から総合的に判断した。正確にはじいていない。腰だめの数字だが、大体、この程度の財政需要があり、どうしても必要だ」

大蔵省の次官室では斎藤、篠沢ら幹部が記者会見の中継映像に見入っていた。「腰だめ」発言が飛び出すと、斎藤は「首相秘書官はなぜきちんと説明しておかなかったんだ」と怒鳴った。細川の傍らには蔵相の藤井も控えていたが、補足説明に立とうとはしない。小沢が主導する与党代表者会議から根回しして、細川がトップダウンで決断するシナリオ。秘密保持を重んじるあまり、細川にすら十分に最終案をインプットしきれていなかった。

小沢や大蔵省ばかりか、細川にすら外されていたと悟った武村は会見に同席しなかった。社会党の閣僚総引き上げの動きに呼応して三日午前、自らの記者会見で巻き返しに出る。

「昨夜を振り返るとすべて正しかったと言えないかもしれない。過ちは改むるにしかずだ」

細川は朝令暮改で福祉税構想を撤回する屈辱を受け入れざるをえなかった。訪米も控え、もはや減税の撤回はありえない。迷走の末、新たな与党合意がまとまったのは八日。六兆円減税を九四年に限って先行実施する。その財源確保も含めて与党に税制改革の協議機関を設置し、年内に関連法案を成立させる——。大蔵省が敷いた増減税一体決定の防衛線は破られたが、小沢は増税法案の年内成立で渋る社会党などにタガをはめた。痛み分けだった。

「大蔵次官が首相の上に立ってバカなことをしでかした。官僚の横暴は目にあまる。責任を取って勇退してもいいのではないか」（社会党の坂上富男《さかがみとみお》）。与党からはこんな強烈な斎藤非難が噴出した。増税法案の年内成立という与党合意はこの後、重要な意味を持ってくるのだが、小沢の剛腕を頼んだ政治的代償は斎藤と大蔵省には高くついた。細川は朝令暮改の福祉税騒動で、政権基盤の脆弱《ぜいじゃく》さと指導力不足を露呈し、求心力は一気に低下していった。

2 反霞が関「改革派」の胎動

源流は制度改革研究会

ここで時計の針を宮澤喜一内閣末期の一九九三年四月に巻き戻す。自民党内で政治改革推進派の若手議員の旗頭と見られていた武村正義が、臨時行政改革推進審議会（第三次行革審）の会長・鈴木永二《えいじ》に「応援団」と称して要望書を手渡していた。超党派の若手議員でこの一月に旗揚げした政策勉強会「制度改革研究会」の代表幹事としての行動だった。

「政治改革と行政改革が車の両輪として推進されて、初めて有効な制度改革が実現する」

要望書はこう強調し、内閣の総合調整機能など政治と行政の接点の改革や政・官・業の癒着構造と「族議員」など政官にまたがる課題もタブー視せずに切り込むよう求めていた。

行革は八〇年代に「増税なき財政再建」を掲げた第二次臨時行政調査会（土光臨調）を旗

振り役に、中曽根康弘内閣までに国鉄、電電、専売の三公社の民営化などが進んだ。ただ、その後、三次に及んだ行革審は推進力が衰え、九三年一〇月に任期切れが迫っていた。

細川護熙は熊本県知事を退任後、第三次行革審の「豊かな暮らし部会長」として規制緩和などに取り組んだが、自民党長期政権下で築かれた政・官・業の鉄の三角同盟の壁を痛感。「体制内改革では日本は変わらない」と政権交代を目指して九二年五月に日本新党を旗揚げした。これに呼応したのが自民党政治に閉塞感を強めていた武村や田中秀征である。

武村や田中も新党構想を描き、密かに同志を募り始めた。細川との連携も視野に入れ、武村を代表幹事、田中を事務局長、細川を運営委員に九三年一月に始動したのが制度改革研究会だ。新党さきがけの結党メンバーとなる鳩山由紀夫《はとやまゆきお》、園田博之《そのだひろゆき》らは全員、この会に加わった。「制度改革」という地味な名称を隠れみのに集まり、新党計画を進めたわけだ。

設立趣意書では縦割り行政の弊害の是正や内閣機能強化、地方分権、規制緩和、さらに「望ましい統治機構のための憲法研究」など制度改革への取り組みを訴えた。研究会には社会党から当選一回だった仙谷由人《せんごくよしと》、社民連から菅直人《かんなおと》も参画。後の民主党への伏流となる。

政局は表向き政治改革一色で進んでいた。そこに行政改革も併せ、より包括的な統治構造改革を打ち出したわけだ。政治改革に続いて霞が関の官僚機構や国・地方関係などの改革を視野に「日本のシステム自体を変えなければいけない」（武村）という意識があった。

細川は首相に就いた八月九日夜、政権の主要課題に関するメモを書いた。目玉は内閣に首相を長とする臨時行政改革本部を設け、改革案を一年以内に立案すること。「首相の権限強化」「予算編成権の内閣移管」や「中央省庁の再編成」、さらに「規制の縮小緩和」「権限・財源の地方移管」などの課題を列挙した。「予算編成権の内閣移管」や「財源の地方移管」は「システム」の中核を担う大蔵省を直撃する内容だった。官房長官の武村も大蔵省関係者に「新政権の目標はまず政治改革。次が行革、なかんずく大蔵省解体だ」と予告した。

「平岩リポート」巡る攻防

政治改革、行政改革と並び、生活者重視を掲げた細川護熙は市場開放、規制緩和、内需拡大などの切り口から経済政策の「責任ある変革」にも手をつけた。中曽根康弘内閣下の一九八六年、日米貿易摩擦を和らげるため、市場開放や内需拡大などの「国際協調のための経済構造調整」を訴えた「前川リポート」の平成版を打ち出そうと構想したのである。

細川は制度改革研究会で気脈を通じた田中秀征に首相特別補佐という非公式な肩書きを与えて官邸に常駐させ、アドバイザーとして頼りにした。最初の所信表明演説のスローガン「質実国家」も田中の発案だ。その進言も受け、有識者を官邸に集めた「経済改革研究会」を九月一五日に発足させ、経団連会長の平岩外四《ひらいわがいし》（東京電力会長）に座長を委嘱した。

田中も特別参与として参画した。ただ、意気込みとは裏腹に、一五人の委員のうち六人を官僚出身者が占めた。大蔵省だけは元事務次官の吉野良彦《よしのよしひこ》、元財務官の行天豊雄《ぎょうてんとよお》と二人を送り込んだ。他省も元通産次官の小長啓一《こながけいいち》、元農水次官の角道謙一《かくどうけんいち》ら大物OBを配した。事務局を仕切る内閣内政審議室長も大蔵省理財局長を務めた藤井威《たけし》。学者は一橋大教授の中谷巌《なかたにいわお》と大阪大客員助教授の大田弘子《おおたひろこ》（現政策研究大学院大教授）の二人だけだった。

大田は「非自民連立政権の経験不足もあって、委員や事務局の構成もまだまだ官主導の時代だった。首相より大蔵省が強いのだと初めて実感した場でもあった」と振り返る。平岩研は一一月八日、緊急課題としてまず規制改革に的を絞って「経済的規制については『原則自由・例外規制』を基本とする」とうたう中間報告を提出した。

需給調整のための市場介入や輸入、価格などの経済的規制は早期に「廃止」という新原則を初めて打ち出した。安全・健康、防災、環境保全などが目的の社会的規制も「自己責任」を原則に最小限にとどめる方向性を示した。

ただ、最終報告「平岩リポート」に向け、米国から圧力が強まっていた経常収支の黒字の縮小をにらみ、内需拡大への取り組みとして財政、税制などマクロ政策の本丸に踏み込もうとすると、大蔵省の高い壁が立ちはだかった。焦点の税制改革は政権中枢での綱引きと同時進行となったため、一二月一六日の最終報告では所得税減税の先行実施論すら封殺された。

内需拡大の柱と目されたのは、日米構造協議で合意した一〇年間で総額四三〇兆円の公共投資基本計画の増額と配分見直しだ。経常黒字を減らすうえでも、財源は建設国債の増発で国内貯蓄を吸収して賄ってはどうか、と複数の民間委員が主張した。しかし、大蔵省出身の委員は財政赤字を増やさぬよう増税で捻出すべきだ、と反論を繰り返した。結局、最終報告は「後世代に負担を残さないような財源の確保」が前提条件だと明記した。

大田は「大蔵省と見えざる闘いを行い、そして敗退した。規制改革だけは実行への工程表を組み込めたので、今日まで続く改革努力の導火線になった」と総括している。

「日本異質論」とクリントン

「日本では今、大いなる戦いが進行中だ。何十年にもわたって政策を牛耳ってきた政府機関がある。貿易と財政の官庁は低い失業率、高い貯蓄率、輸入なしの巨額の輸出をもたらした彼らのシステムは有効に作動してきたと考え、それを維持しようとしている。一方で、日本を公正で開放的な貿易を伴う近代国家にしたいと望む多くの人々もいる。私は日本により厳しい態度を取ることで、改革派の運動を支援する」

これは米大統領ビル・クリントンが九四年二月一七日、米ラジオ局のインタビューに応じて語った細川政権の権力構造の見立てだ。「改革派」の努力を妨害していると槍玉《やりだま》に挙げた「貿易と財政の官庁」の「財政」が大蔵省、「貿易」が通産省を指すのは明白だった。

これに先立つ一一日、細川がワシントンを訪れてクリントンと会談した。日米包括経済協議を巡っては、自動車、保険などの市場開放の度合いを測る客観基準で決裂。マクロ政策に関しても、福祉税騒動を経て所得税減税が単年度の実施決定にとどまったので、クリントンは日本の経常黒字縮小に向けた内需拡大の努力が不十分だ、と失望を隠せなかった。その苛立《いらだ》ちをラジオ番組でもにじませたわけだが、日本の諸改革が進まない元凶として矛《ほこ》先《さき》を向けたのはトップリーダーの細川ではなく、大蔵省や通産省が代表する日本の官僚機構だった。米大統領が日本の官庁を事実上、名指しで非難するのは極めて異例だった。

八五年のプラザ合意後、円ドル相場を日米協調介入で大幅な円高に誘導したにもかかわらず、日本の対米貿易黒字はなかなか解消に向かわなかった。東西冷戦が終結する八九年には「リビジョニズム」や「日本異質論」と呼ばれる日米関係見直しの知的潮流が姿を現していた。それが元米商務省高官のクライド・プレストウィッツ『日米逆転 成功と衰退の軌跡』、米誌『アトランティックマンスリー』編集者のジェームズ・ファローズ『日本封じ込め』、オランダ人ジャーナリストで六二年以来、日本在住だったというカレル・ヴァン・ウォルフレン『日本権力構造の謎』といった一連の英語の著作や論文、米雑誌の特集などだった。

「リビジョニズム」を要約すれば、日本では資本主義の原理はきちんと働かず、市場メカニズムも十分に機能しない。つまり、欧米先進国とは異質で特殊なシステムの国だから、自由貿易ではなく管理貿易など特別なルールを適用して付きあうほかない、というものだ。

例えば、ウォルフレンは日本の奇妙な社会のあり方を「システム」と名づける。政治家、高級官僚、財界といった勢力が互いの力の均衡を図りながら権力を維持しているが、政治責任の中枢はどこにあるか分からない、いや、究極的な責任主体は存在しないというのだ。この「首のない鶏」システムの中でも、ウォルフレンは官僚を「システム中最大の権力者」と批判的に位置づける。さらに日本語文庫新版（九四年）では「政治体制の中で、個別機関としては大蔵省が最大の権力集団であると一般に認められている」と認定している。

クリントンは日米包括経済協議で市場開放の度合いを測る「客観基準」にこだわった。結果重視の管理貿易の手法だ。それを拒否する大蔵省や通産省をいわば「守旧派」として非難し、日本国内の「改革派」支援を口にした遠景には、こんな「日本異質論」の潮流も影響していた。官僚機構の改革を「本丸」と見定める風潮は内と外から呼応して強まっていく。

両刃の剣の行革カード

国民福祉税を撤回した細川政権は所得税減税を一年に限り先行実施した。与党協議機関で福祉ビジョンや高齢化社会も見据えた「新税」の検討など税制改革を推進し、年内に法制化する方針を打ち出した。与党合意では「行政改革や不公平税制の是正、所得・資産・消費の三分野のバランスの取れた税制改革、消費課税の欠陥是正なども協議する」と明記した。

この局面で制度改革研究会に蝟集《いしゅう》して以来の「改革派」を自任する政治家たちより素早く、水面下で行革に動き始めたのは、福祉税で一敗地に塗《まみ》れたばかりの大蔵省自身だった。与党実力者の小沢の剛腕に期待したトップダウンの福祉税構想は失敗し、次の仕掛けでは税制改革の前提条件としての行政改革は不可避だ、と大蔵省自らも判断していた。

「省庁・特殊法人を統廃合　首相、検討指示〜税制改革のテコに」

三月一四日付の日本経済新聞朝刊は一面トップで細川の意向としてこう伝えた。消費税増税に向けて政府がまず自ら身を切る姿勢を示すため、国土庁、北海道開発庁、沖縄開発庁を統合する構想が目玉だった。国土開発を総合的・一体的に推進する見地からで、土光臨調や行革審が三度も答申しながら、自民党政権では実現しなかった課題である。

同時に財政資金を投入している公団、事業団などの特殊法人の必要性の洗い直しも進めるとしていた。具体例として挙がったのは北海道東北開発公庫、沖縄振興開発金融公庫などの統廃合だった。これらの行革案の舞台裏で火を着けて回っていたのは大蔵省主計局だ。

国土庁など三庁統合は、土光臨調でも手つかずだった霞が関の中央省庁体制の見直しに踏み込む点では、思い切った一手とも見えた。半面、具体的な歳出削減効果などよりも、行革推進を目に見える形で示す象徴的な意味合いが大きかった。大蔵省などのような霞が関の行政機構の「本丸」には手を触れないことが、仕掛けた側の当然の前提だった。主計局課長だった元大蔵官僚は「嫌な予感もした」と行革は両刃《もろは》の剣《つるぎ》だったと振り返る。

「増税の前提として行革が不可欠ということで大蔵省が進んで旗を振り始めた。しかし、うかつに行革に火を着けてしまい、三庁統合案や、そうでなくても不良債権を抱えて行き詰まっていた北海道東北開発公庫の処理といった程度で果たして収まるのか、と疑問だった」

福祉税構想の蹉跌《さてつ》が、自民党政権で長らく下火になっていた行革を、最重要課題として政局の舞台のど真ん中に再び押し出した。大蔵省中枢は、消費税増税をにらんで切ったつもりの「行革カード」の矛先がほどなく自分に向かってくるとは、気がついていなかった。

予算「人質」で細川退陣

福祉税騒動、日米首脳会談の決裂、内閣改造の断念と迷走を続けた細川。越年編成して三月四日にようやく国会に提出した九四年度予算案も、一向に審議に入れなかった。野党の自民党は細川の佐川急便からの借入金に不明朗な疑惑がある、と徹底追及にかかった。

九三年度第三次補正予算案を何とか先に成立させ、年度変わりの端境期の公共事業などの手当てはしたが、本予算成立への視界はゼロのまま。五〇日間の暫定予算の編成に追い込まれた。暫定予算は継続案件の予算だけで、新規の施策は何一つ執行できない。

細川が連立与党首脳を招集し、政権投げ出しを表明したのは四月八日だ。内閣支持率はお高かったため、不可解な退陣に臆測《おくそく》が乱れ飛ぶ中で、主計局の中堅は震撼《しんかん》していた。

「予算成立に一向にメドが立たないことが政権全体に重苦しくのしかかっていた。予算さえ野党に『人質』に取られていなければ、佐川疑惑でいくら追及されても政権運営にそれほど深刻な障害にはならなかったのではないか。越年編成のツケがここで回ってきた」

冷静に考えれば、予算がいつまでも成立しない事態は考えにくい。越年編成で成立が遅れるマイナスは織り込み済みで、景気テコ入れには三次補正で手当てもしてあった。ただ、新年度に入っても当初予算の審議すら始まらず、成立のメドが霧の中、という政治状況が細川や連立与党にも、霞が関にも、目に見えない重圧となっていたのも間違いない。

大蔵省には予算の越年編成が細川退陣の隠れた引き金になった、という暗黙のトラウマが残った。だから、これ以後、二〇年近く、越年編成は主計局のタブーとなる。

後継首相には新生党党首の羽田孜が就くが、反小沢に傾斜した社会党とさきがけは連立を離脱し、新政権は衆院で少数与党に転落。細川が残した九四年度予算案を六月に成立させるまでの短命政権となる。小沢に敵対した社会党左派と野党の自民党は水面下で接触を活発化させており、六月末には村山富市を首相に担ぐ自社さ連立政権が誕生する。

さきがけが旗印継承

政局混迷の間も、回り始めた行革の歯車は加速していた。羽田政権下の与党税制改革協議会の行財政小委員会では国土庁など三庁統合に加え、厚生、労働両省の統合による「国民生活省」や建設、運輸両省を核とする「公共事業省」構想も浮き沈みしていた。六月八日に取りまとめた小委の報告書では省庁再編を「避けて通れない中長期的課題」と位置づけた。特殊法人改革も「九十二法人すべての整理・合理化を図る必要がある」と明記した。

連立与党は五月、公共工事の一般競争入札への移行を後押しする見地から、損害保険会社などが建設会社を事前に審査し、工事施行能力を保証する米国流の「入札ボンド制度」導入も提言した。民間の目を入れて透明性を高め、建設会社の競争を促して工事費の削減を目指す狙いだ。取りまとめを主導したのは日本新党の衆院当選一回生、前原誠司《まえはらせいじ》だった。

前原はこの提言の中間報告を残して、枝野幸男《えだのゆきお》らとともに細川と決別し、離党。ほどなく武村が率いる新党さきがけに移る。二〇〇九年の民主党への政権交代では国土交通相に就き、群馬県八ッ場《やんば》ダムの建設凍結など公共事業見直しに大ナタを振るう。外交・安全保障の論客というイメージが強い前原だが、国政での第一歩は紛れもなく行革にあった。

細川政権の「政治改革政権」という表看板の裏側で、制度改革研究会を源流とする行政改革へのマグマが胎動《たいどう》を始めていた。その中核だった細川と武村らの蜜月は長続きせず、非自民連立は一〇カ月で崩壊するが、霞が関の最強官庁と見られた大蔵省と対峙する「改革派」の旗印は武村率いる新党さきがけが継承し、自社さ連立を経て民主党へつながっていく。

霞が関の側からも、これに呼応して自己改革の手探りが始まる。細川政権で、通産相の熊谷弘は事務次官候補だった産業政策局長の内藤正久《ないとうまさひさ》を突如、更迭した。政治が官僚人事に手を突っ込む動きに、霞が関は震撼した。後の民主党政権で官房副長官になる松井孝治《まついこうじ》は、当時は通産省の課長補佐だった。中学高校、大学、役所とずっと先輩で、さらには義兄弟の間柄ともなった同じ通産官僚の高鳥昭憲《たかとりあきのり》がこの頃、松井にこんな予感を漏らしていた。

「政治改革で政治システムが大きく変わるのだから、官僚機構だけが無傷で安穏としていられるはずがない。次は必ず霞が関に行政改革の大波が押し寄せてくるに違いない」

ここにも「改革派」の胎動があった。高鳥は規制改革などを推進し、初代の官房政策審議室長として通産省改革の旗も振るが、早世。松井は九四年六月に内閣副参事官に出向し、首相の補佐スタッフを経験して統治機構の抜本改革の必要性を痛感することになる。

3　住専処理で露呈した限界

武村と自民の挟撃

自社さ連立政権の誕生に、大蔵省は猛烈な逆風を覚悟して身構えた。経験豊富な自民党が政権に復帰するといっても、もはやかつての政官関係の蜜月は再現しそうもなかった。

「政権の枠組みが変わったのだから、まさにこれから（議論が）再出発するのだろう」

一九九四年七月四日。大蔵事務次官の斎藤次郎は定例の記者会見で、税制改革について慎重に言葉を選んだ。相次ぐ質問にも「新しい政権が始まったばかりで、事務方があれこれ言うのはよくない。連立与党で協議の場を設けて議論していただきたい」と口をつぐんだ。

政変が起きたのは六月三〇日。五五年体制で対決してきた自民、社会両党が「反小沢」を合言葉に手を組み、社会党委員長の村山富市を首相に担ぎ上げた。村山は副総理・外相に自民党総裁の河野洋平、蔵相にさきがけ代表の武村正義を配した。福祉税構想を潰した張本人の武村は大蔵省に乗り込むと、就任記者会見で「いきなり増税の選択にいかず、歳出のムダを見つめ、行政改革の具体的な措置を取ることが大事だ」と消費税増税論をけん制した。

一方、自民党も斎藤大蔵省に「親小沢」のレッテルを貼り、過度に政治的に動いて非自民政権に官の矩を超えた協力をした、と指弾した。自治相の野中広務《のなかひろむ》や運輸相の亀井静香ら自民党の閣僚も閣議のたびに「斎藤大蔵次官を辞めさせろ」と気勢を上げた。二人とも自民党下野前後からの乱世に台頭した武闘派タイプ。野中は竹下の側近でもあったが、何より「反小沢」の怨念が凄まじく、それが大蔵省にも向いた。斎藤ら大蔵省主流は竹下や小沢に長く依存してきた一方で、一気に実力者への階段を駆け上がった野中とのパイプは細かった。

このように福祉税の因縁がある「武村蔵相」が重くのしかかるうえ、下野の遺恨を忘れない自民党からも冷たい視線を浴び、挟撃された斎藤と大蔵省。身動きが取れなかった。

村山は七月八日、主要国首脳会議（ナポリ・サミット）で米大統領ビル・クリントンと初めて会談した。日米安保体制の「堅持」を明言したうえ、景気浮揚へ減税継続を約束した。

旧連立与党は福祉税騒動後の合意に沿って特別措置法を成立させ、九四年の一年限りで五・五兆円の所得税減税を実施していた。新連立が九五年以降も減税を続けるなら、年内に改めて法制化しないと間に合わない。逆算すると、秋口までに結論を急ぐ必要があった。

権力の座を去った小沢と入れ替わりに、隠然と存在感を甦《よみがえ》らせたのは竹下だ。指南を仰ぐ武村に、竹下は九五年以降の減税についてこう書かれた特措法の附則を指さした。

「税制全般の在り方について検討を加えて税制改革を行い、抜本的な所得税の減税を行う」

税制抜本改革の中で減税もやるという「増減税一体」は既に国会の意思だというわけだ。この附則には新連立も小沢ら旧与党も反対しづらいはずだ、と取り組みを促したのだ。

消費税五％へ「選手交代」

自社さ連立では、福祉税が象徴した小沢流トップダウンのアンチテーゼとして「ボトムアップの政策決定」が掛け声となった。自民党の加藤紘一《かとうこういち》ら三党の政調会長でつくる与党政策調整会議を立ち上げ、税制も三党の「与党税調」で議論を積み上げる方式を採った。

大蔵省では与党対策の最前線から逆風にさらされた斎藤の姿が消える。「選手交代」とばかり主税局長の小川是ら主税畑の官僚たちが与党税調の事務方として奔走し始めた。小川は竹下に首相秘書官として仕え、その前の蔵相時代にも秘書官を務めた理詰めの論客。密室で少数の有力政治家に根回しし、トップダウンで一気に決着を図ろうとした斎藤流から、粘り強く議論を重ね、世論にも働きかける消費税導入以来の主税局流に切り替えたわけだ。

消費税率を七％とする福祉税構想はもはや政治的に通用しない。減税で急浮上したのは、累進課税の税率区分まで見直す制度減税と、臨時に実施する定率減税を組み合わせた「二階建て」案だ。発案者は主税畑の元大蔵官僚で、この時は外務政務次官を務めていた柳澤伯夫《やなぎさわはくお》。景気対策の定率減税を二兆円とし、恒久的な制度減税を三・五兆円にとどめれば、減税を三年先行しても、消費税率は五％に圧縮して財源を賄える算段だった。柳澤は直属上司の外相でもあった自民党総裁の河野とともに武村と密会し、この構想をインプットした。

与党税調では主税局審議官の薄井信明《うすいのぶあき》らが複数の選択肢の試算などの基礎資料を次々に提示。密室根回しに終始した福祉税とは対照的な、侃々諤々《かんかんがくがく》の「大衆討議」を演出した。大蔵省でも武村と斎藤、小川らの「御前会議」で激論が続いた。武村がこだわった第一は行革だ。前原誠司の進言で、公共事業の一般競争入札の徹底や資材単価引き下げを主張。さきがけは行革に消費税一％分の数値目標を設定し、特殊法人の統廃合や民営化の旗を振った。主計局は歳出抑制に異論はないが、行革で兆円単位の財源捻出は非現実的だと防戦した。

第二は地方分権への配慮だ。反大蔵省の急先鋒で、自民党の新実力者に急浮上した自治相の野中が強く主張。自治官僚から滋賀県知事を経て国政に進出した武村自身も理解を示した。もともと、消費税導入に反対だった社会党は増税容認の流れに騒然となっていた。そこで村山が党内を抑えて決断するには、支持基盤である自治労の取り込みも不可欠と見られた。

武村は国が集めた消費税収の五分の一を譲与税として地方に配分してきたのを改め、税率を五％に上げる際に、一％分は「地方消費税」として地方財源の性格を明確にする案をひねり出した。さらに消費税収の一部を交付税として地方に回す法定率も引き上げを認めた。

村山は紛糾《ふんきゅう》する社会党内の説得に苦慮しながら、断続的に三党首会談などを重ねて九月二二日、ついに消費税率五％への増税を決断する。村山も武村も、福祉税構想は小沢流のトップダウンの政治手法への反発を理由に葬り去った。しかし、財政に責任を持つ立場に立つと、財源論に目をつぶったままで減税を継続する道は取れなかったのだ。

忍の一字で自社さ連立と武村に向き合った大蔵省。消費税率は福祉税の七%から圧縮し、地方消費税で譲歩を強いられ、土壇場で社会党の説得に福祉財源も捻出した。それでも「増減税一体」の線は死守し、消費税率は五%に上がる。福祉税の挫折《ざせつ》を踏み台に、巻き返した。

この頃、武村は「最も信頼する大蔵官僚」を問われて「やはり斎藤次官だ」と即答している。斎藤も消費税増税をのみこんだ武村を「時々、突拍子もないことも言うが、大したところもある」と評していた。ぎくしゃくを内包しながらも、奇妙な二人三脚が続いていく。

UR農業対策で敗北感

下野した自民党の大蔵省への遺恨の深さと強烈な歳出バラマキ圧力。防波堤となるべき蔵相・武村の政治力の限界――。大蔵省がこれらを実感したのは九四年一〇月。関税貿易一般協定（ガット）のウルグアイ・ラウンド（UR）合意を受けた国内農業対策の決定だった。

秋の臨時国会では、税制改革の法整備と並び、コメ市場の部分開放を含むUR協定の批准も重要課題だった。そこで村山政権は農家救済策の集約を急いだ。前哨《ぜんしょう》戦となった七月末の九五年度概算要求基準（シーリング）作りでも、与党はUR農業対策費は取り扱いを「別途検討する」として、厳しい歳出抑制の例外とする余地を大蔵省に認めさせていた。

コメの部分開放は細川非自民政権が九三年一二月に決断した。下野していた自民党は当事者ではない。支持基盤の農業団体と連携し、与党復帰後もUR協定自体に反対の旗を下ろさなかった。農林族議員は「我々が悪者にされ、農民の反発を受けてはかなわない」（松岡利勝《まつおかとしかつ》）と旧連立の責任を強調。協定の批准には手厚い国内対策を絶対条件に掲げた。

細川政権で財政制度審議会が農業関連の公共事業費を「Cランク」と判定し、大蔵省が歳出抑制に動いたことも農林族は忘れていなかった。族の秩序も崩れつつあった。政界再編で羽田孜、加藤六月《むつき》、鹿野道彦《かのみちひこ》、田名部匡省《たなぶまさみ》ら農相経験者が相次ぎ離党。農業団体の手前、政府を激しく突き上げながらも、あうんの呼吸で着地点を探れるベテラン層が薄くなった。そこへ鈴木宗男《すずきむねお》、松岡ら新興勢力が一気に台頭。農水省すら扱いかねる強硬路線を取った。

「UR対策費は一年で一兆円は必要だ。実施期間が六年なのだから総額は六兆円だ」

本来、需要を精査して事業を厳選し、予算を積算するのが建前だが、農林族には通用しなかった。細川政権で与党だった社会党も農村出身議員にはUR協定に反発が根強く、「六兆円」を大合唱した。武村が率いるさきがけはバラマキ予算に自制を訴えたが、かき消された。

大蔵省は「六兆円」を国費ベースではなく、地方負担や融資も合わせた総事業費ベースの議論にすり替えるのが精一杯。それでも公共事業などに二兆八〇〇〇億円の国費投入を強いられ、敗北感が漂った。全額を補正予算に計上する「純増」を約束したわけではない、と当初予算の農業関係費を少しでも削り、UR対策費を「めり込ませる」べくなお粘った。この綱引きは後の橋本龍太郎内閣での財政構造改革まで続く。

「政治主導」の官邸折衝

その九四年末の九五年度予算編成。大蔵省の絶対防衛線は、財政規律の旗印として、九〇年度に脱却した一般会計の赤字国債の再発行を何としても避けることだった。所得税減税は三年後の消費税率引き上げで財源のつじつまを合わせたので、つなぎ期間に発行する赤字国債はあくまで「つなぎ国債」だと説明していた。一般会計から特別会計へのさまざまな資金の繰り入れ停止や返済の繰り延べなど「隠れ借金」も総動員してやりくりを重ねた。

「ああ、そうかい。よろしゅう頼む」。一二月中旬の官邸。村山は予算の核心部分をあれこれ詳しく説明する武村に、こううなずいただけだった。村山の関心はこの頃、専らガタつく社会党内の情勢に集中しており、予算編成で裁断を下す場面はついぞ、なかった。

バブル崩壊後、厳しさを増す財政事情。それをよそに連立与党が予算編成でこだわったのは「政治主導」の体裁だった。一一月二二日の閣僚懇談会でこんな構想が急浮上した。

総務庁長官の山口鶴男《つるお》「閣僚折衝は村山首相を中心に首相官邸でやるべきだ」

運輸相の亀井静香「原稿を読むだけの閣僚折衝はおかしい」

村山側近として「官邸主導」を演出したい社会党の山口に、整備新幹線の建設推進を狙う自民党の亀井が呼応した。大蔵原案内示の直前に、蔵相と主要閣僚が事前折衝を持つのが慣例だった。大蔵省の大臣室に閣僚を呼び込む恒例の方式をこの年に限って変えた。武村がわざわざ官邸まで出向き、官房長官の五十嵐広三《いがらしこうぞう》も同席して閣僚折衝をしたのである。ただ、閣僚折衝は主計局と各省庁が事務レベルで折り合った結論を、閣僚レベルで追認する儀式に過ぎない例がほとんど。その舞台を大蔵省から官邸に移しただけだった。論より証拠は、蔵相経験者で予算編成をよく知る通産相の橋本龍太郎の行動だ。政治的演出の行き過ぎを嫌い、官邸折衝が始まる前日に大蔵省に武村を訪ねてさっさと折衝を済ませたのだ。

この一件は、予算編成の主導権を大蔵省からもぎ取ってみせる演出に走った自社さ連立の「政治主導」の空疎さとひ弱さをかえって際立たせた。主計局は「事務方は政治の決めたことに従うだけ」と「政治主導」のパフォーマンスに逆らわず、官邸に粛々と足を運んだ。

「建設国債は容認、赤字国債は回避」の大蔵省路線を揺さぶったのは、自民党政調会長の加藤紘一だ。外務官僚出身で名門派閥・宮澤派のプリンス。盟友の山崎拓《やまさきたく》（渡辺派）、小泉純一郎（三塚派）とYKKトリオを組み、次世代の首相候補として急速に台頭していた。

「道路や橋を作る公共事業は建設国債を財源にできるから、大蔵省はすぐ予算を認める。半面、情報通信や科学技術などの経済フロンティア（新分野）は建設国債の発行対象にならない。赤字国債を避けるために査定が厳しくなり、必要な予算がつかないのはおかしい」

この線引きが公共事業に強い田中派－竹下派－小渕派と続く最大派閥の権力維持にもつながっている。加藤はそう看破していた。五五年体制爛熟期の税財政を取り仕切った竹下・大蔵省ラインをそのまま復活させはしない。これは次世代リーダー候補の宣戦布告だった。

大蔵省は建設国債を財源に科学技術庁系の特殊法人への出資金を増額し、省庁横断的に研究開発事業を助成する新たなスキームを編み出した。赤字国債は封印しつつ、加藤の顔を立ててフロンティア予算を増やす苦肉の策だ。竹下と加藤の暗闘はさらに熱を帯びる。

竹下に挑んだ加藤紘一

戦後五〇年を迎えた九五年。一月一七日に死者六〇〇〇人を超す阪神大震災が兵庫県を襲った。三月二〇日にオウム真理教が地下鉄サリン事件を起こし、首都中枢を大混乱に陥れる。安定した戦後の終わりを意識させた二つの出来事は社会党出身の首相、村山富市の危機管理や指導力に批判を集中させた。大蔵省も政治や社会の揺らぎと無縁では済まなかった。

大蔵省は九五年度予算で公共事業費などを賄う建設国債を一〇兆円計上した。その半面、「隠れ借金」と呼ぶ一般会計と特別会計の間のやりくり策を総動員し、減税財源以外の赤字国債は発行回避の一線を死守した。そんな財政運営の歯止めを突き崩したのが大震災だ。

「財源はもはや手段を選ぶべきでない。ありとあらゆる可能性を求めなければならない」

武村は一月三〇日の衆院予算委員会で、震災復旧対策費を計上する九四年度第二次補正予算では、赤字国債の発行もやむなしとの見解を表明した。がれきの処理や仮設住宅の供給などは建設国債の対象にならないからだ。阪神地区の高速道路や鉄道の寸断、神戸港の損傷で経済活動が大打撃を受け、税収が落ち込むのを補う財源も、赤字国債しかなかった。

震災対応に揺れる一方、政局の底流では「ポスト村山」への胎動が始まり、大蔵省も渦中に巻き込まれていった。その象徴が、行革の最優先課題となった特殊法人の統廃合を巡る暗闘だ。焦点は日本輸出入銀行、日本開発銀行、海外経済協力基金など政府系金融機関の改革だった。いずれも総裁職にずらりと大蔵次官経験者が並ぶ、特殊法人の「大物」だ。

改革を声高に唱えてきたのは行革が旗印の新党さきがけだが、党首の武村は蔵相でもある。震災対応でフル稼働する諸機関の統廃合には慎重にならざるをえなかった。自民党で「ポスト村山」の有力候補と目された通産相の橋本龍太郎も中小企業金融公庫を所管するうえに、社労族議員として環境衛生金融公庫などに深く関わってきた。その立場から「まず政策金融を必要と判断するか否か。必要ならどうあるべきか」じっくり議論すべきだと主張した。

二月六日夜。首相官邸で橋本が村山、武村と向き合った。橋本は特殊法人に資金を流す財政投融資やその有力な原資である郵便貯金のあり方まで含め、首相の私的諮問機関を新設して抜本的な制度論議をすべきだ、と提案した。「継続協議」の形にして当座をしのぐ弥縫《びほう》策は大蔵、通産両省も承知のうえ。橋本が身を置く小渕派の創業者で、大蔵省の隠然たる後ろ盾だった元首相の竹下登のお墨付きも得ており、落としどころとなるはずだった。

これに反発したのが、与党政策調整会議を主導してきた自民党政調会長の加藤紘一だ。「竹下さんがうんと言えばそれで決まり、という自民党の悪習はもう終わりにしたい」加藤はこう漏らすと、輸銀と開銀の統合案を掲げて走り始めた。次官経験者の再就職先を減らす統合案で大蔵省を揺さぶる。同時に自称「改革派」ながら、蔵相として動きが鈍った武村も追い込む。さらに、橋本の背後で糸を引く大蔵省の「奥の院」竹下に公然と挑戦状を突きつけたわけだ。不在時に竹下から電話があった、と知っても、加藤はかけ直そうとしなかった。大蔵省は「加藤さんは竹下さんに弓を引くのか」と権力闘争の気配に震撼した。

官僚不祥事と金融不安

決着期限とされた一〇日夜。政府・与党首脳協議は日付けをまたぎ、未明まで八時間に及んでも結論が出せなかった。守勢に回った武村は国際業務が主体の輸銀と国内業務が中心の開銀は統合効果が薄いと反論し、新提案で切り返した。「開銀に北海道東北開発金融公庫を合併する」「中小・零細事業者向けで業務に重複がある国民、中小企業、環境衛生の三公庫を統合する」案だ。今度は中小、環境両公庫に縁の深い橋本が俺の庭先を荒らすのか、と激怒する。

きしむ自社さ連立。激突した実力者たちは仕切り直しを探る。二月一五日、武村は加藤と手打ちの会合を持った。加藤は輸開銀統合を取り下げ、新たに輸銀を分割・解体し、その機能を開銀と海外経済協力基金に振り分ける案を突きつけた。加藤は盟友の小泉に「武村ではなく、大蔵省を叩く」と漏らしていた。前年秋には東大出身者の採用比率を減らせとの指示を軽んじた、として官房長の小村武を出入り禁止にするなど大蔵省とぶつかっていた。

加藤は二四日、国会内で竹下と会った。竹下は「（私は）あなたたちの世代とは考え方が違うが、二、三年後にはあなたたちが世界に向けて説明することになる」と語りかけた。加藤は、輸銀に切り込むことを竹下が必ずしも否定していない、と一方的に受け止めた。

大蔵省には間の悪いことに、バブルの負の遺産が露呈しつつあった。九四年一二月、東京都知事が監督する東京協和、安全の両信用組合が不良債権を抱えて経営破綻した。大蔵省と日銀は信組の破綻は相次ぐ、と見越し、日銀と民間金融機関の共同出資による受け皿銀行「東京共同銀行」を設立する。これが公的な関与による金融破綻処理の嚆矢《こうし》となった。

バブル以来の金融行政は無論、大蔵省という組織そのものに政治の矛先が向き始める。その契機が二信組処理の過程で発覚した、東京協和の元理事長で「バブルの寵児《ちょうじ》」だった高《たか》橋治則《はしはるのり》と大蔵官僚の交際だ。高橋から繰り返し接待を受けたなどと指摘されたのは主計局次長の中島義雄《なかじまよしお》と、前主計局総務課長で東京税関長の田谷廣明。二人に金融の職務権限はなかったが、大蔵省中枢の主計エリートたちだ。武村と斎藤は監督責任論の矢面に立たされた。「行革旗振り男」の看板も傷つき、このままでは自分も村山政権も危ういと見た武村。斎藤ら事務当局に加藤の輸銀分割案を受けた対応策の検討を指示した。逆風にさらされた大蔵省もゼロ回答では切り抜けられないと腰を上げる。行き着いたのは輸開銀統合や輸銀の分割ではなく、輸銀と対外業務で共通項がある海外経済協力基金との統合案だった。この統合で九九年に国際協力銀行（ＪＢＩＣ）が誕生する。

超円高と斎藤早期退官

輪銀・基金統合を柱とする政府・与党の合意文書が完成したのは三月一三日夜だった。武村はこの日、中島と田谷を訓告処分とし、田谷の職を解いて官房付に更迭したと発表した。「蔵相は頑張った」（加藤）。「与党も考え方を整理された」（武村）。一四日夕、輪銀・基金統合で正式合意の後、角突き合わせた両雄はエールを送りあった。大蔵次官の有力再就職先を一つ減らして政治のメンツをほどこし、連立融解にひとまず歯止めをかけた。

苦渋の妥協を強いられた斎藤・大蔵省への逆風は一向にやまない。それどころか、自治相の野中広務は中島と田谷の処分は甘い、として「斎藤次官は辞職すべきだ」と再び迫った。防戦一方の大蔵省に追い打ちをかけたのが、為替市場を襲った急激な円高だ。九四年六月に初めて一ドル＝一〇〇円割れした後、収まらない円高基調は九五年に入ってさらに高進。四月一九日、瞬間的に八〇円を割って過去最高値である七九円七五銭をつけたのである。

政府・与党は慌てて緊急円高・経済対策の策定に走った。これを主導した加藤は経済フロンティア投資で内需拡大や経常黒字削減を目指し、対策に「財源は四条公債（建設国債）に限らず公債政策を活用する」と赤字国債の発行方針を明記させた。がれき処理や税収補塡《ほてん》にとどまらず、政策的経費も賄う赤字国債の増発だ。「政治家にも財政への責任感はある。大蔵官僚が赤字国債を拒むのは政治を信用しないことにほかならない」と見えを切った。

この後も大蔵省への風当たりは続いた。野中や運輸相の亀井静香らは二信組問題も踏まえて「円高への大蔵省・日銀の対応が鈍いのは現政権に対する批判だ」「斎藤次官が事務方のトップとして責任を取っていない」などと斎藤への辞任要求のトーンを一段と強めた。

斎藤は六月に通常国会が閉じると次官在任が二年。そこで退官するのが既定路線だった。しかし、赤字国債発行でも自民党に押され、守りに回った蔵相の武村は自民党や世論の批判をかわそうとして、渋る斎藤に退官を五月に早める異例の段取りをのませた。次官を丸二年は務めさせず、一ヵ月早い退官に引責辞任の色合いもにじませる政治的な演出だった。

五〇〇〇億円強の赤字国債を含む総額二兆七〇〇〇億円の九五年度第一次補正予算は五月一九日に成立した。それを見届けて斎藤は勇退し、主計局長の篠沢恭助に次の大蔵次官を託した。剛直タイプの斎藤が「柳竹自在《りゅうちく》」とその柔軟性を評した篠沢。自民党に顔が広く、政官関係の修復に適任かと見られたが、それどころではなくなる。バブル崩壊の後遺症である金融システム不安の足音がいよいよ迫ってきたからだ。大蔵省の危機は一段と深化する。

足すくった大和銀事件

「不良債権処理は、厳しい自助努力が前提であるが、（中略）公的な関与のあり方も含めた多角的な視点から幅広く議論が行われ、本問題に対する理解が深まることを期待する」

大蔵省新体制が始動した直後の六月八日。銀行局長の西村吉正《にしむらよしまさ》が「金融システムの機能回復について」と題するこんな金融行政の新指針を公表した。破綻処理した二信組に続き、多くの金融機関を侵した不良債権処理への「公的な関与」に本格的に踏み出そうとしていた。「概《おおむ》ね五年」で不良債権処理にメドをつけるまで、預金の払い戻しを一〇〇〇万円で打ち切るペイオフは凍結。そうして預金者負担を避けるなら、公的資金の投入しか残る手はない。

西村は八月、東京でコスモ信組、関西で木津信組、第二地方銀行の兵庫銀行と次々に破綻処理を敢行したが、本丸は住宅金融専門会社（住専）だった。新指針は九三年に作った住専の再建計画に触れ「抜本的見直しを含む適切な措置を講じる」と果断な対応を示唆した。武村や加藤ら政権実力者にも、住専処理はもはや不可避との認識は浸透していた。

住専は一九七〇年代、都市銀行が個人向け住宅融資を扱わせるため次々に設立したノンバンクだ。各社の歴代社長などには大蔵官僚の天下りも少なくない。バブル期に銀行が住宅ローン市場を侵食したため、住専は不動産関連融資にシフトした。大蔵省は九〇年、地価高騰を止めるため、金融機関の不動産向け融資には総量規制を発動したが、住専向け融資は規制の対象外とした。そのため、銀行に加え、貸出先を探していた農林系金融機関から多額の融資が住専に流れ込んだ。この相当部分がバブル崩壊と地価急落で焦げついていた。

農林系金融機関とは、農家が貯金をする三〇〇〇近い単位農協の上部にある県レベルの信用農業協同組合連合会（信連）や全国組織の農林中央金庫を指した。住専処理は母体銀行の経営は無論、自民党の集票基盤である農協の屋台骨を揺るがす。政治問題化は必至だった。

武村は大蔵省主流の主計人脈とは微妙な距離があった半面、同じ滋賀県出身で学者肌とも見えた西村には信を置いた。武村と西村が住専処理に本腰を入れようとした矢先の九月二六日、足をすくったのが大和銀行ニューヨーク支店で発覚した日本人行員による巨額の不正損失隠し事件だった。検査で不正を見逃していた米金融監督当局は議会の批判の矛先をかわすため、大蔵省が隠蔽《いんぺい》に加担した疑いがある、と責任を転嫁する動きに出た。

一〇月七日、ワシントンでの主要七カ国蔵相・中央銀行総裁会議（G7）。武村は住専問題の「年内解決」を国際公約した。後に「事務方の振りつけというより、私の政治的判断だった」と明かした。この頃、邦銀が海外市場での資金調達に上乗せ金利「ジャパン・プレミアム」を余儀なくされていた。大和銀事件で日本の金融システムを不安視し、行政の不透明さも疑う国際的な視線を払拭《ふっしょく》するため、武村は住専処理であえて退路を断ってみせたのだ。

財政危機宣言

武村と大蔵省は財政運営でも剣が峰に立たされていた。景気の足取りは重く、政府・与党は九月二〇日に追加経済対策を決定する。一〇月に九五年度第二次補正予算を成立させたが、公共事業を中心に五兆円を超す歳出を上積みし、赤字国債も二〇〇〇億円を増発した。

実はこの赤字国債は経済対策の支出ではなく、国債の償還や利払いを担保する国債整理基金特別会計の資金繰りが厳しくなってきたので、そこに手当てすることが本質だった。

国債の償還・利払いの原資を枯渇《こかつ》させないため、一般会計から国債整理基金には毎年度の「定率繰り入れ」が法定されている。大蔵省はこれを停止し、約三兆円を浮かせる「隠れ借金」を続けていた。見かけ上の歳出を減らし、赤字国債発行を避けるためだ。同基金の資金繰りが覚束なくなったことは、赤字国債の発行回避にもはや限界が来た現実を意味していた。

九六年度予算編成まででまだひと月以上もある一一月一四日。武村は記者会見で「九六年度の税収不足が一一兆円を上回る。赤字国債の発行回避は困難になった」と早々と認めた。当初予算段階から減税のつなぎ財源以外で赤字国債依存に陥るのは七年ぶりのことだった。

景気回復の遅れによる税収低迷が深刻化。バブル再来でもない限り、当分は赤字国債に頼らざるをえなくなりそうだった。限界まで来た「隠れ借金」もこうなれば意義が薄れる。武村はこれを大幅に整理・圧縮し、むしろ財政危機に理解を広げるため、赤字国債を大量発行する結果になっても「財政の実情を積極的に開示する」方針に転換すると宣言した。

予算のプロにしか分からない会計操作によるやりくり策を控え、オープンな予算編成へ――武村の財政危機宣言は大蔵省主計局の「無謬《むびゅう》神話」の転換宣言とも受け取れた。しかし、「年内解決」を公約した住専処理を担う金融行政の「無謬神話」がまだ残っていた。

六八五〇億円の「税金投入」

一二月一五日朝。武村は銀行局長の西村と官房長の涌井洋治から、住専処理に一般会計から財政資金を投入するほかない、と聞かされて「ええっ。税金を投入するのか？」と腰を浮かせた。金融システムの安定を理由に国が「税金投入」に踏み切るのは初めてだった。

住専七社の不良債権から発生する損失を誰がどう負担するか。設立母体の銀行は農林系金融機関が過半を占める貸出残高に比例して案分する方式を主張。農林系は母体行の全額負担を要求した。大蔵省は母体行が債権を全額放棄したうえ、他の金融機関が貸出額に応じて損失を負担する方式を考案。西村は銀行に一・七兆円、農林系に一・二兆円の負担を求めた。

しかし、自民党農林族は農林系の負担が重すぎ、経営破綻する信連も出かねないと猛反発した。農水省は西村に農林系は貸出債権の全額返済を前提に五三〇〇億円を「寄付」するのが限界だと通告。残る六八〇〇億円の損失分担は宙に浮いたまま、年末が迫ってきた。

自民党は九月に橋本龍太郎が総裁に就き、幹事長に加藤紘一、政調会長に山﨑拓、政調会長代理に与謝野馨《よさのかおる》（旧渡辺派）という布陣に変わっていた。農林族出身の加藤は農協救済に傾く党内の空気を見て、大蔵次官の篠沢に「西村案ではまとまらないぞ」と警告した。

調整実務を担当した与謝野も「農林系より母体行の方が責任が重い」との心証を強めていた。ただ、後に「公的資金投入があんな大きな額とは思わなかった」と振り返っている。

大蔵省の主計人脈は、六兆円超のウルグアイ・ラウンド農業対策費の一件で、農林族の強烈なパワーを思い知らされていた。農林系の負担増を唱える西村は最終局面で責任者から実質外され、涌井や総務審議官の武藤敏郎《むとうとしろう》ら主計人脈が財政資金投入への決断を主導する。

「住専処理で財政資金を投入すれば、金融機関の救済だと非難される。投入しなければ、難題を先送りしたとか、大蔵省には問題解決能力がないと言われる。どちらにせよ批判されるなら、思い切って投入し、決着をつけた方が国際的にもプラスに働くのではないか」

涌井らはこう腹をくくった。金融行政が大和銀事件で「不透明」批判を浴び、武村自身が住専処理の「年内解決」を明言した経緯から、決着先送りの選択肢はなかった。九六年度予算編成の土壇場で、「金融安定化資金」六八五〇億円の一括計上を決めたのは主計局長の小村武だ。複数年度に分割して計上すれば「小出し」批判を受けかねない、と考えた。財政資金投入の本質的な意味は、農林系金融機関の経営救済だった。だが、与党がそれを表沙汰《ざた》にしないよう迫ったため、大蔵省は「金融安定化資金」という曖昧《あいまい》な名目で、同省自身の予算として計上せざるをえなかった。すべての利害関係者に瀬踏みして受け入れ可能な着地点を探り、泥をかぶってまとめにかかった総合調整役は結局、大蔵省だった。

大蔵省は予算を出し渋って政治から叩かれることはあっても、予算を「つけた」ことで感謝されなかった経験はまず、なかった。住専処理も、いつものように、ギリギリまで財布の紐《ひも》を堅く締める素振りをしておいて、最後の瞬間に六八五〇億円を一括計上してみせ、大蔵省が自民党・農林族に「負けた」形を演出したわけだ。あとは有力者への密室根回しで政治的には「収まる」はずだったが、唐突な税金投入への世論の逆風は凄まじかった。

村山退陣と篠沢辞任

武村は公的資金の投入なら、財政投融資や政府保証などのソフトな手法だろう、と考えていた。西村からも「税金投入」は前提としない報告しか受けておらず、想定外だった。何より大誤算は、首相の村山富市と練ってきた退陣シナリオが崩れかねないことだった。

過去に何度も辞意を漏らした村山は「とにかく年末に辞めたい。予算編成が終わったら辞めたい」ともはや限界だと訴えていた。武村は住専処理と予算編成を年内に終え、一月後半の通常国会召集までの政治日程のすき間に退陣するしかない、と臍《ほぞ》を固めた。村山と組み、社会党とさきがけを軸にリベラル派新党を結成して政界再編を生き抜く構想を描いていた。

当時の官房副長官で、武村の盟友だった園田博之は「税金投入」で世論の指弾を浴びる展開は「武村には青天の霹靂《へきれき》だった」と打ち明ける。武村は「名目は金融安定化ではなく、農水省が要求した農林関係予算の体裁を取れないか」ともがいたが、篠沢や小村は「農協救済色を表に出せば、自民党を通らないでしょう」と敗北感をかみしめながら、答えた。

一二月一九日夜、村山、橋本、武村、加藤ら政府・与党首脳一一人が住専処理策の合意文書に署名し、財政資金投入が決まった。すべてが決着した後、武村は篠沢にこう迫った。「住専問題では政治の責任も理解するが、大蔵省事務当局にも責任はある」

複数の大蔵省関係者によれば、武村が最初に求めたのは西村の更迭だった。「税金投入」に世論はたちまち反対論一色に染まっており、武村のシナリオには大誤算が生じていた。村山退陣で閣外に去る前に、政策で責任を取ったことがない大蔵官僚に詰め腹を切らせる。自らの受けたダメージを和らげる意味からも、これが蔵相として最後の一手だと見定めた。

篠沢は官僚人事への政治介入を認めるわけにいかなかった。半面、中島、田谷らの不祥事による退官もあり、事務方トップとして「けじめ」を迫られることは覚悟していた。武村の圧力を受け、自らがすべてを背負って人心一新を図るほか道はない、と決断したわけだ。

「身柄をお預けしたい」と申し出た篠沢に、武村は「年末の人心一新」にこだわった。官庁の御用納めの翌日、一二月二九日午後。武村は大蔵省に緊急登庁し、篠沢辞任と新次官に国税庁長官の小川是を充てる人事を発表した。官僚だけに責任を押しつけ、政治家は素知らぬ顔なのか。省内には突然の人事に激震が走り、誰もがこんな違和感を隠せなかった。

実は武村はこの足で村山が静養していた静岡県伊豆長岡《いずながおか》温泉の旅館「三養荘《さんようそう》」に向かい、退陣の段取りを詰めていたのである。Xデーは正月早々の五日だった。「元旦の休みに青空を見上げながら決意した」と退陣を表明した村山に、住専国会を前に敵前逃亡だと非難が集中した。「改革派」イメージが傷ついた武村もこの後、政治家として求心力を取り戻せない。

六八五〇億円を思い切ってつけたのに、経験のない大逆風にさらされ、「無謬神話」が失墜した大蔵省。ここから財政・金融分離という懲罰《ちょうばつ》的な色彩もにじむ組織解体論の奔流《ほんりゅう》にのみこまれていく。

第2章　金融危機と大蔵省「解体」

1　小春日和の財政構造改革

予算修正を竹下了解

一九九六年一月一一日。首相に橋本龍太郎が登板し、自社さ連立を維持して通常国会に臨んだ。住専処理に六八五〇億円を投入した九六年度予算案への世論の逆風はやまない。橋本が官房長官に据えた梶山静六も、一二月の自民党総務会で激烈な反対論をぶっていたほどだ。

最大野党の新進党は三月、予算案の衆院通過を阻止しようと、衆院予算委員会の議場を二二日間もピケで封鎖した。党首の小沢一郎は拳《こぶし》の下ろしどころを探しあぐねたが、梶山が橋本と小沢の党首会談を一九日に開くという「救命ブイ」を投じ、混乱収拾に動いた。元は竹下派で同門の梶山と小沢の「保・保連合」説が流れ始める。この頃、元首相の竹下登は大蔵省から折に触れて情勢報告に訪れる官房長の涌井洋治ら幹部に、こう漏らしていた。

「住専処理は余りに突然の方針転換だったわな。早くから色々な選択肢がありうる、公的資金の投入もありうる、と地ならししていれば、世論の反応も違ったかもしれんけど」

竹下には予算成立の出口を巡って与野党からさまざまな情報が流れ込んでいた。例えば、蔵相を退いた武村正義も「農協救済色を明確にするため、予算修正で六八五〇億円を農水省予算に振り替えられないか」と陳情していた。大蔵省が真っ青になったのは四月八日だ。

「新進党が竹下さんに住専絡みで予算修正案を持ち込んだ。竹下さんも了解している」

新進党で小沢側近の平野《ひらの》貞夫《さだお》、山岡《やまおか》賢次《けんじ》、旧公明党出身で竹下とパイプがある権藤《ごんどう》恒夫《つねお》らが仕掛けていた予算修正案。それは六八五〇億円を含む歳入・歳出の数字そのものには手を触れないが、予算案の全体像を文章で示す「総則」の部分に新たな条項を追加し、「制度が安定するまで（住専関連の）予算執行を留保する」と書き込む、という案だった。

期限も明確にせず予算執行を「留保」すれば、六八五〇億円を予算から削除するに等しい。住専処理策は根底から崩れかねなかった。ただ、「関連法案が成立しない限り、住専予算は執行できない」（橋本）のも確かだった。新進党は「関連法案成立まで」と期限を明示するのは困るが、「制度が安定するまで」とぼかすなら、折り合えると誘いをかけていた。

住専国会の後遺症

内閣が国会に提出する予算案は、あらゆる政策をカネの面から裏打ちし、時の政権そのものを体現すると言ってもいい。だから、予算修正は内閣不信任にも匹敵する重大事と位置づけられ、一九五五年度予算以降、この時まで予算修正に踏み切った例はなかった。

新進党国会対策委員長の西岡武夫《にしおかたけお》は記者会見で「政党間合意ではなく、予算書そのものに手を加えることが必要だ。文言によっては予算案に賛成する」と共同修正の実現を訴えた。自民党幹事長の加藤紘一らには、小沢サイドから早い段階でこんな情報も届いていた。「小沢は住専予算の留保そのものに、それほどこだわっているわけではない。むしろ与野党共同で予算修正を実現し、政治が官僚に対して指導力を発揮した形を取れないか」

自民党で加藤を支える立場から、竹下の意向もくんで予算修正に動いたのは、幹事長代理で元来は反小沢の野中広務だ。加藤は鉄骨加工メーカー「共和」からのヤミ献金問題で、新進党から証人喚問要求を突きつけられていた。ここで政治的に傷つけば、自民党内で自社さ連立重視派が後退し、梶山ら「保・保連合」派が力を強めかねなかった。野中は「役所が嫌がることをやるから、野党も納得するんじゃないか！」と与党内で檄《げき》を飛ばした。

予算修正の目的は「住専予算の留保」から与野党共同修正による「国会の内閣・大蔵省に対する優越の誇示」へといつしか変転していた。「政治対大蔵省」を名分に誘いをかけた小沢に、大蔵省改革を模索していた加藤や野中も乗った。大蔵省が「留保」の表現に反対したため、自民党は「制度を整理したうえで執行する」との代案を打診。小沢周辺は「執行」を嫌がって「制度を整備したうえで措置する」と逆提案してきた。限りなき玉虫色だった。

新進党が予算修正の名は取っても、橋本内閣は「関連法案の結論が出れば、当然、住専予算は執行できる」（梶山）と実は譲らない。最終案を伝え聞いた新進党で「実質はゼロ回答だ」と反発が噴出し、進退窮した小沢は雲隠れを決め込んでしまう。予算総則を巡る四一年ぶりの国会修正で与野党が合意したはずが、最終的に新進党は採決で反対に回る大迷走を演じた。この住専国会の後遺症は深刻なものとなる。大蔵省は世論と政治の拒絶反応を忖度《そんたく》し、金融安定へのさらなる公的資金活用論をタブー視せざるをえなくなったからだ。

日銀法改正と「独立性」

住専国会と並行し、橋本政権が世論の風当たりを和らげるために急いだのは、その大蔵省に長年、丸投げしてきた金融行政の抜本改革だった。一月の政権発足時の連立与党政策合意に「大蔵省中心の金融行政・検査・監督のあり方について総点検」を明記。二月二七日、与党の政策担当責任者らによる「大蔵省改革問題プロジェクトチーム」を始動させた。

本丸の大蔵省に切り込む前に、まず取り上げたのは戦時下に制定され、国家総動員的な色彩が濃かった日銀法の改正だ。内閣が正副総裁の任命権と解任権を持ち、蔵相に一般監督権や業務命令権、立ち入り検査権もあった。日銀金融研究所長を務めた翁《おきな》邦雄《くにお》は「大蔵省の了解なしに日銀が政策変更することは事実上不可能であった」と振り返っている。

与党は六月の基本文書で、戦後のマクロ経済政策を巡り、日銀の金融政策が財政規律を重視する大蔵省の論理に従属しがちだったとの認識に立脚。「金融政策と財政政策との政策展開の関係については、金融・金利政策に過度に依存して、バブル発生の一因となった」経過を反省すべきだと指摘した。そこで打ち出したのが「日銀の独立性と責任の強化」だ。

これを引き取った首相の橋本龍太郎の下で有識者会議「中央銀行研究会」(座長＝慶応義塾塾長・鳥居《とりい》泰彦《やすひこ》)が新日銀法の基本設計を提示。翌九七年の通常国会で法改正を実現する。金融行政改革で「まな板の上のコイが包丁を持つな」とクギを刺された大蔵省に「独立性」強化を押し返す余地は限られていた。色めき立つ日銀を横目にこんな声が漏れてきた。

「政治との関係で、大蔵省は日銀の風よけの役割も果たしてきた。大蔵省から独立するなら、日銀は政治と直に向き合わねばならない。その厳しさが分かっているのだろうか」

新日銀法は三条で日銀の金融政策の「自主性は尊重されなければならない」と明記した。政策決定は総裁、二人の副総裁、六人の審議委員の計九人でつくる政策委員会(金融政策決定会合)の出席者の過半数の議決によると定め、外部から左右されない「自主性」の担保とした。政府と意見を異にした場合の正副総裁の内閣による解任権を削除したほか、蔵相の一般監督権、業務命令権、立ち入り検査権なども撤廃した。

大蔵省からの一定の「独立性」は確保した。半面、法案を事前審査した内閣法制局は、国の通貨発行権に基づく日銀券発行や金融政策は「行政権限の行使」だと強調。行政権を持つ内閣からの独立を想起させるのは適切でないとして、条文で「独立性」の表現は認めず、「自主性」とした。政府の一部だが、独立して職権を行使する公正取引委員会などの行政委員会並みと日銀を位置づけ、内閣による人事と予算の統制が不可欠だとした。

加えて政治主導の法改正という経過も反映し、国会による統制も重くなった。総裁、副総裁、審議委員の任命権は内閣が保持したうえに、衆参両院の同意人事ともなった。日銀の人件費などの経費予算に蔵相の認可を義務づけた。総裁の国会への出席義務も明記したほか、金融政策などについて、国会への半年に一回の報告も法定した。大蔵省銀行局長だった西村吉正は新日銀法を「むしろ政治のコントロールは格段に強化された」と論評したほどだ。

新法の四条では、金融政策が政府の経済政策と整合的であるよう、日銀は「自主性」を高める半面で「常に政府と連絡を密にし、十分な意思疎通を図らなければならない」と規定した。「意思疎通」の法的な枠組みは一九条にある。政府からは蔵相と経済企画庁長官（現在は財務相と経済財政相）、または両者の代理の職員が金融政策決定会合に出席する。議決権はないが、意見を述べたり、独自の議案提出や議決延期の請求もできると定めた。

新日銀法は九八年四月一日に施行となるが、歴代の首相はこの「意思疎通」には飽き足らず、日銀総裁との定期協議を求めるなど影響力の行使の余地を探り続ける。正副総裁人事は衆参ねじれ国会で政争の具ともなる。これらが大蔵省からの「独立性」の内実だった。

選挙が大蔵省改革促す

「厳正な金融機関の検査・監督を行うため、検査・監視機能については、関係法令の所管や金融制度の企画立案などの金融行政機能との間で、強い緊張関係を確保する。体制・機構のあり方は必要な分離・独立を確保することを含め、プロジェクトチームで検討する」

九六年六月一三日。大蔵省改革を検討してきた与党チームはこんな基本文書をまとめ、金融検査・監督部門の「分離」を視野に入れた。起草した座長は社民党政審会長の伊藤茂《いとうしげる》。大蔵省は検査だけの分離案や、新組織を国税庁並みに同省の付属機関にとどめる案を自民党に働きかけるが、新党さきがけは「検査・監督分離」を要求し、与党間の綱引きが続いた。

住専国会を乗り切った首相の橋本龍太郎は、小選挙区制になって初の衆院解散・総選挙を秋に断行すべく動き始めた。これが与党協議にも影響した。各選挙区で一人しか当選できない小選挙区制で、社さ両党は自民党と新進党の二大政党の狭間で存亡の危機に立たされていた。大蔵省改革でどこまで切り込むか。集票をにらんで各党の競い合いとなったのだ。

一〇月の衆院選に向け解散秒読みとなった九月一八日。自民党の八役会議で総務会長の塩《しお》川正十郎《かわまさじゅうろう》らが「選挙前に大蔵省に対し腰が引けた印象はよくない」と大蔵省改革の加速を主張した。すると、幹事長の加藤紘一は「検査・監督は大蔵省から独立した行政委員会（三条委員会）を設置する。財政と金融の分離は方向性を出す」と「検査・監督分離」で一挙に集約した。これは自民党を頼ろうとした大蔵省にとり、青天の霹靂とも言える裁断だった。

二六日の与党最終報告は「検査及び監督機能」を「公正取引委員会のような三条委員会として独立した機構」を基本に大蔵省から分離すると表明。金融行政の企画立案機能は同省に残すが、銀行局と証券局の縦割りの業界保護を止めて「金融局」に再編するとした。

政権選択がかかる衆院選が圧力となり、自民党を財政・金融分離に踏み込ませた。九七年四月からの消費税率の五％への引き上げを巡っても、小沢一郎が率いる新進党が三％据え置きを公約し、自民党でも増税凍結論が勢いづく。ここでは橋本と加藤が異論を抑えて「この税制改革を責任ある立場から実行する」と公約に明記したのだが、大蔵省改革は別だった。自民党と大蔵省の五五年体制下での「共犯関係」は、やはり復活にはほど遠かったのだ。

金融検査・監督の分離

衆院選で自民党は過半数には届かなかったが、第一党を堅持。議席を減らした社さ両党は閣外協力に転じる。橋本は第二次内閣を発足させた直後、「フリー、フェア、グローバル」を旗印に銀行・証券・外国為替の規制を改革する金融ビッグバン構想を打ち出した。国際金融に関心が強かった橋本に、大蔵省が組織改編論議も意識しながら進言したものだ。

自民党では大蔵省の働きかけもあって「合議制の委員会で迅速で責任ある金融行政ができ

るか」「独立性を強めると政治が金融を統制できない」など議論の揺り戻しも起きる。与党協議を見守り続けた橋本の断が明らかになったのは、一二月四日の参院本会議だ。

参院社民党国対委員長の梶原敬義《かじわらけいぎ》「検査と監督機能を一体として大蔵省から切り離し、対象は農林系やノンバンクのみならず、証券も含め全金融分野を網羅した機構にすべきだ」

橋本「ご意見の趣旨は基本的に同意をしつつ、与党とも十分ご相談をしながら、できるだけ早期に具体的な結論を得て、次期通常国会に法案を提出させていただきたい」

自民党の宮澤弘《みやざわひろし》「新機関を置くのは総理府か大蔵省か。合議制の委員会型か庁型か」

橋本「改革後の機構は大蔵省所管だけでなく、さまざまな金融機関を対象とすることが望ましい。これを大蔵省に設置する選択肢はない。総理府に置くことになるのではないか」

第二次内閣の最重要課題に省庁再編を掲げた橋本は、大蔵省改革で後ずさりできなかった。与党の最終合意は一二月二四日。総理府に「金融検査・監督庁」を新設し、大蔵省の検査・監督機能を一体で移管する。新庁の長官は非議員で、首相が任命。金融破綻などの危機管理では新庁と財政支援を担当する大蔵省が協議して対応する。金融行政の企画立案機能は大蔵省に残すが、二〇〇一年の省庁再編時に「財政と金融の分離」を実現する――。

与党協議は大蔵省の組織改編に終始し、どんな金融行政を目指すかは脇に置きがちだった。自民党を主導した加藤は「大蔵省にペナルティを科す」と言い放った。金融行政は専門性が高く、個別金融機関の問題に政治家は介入すべきでないとの不文律もあった。だから、大蔵省に丸投げして情報の独占も認めてきたのに、バブル崩壊で後手を踏み、住専処理の税金投入で政治に責任を背負わせた。そんな大蔵省の失敗への懲罰だというのだ。続く橋本行革では「国家権力の所在を変えることが、大蔵省改革のもっとも根底にあった目的」（真渕勝《まぶちまさる》『大蔵省はなぜ追いつめられたのか』）なのだ、という流れが一段と鮮明になる。

橋本行革と通産官僚

場面を衆院選前の九六年八月に巻き戻す。通産省から橋本龍太郎の首相秘書官として出向していた林洋和《はやしひろかず》が、同省官房総務課の法令審査委員だった松井孝治にこう命じていた。

「首相が九月一一日に日本記者クラブで講演する。新しい政策のアイデアを出せ」

選挙をにらんで各党が行政改革の意欲を競い、自民党も省庁再編構想を描き始めていた。松井はその具体的なコンセプトを橋本に献策する。首相官邸への出向経験から、こだわったのは縦割り打破と首相の指導力強化だ。松井の演説案は林を経て、橋本が手に取った。

「国家としての存続、国富の拡大・確保、国民生活の保障、教育や国民文化の伝承・形成・醸成という国家の四大機能に応じ、今の二二省庁を半分程度にすべきではないか」

橋本は「省庁半減」を打ち出し、返す刀で「官邸のリーダーシップ強化」へ踏み込んだ。

「予算編成、人事、あるいは行政管理の機能を官邸の下に置けないものだろうか」

橋本は続く一〇月一日の講演でも、予算編成やマクロ政策に関わる各省縦割りの審議会を統合した首相への助言機関や、首相直属で動ける特命担当相を新設する構想を表明した。衆院選後の一一月に有識者を集めた行政改革会議を立ち上げ、自ら議長となって省庁再編に突っ走った。松井は各省の若手や民間企業の出向者で構成した会議事務局に加わった。

行革会議は九七年八月の中間報告で、建設省から河川局を分離して農水省と統合する「国土保全省」構想や、郵便貯金や簡易保険の民営化案を橋本主導で次々に打ち出す。しかし、各省とそれに連なる自民党の族議員が猛反撃し、一二月の最終報告ではことごとく覆され、求心力が失墜する。この蹉跌から松井は民主党の参院議員に転じるが、霞が関の熾烈な省益争いの陰で、橋本行革の官邸機能の強化策の骨格部分は生き残り、法制化されていく。

経済財政諮問会議の胎動

派閥の領袖ではないのに、最初の小選挙区選挙に向け、世論の支持率が高い「党の顔」として自民党が担いだ橋本。首相主導の統治システムを志向したのは歴史の必然と言えた。

第一は内閣法改正だ。内閣は合議体の閣議を通じて職権を行使するが、首相が「内閣の重要政策に関する基本的な方針その他の案件」を閣議に「発議できる」と明記した。想定する「重要政策」とは予算編成、外交・安全保障、マクロ経済、行政組織・人事などだ。

首相に発議権があっても、予算編成の基本方針などを練り上げる力が官邸になければ、大蔵省などに頼るほかない。そこで、行政各部の政策の統一を保つ「総合調整」を任務としてきた内閣官房に、重要政策の基本方針を自ら「企画立案」する権限も内閣法で与えた。これで官邸に縦割りを超えた総合戦略を組み立てる「頭脳」を備えようとしたわけだ。

第二に内閣官房を「助ける」各省より格上の内閣府を新設し、経済財政諮問会議など四つの重要政策会議を置いた。内閣府設置法によると、諮問会議の権限は「経済全般の運営の基本方針、財政運営の基本、予算編成の基本方針その他の経済財政政策に関する重要事項」を「調査審議する」ことで、決定権はない。内閣の意思決定の場はあくまで閣議。首相は諮問会議の「調査審議」を経て基本方針を内閣官房に「企画立案」させ、閣議に発議する。

この当時、通産官僚だった江田憲司《えだけんじ》は政務担当の首席首相秘書官として橋本に仕えていた。最重視した諮問会議の創設に対する霞が関の異論を「官邸側が経済『財政』諮問会議と指示しても、事務局から出てくる資料は常に『経済諮問会議』とされ、『財政』という言葉が意図的に抜かれていることが数回あった」(『誰のせいで改革を失うのか』)としている。

橋本行革の当初、大蔵省主計局の組織や予算編成機能自体を官邸に移す「内閣予算局」論もくすぶった。ただ、その場合は首相が蔵相や主計局の「防波堤」なしに各大臣の予算要求を直接、査定するのか。そんな体制が現実に機能するのか、と大蔵省は疑問視した。

そこで、官邸が諮問会議を使って「予算編成の基本方針」作りまでを主導するが、その下で各省の概算要求を査定し、予算を編成する実務は主計局が引き続き担う住み分けで折り合った。大蔵省を衣替えした財務省の設置法は「予算の作成」は同省の事務だと定めている。

行革会議の関係者は「諮問会議は戦略的う回策だった」と振り返る。大蔵省は金融行政改革に続き、橋本行革でも「まな板の上のコイ」扱い。守りに回りがちで、諮問会議創設も渋々、容認するほかなかった。大蔵省と諮問会議の仕切り線はやや曖昧で、法律上は「調査審議」権限にとどまる諮問会議がどこまで重みを持つか、現実の運用は未知数だった。

橋本行革を仕掛けた通産省は、マクロ政策への参入も視野に「経済産業省」への衣替えを果たすが、皮肉にも諮問会議が壁になる。江田や松井はこんな霞が関の覇権争いを横目に政治家に転身し、それぞれに統治機構の「改革派」として、財務省とも対峙し続ける。

梶山主導の財政構造改革

場面は橋本内閣の発足直後の九六年一月半ば。官房長官の梶山静六が大蔵省主計局長の小村武らと向き合った。小村が説明したのは予算案の参考資料「財政の中期展望」だ。

「このままでは国が滅びてしまうではないか！　財政再建のための中期計画を創れ！」

主計局の報告は毎年恒例の手順に過ぎなかったが、政治家の直感で梶山はこう檄を飛ばした。九六年度予算案は当初予算では七年ぶりに、償還財源の裏づけのない赤字国債を一〇兆円余り発行。中期展望は、財政赤字を放置する「自然体」で試算し、二〇〇六年度に赤字国債が二三兆円、国債残高が四八〇兆円とともに倍増する、と危機感を訴えていた。

九五年一一月に財政危機宣言を出した大蔵省だが、その後は住専処理への税金投入で忙殺され、財政再建を積極的に仕掛けられる環境にはなかった。それは梶山も同じだったのだが、「財政再建の国会決議」や「財政再建法の制定」などのアイデアを同省に水面下で次々と投げかけた。ただ、大蔵省の腰は重く、七月の主計局の部内会議の大勢はこうだった。

「財政再建の計画や目標だけ定め、個別の歳出削減措置を定めない法律なら無意味だ」

紙の上で計画を作るのは簡単だ。見栄えのよい「総論」は「改革政権」の旗印になりやすい。だが、公共事業、社会保障などの歳出をどう削減するか「各論」を詰めないと、財政再建の実など上がらない。族議員や派閥が根を張る自民党の反対論を誰が抑えてくれるのか。住専国会で政治との関係がこじれる中、梶山が改革の「総論」の旗を振るだけで、「各論」は大蔵省の責任でやれ、と押しつけてくるなら進退窮まる、と腰が引けたのだ。

一〇月の衆院選を乗り切った橋本は第二次内閣を発足させ、行政改革会議を主宰して省庁再編に突進し始める。官房長官で続投した梶山が、右腕となる官房副長官に指名したのが元文相の与謝野馨だ。橋本や梶山がいる小渕派ではなく、元首相の中曽根康弘の秘書出身。直前まで自民党政調会長代理として住専処理などの政策調整を手掛けていた。官房副長官に閣僚経験者を充てるのは異例の大物起用で、政策決定を官邸が主導する意欲の表れと言えた。

「俺は組織いじりには何の興味もない。君と二人で財政再建をやろうじゃないか」

梶山は橋本行革は「組織いじり」だと距離を置き、与謝野に「財政再建法」制定へ知恵を出せと命じた。政治的難題をあえて旗印に掲げ、実行過程を通じて政権と自らの求心力を増す狙いは本気だった。与謝野は主計局を呼ぶと、「各論」まで踏み込む覚悟を伝えた。

「個別の歳出削減措置をやらないと意味がないのは分かっている。一つ一つ議論しても到底まとまらない。誰かに担がせ、見直し策の全体像を一気に示して進めるしかない」

与謝野の智謀「長老の盾」

各省縦割りに対応した自民党政調会の各部会から議論を積み上げても、歳出削減には族議員から「総論賛成、各論反対」が噴き出す。与謝野は従来型の党内全会一致方式の政策決定にこだわらず、官邸を使って「誰かに担がせて一気に」断行する舞台装置を着想した。

「橋本首相の用心棒として首相・蔵相経験者を官邸に集め、そこから上意下達でいく」

与党内統制には、派閥を通じた引き締めがなお必須の時代だった。ただ、各派領袖が官邸で一堂に会するのは憚《はばか》られ、社さ両党も加える必要があった。行き着いたのは首相経験者の中曽根康弘、竹下登、宮澤喜一、村山富市、蔵相経験者の武村正義らをずらりと並べる大会議だ。元首相はみな出身派閥ににらみが利く。村山や武村の参加で社さ両党も引き込める。議長の橋本を「長老の盾」で援護し、与党の異論を押し切る魂胆だ。こうして橋本と政府・与党幹部、元首相・蔵相らでつくる財政構造改革会議が九七年一月、発足した。

各省や族議員の要求もくみ、綱引きしながら帳尻を合わせる予算編成に慣れ親しんだ主計局。異例の官邸主導のトップダウン方式に「首相の研究会を創っても、そんなに立派なものができるのか。実質は与党側にやらせるのだろう」（小村）となお半信半疑だった。

「不退転の決意で取り組む。公共事業も聖域ではない。これは特に自民党の問題だ」

一月二一日の財政構造改革会議の初会合。議長の橋本は挨拶《あいさつ》でこう語気を強めた。弾みをつけたのは「用心棒」の元首相たちだ。中曽根が「財政改革をやり抜けば、経済にもプラスになる」と橋本を支持すれば、竹下は「強烈なマイナス・シーリングが必要だ」と大胆な歳出削減の枠組み作りを説いた。宮澤は「人口統計を見れば、二〇〇五年に年金の保険料負担は跳ね上がる。給付水準（抑制）の問題が必ず出てくる」と少子高齢化で膨張する社会保障費の抑制を訴える。村山や武村も激越な決意表明で続いた。

官邸で元首相ら政界長老が大所高所から財政再建を論じあう。議事内容はどんどんオープンにし、既得権益や個別利害からの改革反対論を与党側から唱えづらくする。大会議に「赤信号、皆で渡れば怖くない」と連帯責任を負う空気を醸成し、改革論議を加速させれば、族議員を押し切りやすくなる――。梶山と与謝野が狙った通りに財革会議は動き出した。与謝野は三月八日、都心のホテルに大蔵省の主計官たちを招集すると、こうネジを巻いた。

「各省や族議員は一切気にする必要はない。ベストだと思う予算の姿を描いてほしい」

官邸自らが歳出削減計画を策定し、族議員と密室で折り合いをつける手法もやめよという号令だ。政治のお手並み拝見、と斜に構えていた大蔵省も、ここまで言われて具体策作りで協力しないわけにいかなくなった。梶山から一任を受けた与謝野は主計官たちから公共事業費や社会保障費を切り込む知恵を借り、科学技術や情報通信など経済新分野には「プラス査定」でメリハリをつけ、一気呵成に原案を固めていく。掛け値なしの官邸主導だった。

官邸主導に喪失感

乗り遅れまいとアクセルを踏んだのは実は橋本も同じだ。当初は与党主導を想定していたが、梶山のお膳《ぜん》立《だ》てで、行政改革会議と並んで首相自ら議長に就いた。財政構造改革も同列で政権の最優先課題と位置づけたわけだ。一月二〇日の第二回会合では「(さらなる)増税を行える状況ではないと認識している」と退路を断ってみせた。四月から消費税率を三%から五%に上げる局面なので、ここはそれ以上の増税に頼らず、歳出削減に全力を挙げるという基本方針だ。事前に相談を受けなかった大蔵省。ここでも立ち遅れがのぞいていた。

橋本はさらに踏み込む。二〇〇五年度に赤字国債依存から脱却する政府の目標を中曽根が「生ぬるい」と批判したので、与謝野と主計局長の小村武に目標の二年前倒しを指示した。そのため、初年度の九八年度予算で、政策的経費を指す一般歳出の伸びを前年度比ゼロに抑えるという原案を「俺の考えが全然分かっていない」と「マイナス」に変えさせた。

主計局は厳しすぎる目標は実行可能性に疑問符がつく、と首を傾《かし》げたが、長老の盾が引っ張る財革会議には、首相もこう言わざるをえない「改革競争」のベクトルが生まれていた。

与党を牛耳る自民党幹事長の加藤紘一と政調会長の山崎拓。官邸主導や長老の復権に警戒感も持ったが、財革会議の重みが増し、これまた改革の隊列に加わらずには済まなくなった。加藤は農業予算、山﨑は防衛費と得意分野で族議員を説き伏せ、なだめに動いた。

「公共投資基本計画（九五〜二〇〇四年度）はやはり三年程度の延長が必要ではないか」四月二一日の財革会議企画委員会。毎回欠かさず出席し、激論に耳を傾けてきた竹下が、最大の争点だった公共事業費の抑制のテコとなる長期計画の見直しを、静かに口にした。

政府が六月四日に閣議決定した同会議の最終報告は、九八〜二〇〇〇年度を集中改革期間とし、三年間で公共事業は一五％削減。社会保障費は少子高齢化の中でも二％増以下にとどめ、防衛費も伸びをマイナスにするなど分野別・年度別の歳出削減計画を明示した。しかも、これらを財政構造改革法として国会で法制化してしまう例のない展開となったのだ。

予算編成の常識を覆す三つの逆転が起きていた。第一は財政再建を梶山、与謝野ら政権中枢の政治家が仕掛け、大蔵省が後追いになったこと。第二は政調会で利害調整を下から積み上げる自民党の事前審査システムを脇に置き、官邸主導のトップダウンで一気呵成に進めたこと。第三は各省が概算要求を出して大蔵省が中身を査定し、年末に各分野の伸び率を確定するプロセスが、先に三年間の伸び率を決め、後から中身を作る順序に変わったことだ。

五五年体制下で与党の歳出増圧力と綱引きし、予算編成の総合調整役を演じてきた主計局。容易に進まなかった歳出削減が、首相官邸と深く「つるむ」ことで与党を抑え、初めて急進展し始めた。改革の達成感に浸るより、財政構造改革会議という官邸に生まれた「政治主導」の磁場の威力を目の当たりにし、査定当局としてある種の喪失感に襲われたほどだ。

小村は「各省や族議員には大蔵省が巧妙に動いたとの逆恨みが凄い。反動が怖い」と漏らした。その言葉通り、財政構造改革が大蔵省にもたらした小春日和は長続きしなかった。

2　大型連鎖破綻から奈落へ

日債銀で危機再燃

バブル崩壊後、一九九二～九四年度に経済成長率が実質ゼロ～一％台に低迷した日本経済。九五年度は一・九％、橋本龍太郎が首相に登板した九六年度は二・七％と順調な軌道に戻るかに見えた。同年一一月、大蔵省は「金融ビッグバン」の大胆な規制改革を橋本に具申したほどだから、住専処理で不良債権問題にひと区切りつけたと認識していたのも確かだ。

住専処理を巡る政府・与党合意は、税金投入への逆風から「住専以外のノンバンクの不良債権処理に公的関与は行わない」と明記した。体力の弱い信用組合に限って公的資金投入に道を開く法整備はしたが、それ以外の金融機関への投入はここで封印してしまった。

ある大蔵次官経験者は「九六年頃は経済環境に薄日が差したが、バブル崩壊からの地価の下落が一向に止まらなかった」と誤算を認める。地価の急激かつ継続的な下落は土地担保に依存した銀行の融資の回収を難しくし、不良債権化する。「乗り切れるはずだと踏んだ一部大手銀行の経営までが悪化し、九七年後半からの金融危機を招いた」と悔悟《かいご》を口にする。九六年一一月二一日、蔵相の三塚博は第二地方銀行の阪和銀行に戦後初の業務停止を命令。護送船団行政の脱却を目指すビッグバン路線と受け止められた。官房副長官の与謝野馨が大蔵省銀行局長の山口公生《きみお》に「金融は本当に大丈夫か」と質《ただ》すと、答えは「大丈夫です」だったが、九七年に入ると、日本債券信用銀行に市場が不信の目を向け、株価が急落した。

日債銀が発行する金融債は預金保険の保護の対象に含まれておらず、経営が破綻すれば、元本の払い戻しが保証されていなかった。市場を鎮めようと動いたのは自民党幹事長の加藤紘一だ。民主党代表の菅直人が情報開示などを前提に公的資金投入を唱えると、「危機回避の大きなカードだ」と飛びついた。盟友で政調会長の山崎拓も「（住専処理の）あつものに懲りてなますを吹くわけにいかない」と公的資金の封印を解こうと歩調を合わせた。

「二〇行のメジャーバンクはしっかりと支えていくのは蔵相として当然だ。自助努力でリストラが進み、対応が進んでいることを考えれば尚更《なおさら》、これを支持するのは当たり前だ」

二月一〇日の衆院予算委員会。三塚は都銀、長信銀、信託銀の大手二〇行は「支えていく」と日債銀危機説を打ち消した。これは「二〇行は潰さない」決意と受け止められた。

山崎は一二日の講演で、公的資金による金融債の全額保護を唱えた。政府系の日本開発銀行を民営化し、日債銀を救済合併させる構想も口にした。山崎は、金融界長老で日本興業銀行特別顧問の中山素平《なかやまそへい》の考えが「複数のルートで伝わってきた」結果の発言だと打ち明けている。住専処理の記憶さめやらぬ大蔵省は「我々が政治家に振りつけたのではない」と慎重に距離を置いたが、政治の口先介入に積極対処を期待した市場は小康状態となる。

解けぬ公的資金の封印

日債銀問題は首相官邸にも公的資金の封印を解かせるかに見えた。与謝野が「日銀から政府に入る納付金を特別会計のようにプールし、金融危機の際に投入する仕組みを創れないか」と考え始めたのだ。日銀副総裁の福井《ふくい》俊彦《としひこ》を官房長官の梶山静六に引き合わせ、大蔵省銀行局審議官の杉井《すぎい》孝《たかし》にも耳打ちした。いずれ大掛かりな公的資金の投入も予見していた杉井は個人的な動きながら「主計局に検討させます」と政治家のやる気を生かそうと試みた。

ただ、主計局は予《あらかじ》め資金をプールする点や日銀納付金を使う点に技術的な困難を指摘し、与謝野に「問題点を検討中」と回答したまま三月決算期を越す。銀行局は、日銀の支援と民間金融機関を幅広く資本増強に協力させる「奉加帳方式」による日債銀救済策の取りまとめを進めていた。これを発表し、ひとまず窮地をしのいだのは四月一日のことだ。この後、与謝野は主計局と組んで財政構造改革を進めるが、腰を据えた金融危機対策は結局、政治も大蔵省も見て見ぬふりをしたままで、景気も順調なうちに棚上げされていった。

「寸善尺魔《すんぜんしゃくま》という言葉がある。政治の世界は日一日、何が起きても不思議ではない」

八月二八日。橋本は自民党総裁への再選を目指す出馬会見で、気を引き締めた。この直前の行政改革会議の集中討議では、郵政改革の推進などを次々に裁断していた。「大蔵省が国税調査権を使い、実質的な権力を行使しているとの疑念を晴らすためにも、国税庁を分離すべきだ」と厳しい大蔵省改革も口にした。高支持率の宰相に対抗馬は現れなかった。

「寸善尺魔」は世の中によいことは少なく、悪いことが多いというたとえだ。その通りに橋本の命運は暗転し、大蔵省もその道連れとなる。九月の内閣改造で梶山と与謝野が官邸を去ったのがその予兆だった。保・保連合派の梶山と、自社さ連立派で党執行部を牛耳る加藤や野中らの対立が深まり、梶山は形勢不利と悟って自ら身を引いた。事の本質は、総裁派閥の小渕派内で主導権を争う梶山と野中の確執が修復不能なまでに悪化したことだった。

日本経済も変調の兆しを告げた。改造当日に公表された九七年四〜六月の実質成長率は、年率換算で一一・二%減と大きく落ち込んだ。四月の消費税増税の駆け込み需要の反動減から、消費の回復が遅れている、と経済企画庁は分析した。不良債権に苦しむ北海道拓殖銀行は北海道銀行との合併を延期。金融行政の綻《ほころ》びを嗅《か》ぎつけたのは、野に下った梶山だ。三〇日の自民党総務会で、大蔵省が用意した預金保険法改正案にこう待ったをかけた。

「ダメな銀行とダメな銀行を一緒にしたら、どうしてマル（健全）になるんだ！ 大蔵省は住専処理でもう銀行は大丈夫だ、あとは信用組合の対策だけだと言ったじゃないか」

経営破綻した銀行を救済する銀行に、預金保険機構が資金援助するのが従来の原則。資金援助を経営不振行同士の合併まで広げる法改正は、危機が忍び寄る第二地銀の再編を急ごうとした苦肉の策だった。大蔵省の言行不一致を突き、総務会での党議決定を遅らせた梶山だが、うかつに法案を潰せば、金融システム不安を煽《あお》りかねない、といったんは矛を収める。

三洋証券デフォルトの衝撃

この頃、準大手証券の三洋証券も深刻な経営難に陥っていた。同じ準大手の国際証券との合併を大蔵省証券局が仲立ちして探ってきたが、土壇場でご破算。資金繰りに限界が来た一一月三日、会社更生法の適用を申請する。三塚は会見で「透明性のある法的な枠組みの中で会社再建を目指す」と説いたが、「ビッグバン路線だと胸を張るどころではなかった。

ここで金融システムを危機の淵に追いやる重大事が起きたからだ。三洋に他の金融機関が融資した無担保コール資金のデフォルト（債務不履行）である。金融機関は相互信用の下、日々の資金を無担保で融通しあう。経営破綻しても、これだけは返済するという銀行プロフェッショナル同士の「仁義」が初めて破れたのだ。この焦げつきの衝撃は甚大だった。

金融市場は急激に収縮し、経営が不安視された金融機関の資金繰りを直撃する。まず行き詰まったのは拓銀だ。わずか二週間後の一一月一七日に経営破綻。「大手二〇行は潰さない」と受け止められてきた大蔵省の護送船団行政は、市場の圧力でもろくも崩壊した。

さらに四大証券の一角、山一証券まで株価が急落し、資金繰りも逼迫《ひっぱく》した。メーンバンクの富士銀行も自ら巨額の不良債権を抱え、支えきれなくなる。山一に「飛ばし」と呼ばれる違法な簿外債務がある、と知った大蔵省証券局長の長野厖士《ながのあつし》は自主廃業しかない、と判断する。日本経済新聞が「山一証券、自主廃業へ」と特報したのは二二日朝刊だった。

日経特報の前日の二一日。橋本は沖縄復帰二五周年記念式典に出るため、東京と那覇をとんぼ返りした。梶山も在日米軍基地の負担軽減に尽力した前官房長官として、式典に招かれていた。梶山は帰りの特別機内で橋本に歩み寄ると、あるペーパーを渡した。

「行革の取りまとめなどで今は忙しいでしょうから、一段落したら目を通してください」

その文書は二七日発売の『週刊文春』に掲載され、政財官に波紋を広げる「一〇兆円構想」論文の骨子だった。政府が保有するNTT株などの売却益を償還財源の担保に、一〇兆円の「改革・発展国債」を発行する。それを経営者の責任追及や不良債権の情報開示を前提に、優先株の購入など銀行の自己資本増強に投入する。一部は新産業育成など景気対策にも活用する――財政構造改革の旗を振った梶山は、無役に転じて「君子豹変《ひょうへん》」していた。

梶山より一足早く、金融機関の資本増強に公的資金を投入すべく地ならしに動き出したのが、元首相の宮澤喜一だ。二〇日朝、首相官邸に橋本を訪ねると、私案を渡した。

「破綻した金融機関を別の金融機関が救済するのは現実的ではなくなってきた。首相から自民党執行部や大蔵省に検討を指示してほしい。早く指示した方が国際的にもいい」

宮澤私案の第一は預金保険機構に政府保証付きの債券を発行させ、「第二の予算」の財政投融資資金で引き受けて破綻処理の財源を確保すること。第二は金融機関が発行する劣後債を郵便貯金などの自主運用資金で引き受けること。やはり公的資金を使う資本増強策だ。梶山は一般会計で優先株、宮澤は郵貯で劣後債と違いはあっても、公的資金の投入は預金者保護に限るという大原則を超える金融危機への対応策が、事ここに至って急浮上した。

梶山の「ドカンと一〇兆円」

橋本は加藤に宮澤私案の検討を指示した。山一証券の自主廃業の決定直後の党総務会では、梶山、亀井静香ら保・保連合派が公的資金の投入や景気対策、大蔵省の責任追及を加藤ら執行部に迫った。防戦する加藤は、党総裁直属機関として「緊急金融システム安定化対策本部」を新設すると切り返した。宮澤を本部長に担ぎ、総裁経験者の中曽根康弘、竹下登、河野洋平も最高顧問に引っ張り出した。金融危機に政争のきな臭さも漂い始める。

一二月一日。宮澤が衆院予算委員会で質問に立った。首相経験者の登板は異例だ。打ち合わせ通り、橋本を公的資金投入論へ誘導した。この筋書きは大蔵省も承知のうえだ。

宮澤「首相が先頭に立ち、国民が安心してよいとの姿勢を示すのが金融安定化の端緒だ」

橋本「どんな事態が生じても対応できるように、預金者保護のために、公的支援によって利用可能な資金を拡充していくこと、これは今後、検討していくべきではないか」

主導権を握った宮澤本部。ところが、翌二日に橋本が官邸に招いたのは梶山の方だ。梶山は一〇兆円構想を「与野党問わず連合軍でやりますから」と迫り、新進党党首の小沢一郎との連携も匂わせた。橋本は「大蔵省にやらせる」と約束する。梶山より加藤らに軸足を置いたはずの橋本だが、金融危機に直面して打てる手は何でも打ちたい、と揺れたのだ。

実は橋本と加藤らの間にもすきま風が吹き始めていた。同じ二日、行政改革会議が積み残していた大蔵省の財政・金融完全分離を巡る自社さ与党協議が行き詰まったと見るや、首相秘書官の江田憲司が加藤と山﨑に「橋本の意向」だとして独自の改革案を突きつけた。それは銀行局、証券局、国際金融局を「金融庁」として独立させ、大蔵省には金融危機の際の財政出動に備えて「主計局金融課」だけを残す、という実質的な完全分離案だった。

大蔵省の後ろ盾、竹下登が分離慎重論だと知った山﨑は、江田案をはねつける。「橋本の意向」を錦《にしき》の御旗《みはた》にして活発に動く江田に、加藤、山﨑ら党執行部は「官邸の独走」だと不快感を募らせていく。金融危機のさなかに、政権中枢でさえも一枚岩とほど遠かった。

新型国債を発行して「ドカンと一〇兆円の現ナマを積んでみせる」梶山構想の市場へのメッセージは強力で明快だった。ただ、償還の担保だというNTT株の売却益はもともと、過去に発行した国債の償還に充てる原則だ。大蔵省は「二重に担保は取れないから、新型国債の実態は赤字国債でしかない」と指摘した。一一月末に財政構造改革法が成立したばかり。一〇兆円の赤字国債増発ではいきなり路線転換となり、橋本の政治責任につながりかねない。

それでも「あれは面白いわな」と梶山構想を繰り返し持ち上げていた一人が竹下だ。政権中枢の機能不全の兆しとともに、決して自ら能動的に仕掛けはしない竹下の存在感がじわりと増していた。予算編成の説明で竹下を訪ねた主計局長の涌井洋治ら大蔵省幹部は「面白いわな」は「君らが知恵を出せ」が真意だと受け止め、息をのんだ。官僚が下手に動けば、政争に巻き込まれかねない。だが、何も備えをしないのも政策当局として下策だった。

「竹下の知恵」は大蔵案

揺れる橋本を挟む梶山と加藤らのつばぜり合い。それは小渕派内で竹下を挟んだ梶山と野中の凄まじい暗闘でもあった。ここで局面転換を仕掛けたのは野中だ。一二日の旭川市での講演で、梶山構想に理解を示すかのように「アナウンスなき政策転換」をぶち上げた。「財政再建の道を歩むにしても、日本が滅びてはいけない。一〇兆円はどこから持ってくるのか、見せ金ではないか、とか、財政改革法との整合性はどうか、など市場が冷ややかに反応している。政治家が政策転換を大胆に決断する時が訪れている」

一報を聞いた加藤は「えっ」と絶句した。野中は「まず政治家が責任を取り、官僚が責任を取り、経営者の責任を問わなければ、国民の理解を得られない」と踏み込んでいた。

野中は講演の前に亀井と会い、梶山構想はすぐ国債を増発せずとも実現できるという「竹下さんの知恵」を披露。金融危機の招来と路線転換に伴う「蔵相の三塚博と大蔵事務次官の小村武の引責辞任」を説き、さらに「党総務会長の森喜朗《もりよしろう》の蔵相転出と亀井の総務会長就任」まで持ちかけていた。竹下の支持と人事案をちらつかせ、亀井を引き寄せようとした。

これは梶山を孤立させる狙いだった。亀井は乗らなかったが、財革路線の転換論はくすぶり続ける。責任追及論が浮上した大蔵次官の小村は、宮澤との連携で事態打開を探る加藤と深夜に電話で連絡を取ると「我々は政策の知恵はいくらでも出します。ただ、事柄が政争の次元になれば、そういうわけにもいかなくなってしまいます」と窮状を訴えた。

「竹下の知恵」とは、実は大蔵省主計局がひねり出した秘策にほかならなかった。一二月一四日、宮澤を小村ら大蔵省幹部が訪ね、最終案をまとめる。預金者保護と銀行の資本増強のため、預金保険機構にそれぞれ一〇兆円の日銀融資枠を設けて政府保証する。さらに政府は機構に一〇兆円分の交付国債を渡す。普通の国債は政府が市中で売るなどして資金を集め、利子をつけていずれ償還するが、交付国債は全く別物だ。小切手のようなもので、機構は資金が必要になるたびに交付国債の現金化を順次、政府に求め、一〇兆円まで手にできる。

梶山流の「一〇兆円国債」を採り入れたかに見えて、「ドカンと現ナマ」ではない。一〇兆円の拠出を巡り、大蔵省は複数年度に分けてさみだれ式に予算計上するつもりだったからだ。これなら赤字国債の増発を縛る財革路線に反しない、と説明するための苦心作だった。

九二年八月。首相だった宮澤は金融機関が抱える不良債権の担保不動産を流動化するため「公的援助もやぶさかではない」と公的資金の活用に言及したことがある。当時は大蔵省も経済界も否定的で、何も動かなかった。五年後、その宮澤が新たな枠組み作りを主導した。

この最終案は一五日朝、竹下の自宅にも届けられた。梶山は竹下、宮澤を相次いで訪ねる。

二人の首相経験者が梶山のメンツに配慮した大蔵省の折衷《せっちゅう》案を片手に説得した。梶山は「これは換骨奪胎《かんこつだったい》だ。私の構想とは似て非なるものだ」と不満をぶちまけながらも「撃ち方止め」の時だと悟り、撤退する。自民党は一六日、この緊急金融システム安定化対策を決定した。規模を大きく見せかけるため「最大で三〇兆円規模の公的資金枠」だと喧伝《けんでん》した。

トップダウンの特別減税

一二月一六日深夜。国会近くのホテルに与党三党の幹部が集まっていた。社民党は経済テコ入れに二兆円の所得・住民税の特別減税の復活を求めた。自民党幹事長の加藤紘一らは財政構造改革法との兼ね合いから、赤字国債の増発を呼ぶ減税は無理だ、と押し返した。

橋本はこの夜、クアラルンプールでの日本・東南アジア諸国連合（ASEAN）首脳会議から帰国した。大蔵省出身の首相秘書官・坂篤郎《さかあつお》を伴って首相公邸に戻ると、加藤と蔵相の三塚博に電話をかけた。与党首脳が減税先送りに傾いていたまさにその瞬間に「二兆円の特別減税の実施を決断した」と伝えるためだった。加藤は驚愕《きょうがく》し、押し問答となった。

加藤「特別減税は財政構造改革路線の転換です。政治責任になります。それだけはできない、と言って今、別室で社民党を説得していたところなんですから」

橋本「いや、もう決めたから。路線転換だの政治責任だの、政局に利用するならすればいい。この危機を乗り切る方が大切なんだ」

橋本は加藤に厳重に口止めすると、翌一七日朝、与党幹部を首相官邸に招集し、決断を打ち明けた。ほとんどの出席者には寝耳に水。首相主導を際立たせた一手に、日経平均株価もひとまず上昇した。橋本は一四日にクアラルンプールに飛び立つ直前、三塚と密かに話し合っていた。ある橋本側近は「特別減税の発案者は三塚氏だった」とも証言している。

橋本はASEAN会議で折からのアジア通貨危機の深刻さと日本経済の立て直しを考え抜いた体裁を整え、帰国直後にトップダウンの決断を演出した。大蔵省には三塚から指示が下りていた。一六日夜に加藤から橋本の決断を聞いた政調会長の山﨑拓は半信半疑で、主税局長の薄井信明に「現実に減税をすぐやれるのか」とこっそり質した。すると薄井は発表前なのに「できます」と即答。減税の手順や予算措置までスラスラと解説してみせたのだ。

所得税減税は九八年二月から実施する。その財源として九七年度補正予算で赤字国債を約一兆円増発するのがカギだった。財革法では九八年度から赤字国債発行額を前年度より減らすよう義務づけたが、九七年度中の増発は禁じていない。政治的には路線転換と捉えられる余地も出てくるが、法律上の縛りをすり抜ける隘路が大蔵省には見えていたのだ。

抜け殻となった財革法

大蔵省はもう一手先まで読んでいた。九七年度の赤字国債発行を増やすことで、九八年度の発行予定額との差額の「すき間」が広がる。その結果、前年度より発行額を減らせという財革法に違反せず、九八年度中に赤字国債を最大で約一兆四〇〇〇億円、増発できる計算になった。法改正なしでも、さらに二兆円規模の減税を上積みする余地を残したわけである。

財革法には他にもすき間があった。赤字国債は前年度比の減額や二〇〇三年度の発行ゼロ目標で縛っていたが、公共投資を賄う建設国債に制約はない。歳出も、当初予算では分野ごとに厳格な上限（キャップ）を明記した半面、補正予算にルールはなかった。当時の主計局のある課長は「万一、景気対策が必要になれば、補正予算を編成し、建設国債を増発して公共投資は上積みできる。それは法案作りの段階から意識していた」と振り返っている。

年明け以降、財革路線の転換へ橋本に圧力をかけたのはクリントン米政権だ。二月二一日、ロンドン。米財務長官ロバート・ルービンは新蔵相の松永光《まつながひかる》にこう強硬に迫った。「アジア、世界にとって日本の内需強化、金融問題の解決が重要だ。九八年度予算案は景気に抑制的だ。減税、公共事業前倒しが終わった後、どうするかを世界が懸念している」

加藤、山﨑らは財革法のすき間を突き、過去最大の総事業費一六兆円超の経済対策を大蔵省とすり合わせた。公共投資を上積みし、九九年も二兆円減税を継続する案だったが、党執行部に乗る手法では支持率は上がらない、と見切った橋本官邸は独走を始めていた。

減税は九九年継続に加え、九八年分も二兆円から四兆円に上積みする――今度は大蔵省にも直前まで知らせず、秘書官の江田らが正真正銘の橋本主導シナリオを描いた。この減税規模ではさすがに財革法も改正せざるをえず、「アナウンスなき路線転換」の域を超える。市場へのインパクトを狙い、与党に潰されるのも警戒して、根回しも意識的に控えた。

四月九日。橋本は電撃会見に臨む直前に加藤、山崎らを官邸に呼び、大型減税に踏み切る決断を明かした。加藤は官邸を去り際、記者団に「減税を上積みしても、どの程度、効果があるかは疑問だ」と言い放った。橋本と党執行部の相互不信はもはや修復不能だった。もう一人、激怒したのが厚相の小泉純一郎だ。「財政再建に本気だと言うから社会保障費の厳しい上限ものんだ。減税するなら、社会保障費のキャップを外せ」と橋本に迫ったのだ。

財革法は赤字国債の発行ゼロ目標を二〇〇五年度に先送り。景気悪化の際に法律の適用を停止する「弾力条項」を入れ、九九年度の社会保障費の上限も外して抜け殻となった。

特捜検察が接待摘発

束の間の財革路線が急転換していく九八年前半。大蔵省は組織の存亡に関わる危機にも直面した。金融機関からの過剰接待問題を内偵してきた東京地検特捜部は一月二六日、大蔵省を強制捜査し、金融検査部のノンキャリア職員二人を収賄《しゅうわい》容疑で逮捕した。現金授受がなく、接待だけでも、金額が一定の限度を超えれば賄賂《わいろ》になると認定したのである。

検察は大蔵省傘下の国税当局から脱税犯の告発を受け、立件へと緊密に連携する関係にある。九三年、政界の最高実力者だった金丸信を脱税容疑で逮捕、起訴した一件はその象徴だった。特捜検察が摘発の刃を大蔵省に向けたこと自体が権力中枢の異変を映していた。

野党は翌二七日、第一弾の特別減税法案の国会審議を拒否し、蔵相の三塚博は引責辞任に追い込まれた。首相の橋本龍太郎が蔵相を一時兼務。大蔵事務次官の小村武も翌二八日に「橋本蔵相」に対して辞意を表明せざるをえなくなった。橋本は元理財局長で内閣内政審議室長に転出していた田波耕治《たなみこうじ》を新次官に起用した。異例の緊急避難人事だった。

捜査の渦中で銀行局のノンキャリア一人が自殺。三月五日に証券局のキャリアの課長補佐と証券取引等監視委員会のノンキャリア各一人が収賄容疑で逮捕された。東京地検検事正の石川達紘《いしかわたつひろ》は過剰接待捜査を「不良債権処理をめぐる金融失政の実態とその原因を解明する捜査だと位置づけていた」（村山治《むらやまおさむ》『特捜検察vs.金融権力』）とされるが、ここで検察は止まる。

大蔵省はその代わりに、新蔵相で検事出身の松永光の指揮下で、接待を巡る内部調査を実施し、四月二七日に職員一一二人の大量処分に踏み切った。幹部では銀行局審議官の杉井孝が四ヵ月の停職。証券局長の長野厖士が二〇％の減給とされた。松永は両者に「責任の重さにかんがみ、自ら進退を判断してほしい」と辞職を促し、二人は辞表を提出した。

杉井は主計畑だが、住専処理から金融危機への対応の中核を担ってきた。長野は、山一証券の自主廃業などを指揮した。危機対処の主役を張ってきた実力派の官僚たちが相次いで大蔵省を去った。さらに松永は五月一五日、接待事件の監督責任を問う形で、官房長の武藤敏郎を前職の総務審議官に異例の降格処分とする、と発表した。

金融監督庁の独立

大揺れの大蔵省。六月二二日に金融検査・監督部門を分離し、「金融監督庁」が独立する。処分対象者は監督庁に異動させられず、危機対応に詳しい幹部級はごく少数となる。初代長官も「大蔵支配」を排し、前名古屋高検検事長の日野正晴《ひのまさはる》が内定した。月刊誌『現代』七月号が「『長銀破綻』で戦慄の銀行淘汰が始まる」と報じたのは発足直前の五日だった。

日本長期信用銀行の経営不安説は、英紙『フィナンシャルタイムズ』も取り上げたことで市場を動揺させ、株価が急落するなど一気に金融危機ムードを再燃させた。監督庁誕生前日の二一日。大蔵省の田波ら幹部と、監督庁次長に転出する財政金融研究所長の浜中秀一郎《はまなかひでいちろう》らの間で金融行政の引き継ぎをした際も、張りつめた空気に包まれていた。

「大蔵省から監督庁に移行する行政の空白を、投機筋が間違いなく狙っている。明日から各方面への挨拶回りなど絶対にしてはいけない。市場の動向に全神経を集中してほしい」

大蔵省側からこんな別れの言葉が贈られた。この国会で橋本行革を法制化した中央省庁等改革基本法が成立。財政・金融分離を巡っては、大蔵省に国際金融と「金融破綻処理制度ないし金融危機管理に関する企画立案」機能だけを残し、金融監督庁をさらに拡充した「金融庁」を二〇〇一年以降に創設する方向となった。参院選公示の翌日の二六日、住友信託銀行が長銀を事実上、救済合併する構想が公になったものの、危機は収束しなかった。

「所得課税のあり方を聖域なく見直す。結論として特別減税のような姿ではなく、恒久的な税制改革として打ち出されることを期待しているし、そういう方向になるだろう」

七月三日、遊説先の熊本市内。首相の橋本龍太郎は「恒久的な税制改革」に触れた。財政構造改革路線の最強硬派だった政調会長の山﨑拓が、選挙対策の手詰まりから豹変して「恒久減税」を橋本に迫っていた。橋本や幹事長の加藤紘一は財源や減税の効果を考えて懐疑的だったが、幹事長代理の野中広務は山﨑に同調した。政権中枢はバラバラだった。

橋本が渋々口にしたのが、玉虫色の「恒久的な税制改革」だ。これが「恒久減税を表明」と受け止められ、命取りになる。五日の民放テレビ番組で、橋本は「私は『恒久的な税制改革』と申し上げたのであり、『恒久的な制度減税』とは申し上げていない」と釈明した。今度は「首相が恒久減税を撤回」と一斉に報じられ、「自民党迷走」の印象が広がった。

八日の党本部。危機感を募らせた加藤、山﨑、野中らが集まり、橋本の発言要領を詰めた。橋本は名古屋空港から豊橋市内に向かう車に乗ったところで、ファクスを受け取った。

「恒久的な税制の見直しの結果、国民に支持される減税を来年から実施したい」

改めて「恒久減税」に踏み込んだ、と受け止められる言い回し。二度の特別減税を加藤らの頭越しに決断した橋本が、今度は党執行部に押し切られた。投開票日の一二日、減税問題でブレたと見られた自民党は惨敗し、橋本は退陣する。大蔵省が大量処分や組織改編に追われて疲弊しきった間に財革路線は雲散霧消し、金融危機は深刻化の一途をたどっていた。

3　民主党と竹中平蔵の登場

「平成の是清」宮澤蔵相

一九九八年七月三〇日。参院選で惨敗した橋本龍太郎の後継首相に、自民党最大派閥を率いる小渕恵三が登板した。総裁選では小渕派を脱会した前官房長官の梶山静六、世論の支持を集めた厚相の小泉純一郎との三つ巴《どもえ》の戦いとなったが、数の力を見せつけて圧勝する。

小渕は経済危機に直面して「蔵相を最大最高の人にお願いする」と表明。渋る元首相の宮澤喜一を「平成の高橋是清《これきよ》」とばかりに担ぎ出した。総裁選公約の「六兆円超の恒久減税」も丸投げ。積極財政論者を自任する宮澤は、所得・住民税と法人税で六兆三〇〇〇億円の減税案を一気に固めた。自民党税制調査会のドン、山中貞則も「宮澤がそこまで言うなら任せる」と認めた。住宅ローン減税や投資促進減税なども上積みし、九九年度税制改正では最終的に九兆四〇〇〇億円の大規模減税を断行する。財源は全額、赤字国債で賄った。

ここで宮澤は数日間にわたり、首相秘書官として自らに仕え、縁戚《えんせき》でもある主税局長の尾《お》原榮夫《はらしげお》らと激論を戦わせた。所得・住民税の最高税率を六五％から五〇％に下げ、税率の刻みなど累進構造も抜本的に改変する「恒久減税」を命じた宮澤。主税官僚の尾原は制度減税は景気対策の域を超えて止められなくなる、と反対した。財源のあてもないので、財政赤字が雪だるまのように膨張し、将来にわたって財政の致命傷になりかねない、と諫言《かんげん》した。

両者は綱引きの末に二点で折り合った。第一に累進構造の見直しは時間がかかるので、将来の税制改革の課題と位置づけた。今回は景気対策を優先し、税額から一定の率を差し引いて減税する「定率減税」を直ちに実施。第二に最高税率は五〇%まで下げる。主税局はこれは累進構造にも部分的に手を着ける「いわば制度減税」だ、と宮澤の説得を試みた。

「これでは『恒久減税』の名には値しませんな」と宮澤は捨てゼリフを残した。主税局はこれ幸いと、この小渕減税を「恒久減税」ではなく、「恒久的減税」と命名した。小渕は国会で民主党代表の菅直人に「恒久」と「恒久的」の違いを突かれると、こう答弁した。

「私の内閣だけで恒久と考えるのはいかがかと。税制は常にその時々の内閣あるいは国会の判断が行われるので、恒久的減税と申し上げることでご理解いただける、こう思った」

「恒久的減税」は「期限を定めない制度改正」で、期限を切った「特別減税」とは違う。租税法定主義だから、改めて法改正しない限り減税が続く。ただ、「未来永劫《えいごう》に改正しないことはありえない」ので「恒久減税」の用語は適切ではない、との論理だ。ここで主税局が粘って「的」の一文字を入れたことで、小渕減税の運命は八年後に大きく変転する。

ある元次官は「歳入確保が仕事の蔵相が率先して減税を口にしては終わりだ」と宮澤に苦り切った。主計局も並行して大型補正予算を編成したが、積極財政論者で「遅れてきたケインジアン」を決め込む宮澤を敬して遠ざける空気が漂った。宮澤は大蔵省出身と言っても、在籍一〇年で早々と政界に進出。一九八六~八八年に蔵相を務めた際も、バブルの引き金とも言われた六兆円補正を断行している。そんな「大先輩」に現役の身内意識は薄かった。

長銀・住信合併の不調

日本長期信用銀行の経営危機は政局の激動をよそに深刻化していた。救済合併に名乗りを上げた住友信託銀行も巨額の不良債権を危ぶみ、腰を引いた。宮澤は小渕に「ハードランディングなら誰でもできる。カタストロフィー(破局)は避けるべきだ」と進言した。

小渕内閣は七月三〇日からの臨時国会に、破綻した金融機関の健全な借り手は保護しつつ、受け皿銀行を探す「米国式ブリッジバンク制度」を導入する金融再生法案を提出した。ただ、本家の米国でも大手銀行に適用した例はなく、使えるのは地方銀行などの中小破綻処理だけだ、と自民党も大蔵省も考えていた。そこで政権中枢は長銀破綻の回避に全力を挙げる。

八月二〇日夜、首相公邸。小渕、宮澤、官房長官の野中広務が待つ一室に、住信社長の高橋温《あつし》と金融監督庁長官の日野正晴が招き入れられた。小渕は高橋に合併推進を懇請《こんせい》した。

「長銀と住信が合併することで金融秩序が維持できれば望ましいし、極めて重要なことだ。政府としても両行の合併をできる限り、支援していく」

長銀は日本リースなど関連ノンバンクへの貸出債権を放棄するリストラ案をまとめていた。長銀と住信の双方に三〇兆円の公的資金枠から資本注入し、合併を実らせたい、と公邸協議の設定に動いたのは宮澤だ。「必要な公的資金はつける。カネにいとめはつけない」と迫ったが、高橋は「この場で返事のできるような話ではない」と最後まで言葉を濁した。

首相が個別銀行の合併問題で自ら乗り出すのは異様にも見えた。だが、大蔵省と分かれ、総理府外局となった金融監督庁の主務大臣はもはや蔵相ではなく、首相だったのだ。

大蔵省と監督庁の現実の住み分けには曖昧さも残り、国会では宮澤と日野が答弁を譲り合う場面もしばしばだった。野中が大蔵省に「長銀はどうなっている」と質しても、同省の金融企画局は「我々の所管は金融法制度で、個別銀行に口を出す権限はない」と戸惑った。

自民党は参院で過半数割れし、野党の協力なしに法案を通せない崖っ縁にいた。日銀が長銀の資金繰りを側面支援するのをよそに、野党は「既に債務超過で、破綻しているのではないか」と政治介入に反発。長銀を潰せば、小渕も倒せる、との構えすら見せ、金融再生法案の対案をまとめる。破綻認定した銀行の全株式を国が強制取得して一時国有化し、受け皿を探す「特別公的管理」が柱だ。宮澤が頼みの綱とした資本注入制度も「廃止」とした。

金融国会と政策新人類

この金融国会で表舞台に躍り出たのが当選二～三回の「政策新人類」と呼ばれた新世代の議員だ。自民党では石原伸晃《いしはらのぶてる》や日銀出身の塩崎恭久《しおざきやすひさ》ら。民主党では弁護士の仙谷由人、枝野幸男らだ。金融や法律の専門的な議論を苦にせず、合意文書作りも大蔵官僚らに頼らずに自らキーボードを叩いた。与野党ともに党幹部の多くは金融に不案内で、金融再生法案の修正協議は次第に党派の垣根を超えた政策新人類による下克上の様相を呈したのだ。

「これは大蔵省が使うワープロの活字じゃないか！　いい加減に政治主導でやってくれ」

九月上旬の与野党実務者協議会。民主党の政策新人類の一人、池田元久《もとひさ》がこう声を荒げた。自民党が示した修正案が、野党案とかけ離れた内容だったので、まず文書の体裁から官僚主導だと疑ったわけだ。石原は大蔵省で長年、国会対策を担当し、党幹部も一目置くノンキャリア職員を見つけると「なぜ、この場にいるのか。出て行ってくれ！」と面罵《めんば》した。

大蔵省は自民党の方針に沿って政府原案をまとめ、国会に提出した立場。与野党協議会に大蔵官僚が陪席し、修正案作りに非公式に関わるのも五五年体制なら当然だったが、「新人類」はそれ自体を問題視した。政官関係の意識変化だ。大蔵省は協議会から閉め出され、情報不足で幹部が国会内を右往左往する姿が目撃された。大蔵省排除がイコール「政治主導」と化していた。民主党は大蔵省から金融企画部局も切り離す財政・金融完全分離も要求した。

長銀危機が深まる中で修正協議は一向に進まず、野中は周囲にこう漏らし始める。

「今頃、長野厖士や杉井孝が大蔵省の第一線にいれば、もう少し何とかなったかも分からない。大蔵批判の先頭に立ってきたのは私自身だ。それを後悔するわけではないが……」

金融危機の荒波に翻弄《ほんろう》され、忍び寄る「日本発世界恐慌」の影に政権は追い込まれた。九月一八日。小渕は民主党代表の菅直人、旧公明党系の新党平和・改革代表の神崎武法《かんざきたけのり》と個別に会い、金融再生法案の共同修正と長銀処理で何とか口頭の合意にこぎつけていた。

「長銀は特別公的管理等で対処する。金融行政は大蔵省から完全分離し、国家行政組織法三条に基づく金融再生委員会に一元化。九九年の通常国会終了までに法整備をする」

野党の中でも、新進党解党後に自由党党首に転じていた小沢一郎は倒閣を狙い、強硬路線で仕掛けた。自民党が混乱し、親交がある梶山静六が後継首相候補に浮かぶ展開を目論《もくろ》んだ。衆院解散・総選挙を避けたい旧公明党系は野中らと気脈を通じ、軟着陸を探った。この情勢を見た菅は加藤紘一の説得も受け、「金融危機を政局にしない」と倒閣路線と一線を画す。党首会談で小渕に野党案をのませ、政権担当能力を示す方に主眼を置こうとした。

だが、口頭合意はガラス細工だった。菅らは長銀は野党案の特別公的管理で破綻処理するもの、と受け止めたが、自民党は「等」の一文字を根拠に、既存の法律に基づく資本注入や住友信託銀行との合併の余地も残したと読んだ。小渕は合意を手にニューヨークに飛び、米大統領ビル・クリントンとの会談で危機打開を約束するが、菅は党内で長銀救済を認めるのかと異論が出ると、玉虫色の解釈を否定せざるをえなくなる。合意はあっけなく崩れた。

監督庁の「クーデター」

与野党協議は再び混迷した。自民党内でも宮澤の意を体して長銀破綻の回避で動く政調会長の池田行彦《ゆきひこ》らと、政策新人類が衝突。会期末の一〇月七日までに金融再生法案と長銀問題を決着させるにはもう時間がない。局面を転換したのは野中だ。二五日午前の記者会見で、宮澤主導の長銀支援策を覆し、野党案「丸のみ」に動くシグナルを発信したのだ。

「日本リースなど（長銀の）子会社の関連債務を不良債権として処理するために公的資金を投入したり、公的管理等による救済は選択すべきでない。国民の理解を得られない」

同日夕、幹事長の森喜朗、宮澤、野中、池田ら政府・自民党首脳が国会内に集まった。長銀支援策の旗を振り続けてきた宮澤は「お客さんを待たせていますので。後はお任せします」と言って、中座してしまう。残った首脳陣は野党案の事実上の丸のみを決断。国会内では徹夜の与野党折衝が続いたが、ついに宮澤が戻ることはなかった。財政・金融完全分離論でも揺さぶられていた大蔵省は「まな板の上のコイ」でロクに身動きできぬままだった。

ここで政策新人類は、長銀破綻を否定してきた小渕や宮澤の政治責任論に火をつけない工夫も凝らした。国が銀行を破綻認定し、株式を強制取得する野党案の特別公的管理（一時国有化）に、破綻認定を経ずに銀行の自主的な申請から管理に入る方式も書き加えたのだ。国有化後に旧長銀の株式を住信に売却して子会社とし、その後に合併する余地を残した。

だが、金融再生法が成立すると、今度は金融監督庁が独立独歩の動きを強めた。長銀の資産査定をやり直してみると、有価証券などを時価評価し、含み損まで考慮すれば債務超過とも言える状態だった。やはり経営破綻と認定せざるをえまい、と強硬論が台頭したのだ。

それでは長銀破綻を否定してきた宮澤の立場がない、と大蔵省は色をなした。しかし、過剰接待で失墜した金融行政への信頼を回復すべき新生・監督庁はしがらみを断ち切って行動すべきだ、と後押ししたのはやはり野中だ。日野らに「ルールに従って王道を歩め」と破綻認定を支持する決断を伝えた。監督庁は大蔵省との決別に向かう路線を一気に加速した。

金融再生法の一〇月二三日施行に向け、国土庁長官だった柳澤伯夫が金融再生相に横滑りした。長銀は同日、特別公的管理を自主申請したが、政府は債務超過で経営破綻していると認定した。柳澤は記者会見で「六月以降の資産劣化が著しく、客観条件が変化した」と説明した。柳澤から事前にこの方針を告げられた宮澤は、もはや異論を挟まなかった。

監督庁は一二月一三日、日本債券信用銀行も破綻認定し、特別公的管理を開始した。柳澤が「日債銀がいよいよダメです」と報告すると、小渕は天井を見上げて茫然《ぼうぜん》とした。日債銀の会長は元大蔵官僚で国税庁長官も務めた窪田弘《くぼたひろし》。大蔵省は九七年に日銀や金融界に協力を求めて奉加帳方式で救済策を講じた経緯からも憤激したが、監督庁は多くの幹部の古巣である大蔵省にノーを突きつけることが「独立」の証《あかし》のように、強硬路線をひた走った。

自民党に野党案を丸のみさせ、財政・金融完全分離で大蔵省も追いつめた――金融国会は政策新人類、特に「改革派」を自任した民主党の面々に「政治主導」の成功神話として二〇〇九年の政権交代まで語り継がれていく。「財金分離」は「党是」とまで言われたのだ。ただ、資金量が二〇兆円を超す長銀のような大銀行の破綻は世界的にも例を見なかった。

一方の宮澤は晩年の〇六年の証言でも「どうして住友信託と合併ができなかったのかと今

でも思っています。国有化だと、とにかく大変な金がかかりますから」と長銀・住信合併こそ最善だったとの認識を変えていなかった。少なからぬ当時の大蔵省幹部たちもその認識自体は共有していた。もっとも、政治家・宮澤に対しては、なぜその路線をとことん貫こうとして動かなかったのか、と複雑な思いをのぞかせる向きがあったのもまた、事実だ。

「共犯関係」の終焉

住専処理から銀行・証券の大型破綻が相次いだ九五〜九八年の金融危機。その対応と並行して、政治は財政・金融分離を唱え、日銀の「独立性」強化や金融検査・監督部門の独立による大蔵省「解体」を推進した。渦中にあった大蔵官僚はどう受け止めていたのか。今世紀に入って、財務事務次官を二年以上務めた二人の大物官僚の見解をここで見ておこう。

「予算や税法は国会で議決するので、政治家は『知らなかった』とは言えないが、金融への国会の関与は限られる。大蔵省もすべてを取り仕切っているような顔をしてきたために、政治から『任せておいたら、こんなに不良債権が増えた』との批判を逃れられなかった」

この時期に官房長などで危機管理にあたった武藤敏郎（二〇二〇年東京五輪・パラリンピック組織委員会事務総長、昭和四一年入省）はこう述懐する。「大蔵省は九八年の金融国会まで、包括的な金融危機対応スキームを用意できなかった。その結果責任を問われるのも仕方がない」とも漏らす。その半面で「それが『財政の論理が金融行政を歪めた』として、財政・金融分離論にまで発展したことには戸惑った」と大蔵省「解体」への違和感は隠さない。

自民党長期政権の五五年体制で、濃密な貸し借りで「共犯関係」を築いた自民党と大蔵省だが、九三〜九四年の非自民連立政権の誕生でそこにヒビが入った。武藤は自民党復権後にある有力議員から「大蔵省とは夫婦も同然だったのに、下野した途端に冷たくしてくれたな」と恨み節を突きつけられた。「官僚は自民党ではなく、時の与党に仕えるもの」と説いても「そんな生易しい話ではない。大蔵省は合理的に行動したつもりかもしれないが、野党自民党にも与党時代と変わらず通ってきた官庁もあったのだ」と厳しく指弾されたと語る。

自民党と大蔵省の間合いが微妙だったところに、住専処理を嚆矢とする金融システム危機が襲った。名状しがたい大蔵省への遺恨を秘めた自民党には、財政・金融分離は金融行政の失敗への「ペナルティ」（加藤紘一）との意識が強かった。それは大蔵省には長年の「共犯関係」を忘れた自民党による責任転嫁と映る一面もあった。両者のぎくしゃくを増幅するように、「改革派」を自任した通産官僚や民主党の「政策新人類」が鼻息荒く立ち回った。

金融監督庁が大蔵省から独立し、同省の手を半ば離れて政治主導で進んだ長銀や日債銀の処理。武藤は「住専処理批判に懲りた国会は公的資金の早期投入に動かず、資金量二〇兆円超の長銀が周到な出口戦略なしに破綻させられた」と金融システムを危うくしてまで「破綻処理」にこだわった手法に批判的だ。「二〇〇八年のリーマン・ショックの後、大手銀行を守るために素早く公的資金を入れた米国の政治とは、対照的だった」とも指摘する。

「リーマン・ショック四回分」

財務次官からインターネットイニシアティブ社長に転じた勝栄《かつえい》二郎《じろう》（昭和五〇年入省）。九五年の超円高を反転させた「ミスター円」国際金融局長の榊原《さかきばら》英資《えいすけ》を、市場介入を担当する為替資金課長として補佐した。グローバルなマネーの奔流に対応するため、金融ビッグバンを仕掛けた人物とされる。金融危機当時は公共事業や企画担当の主計官を務めていた。

勝は退官後の『文藝春秋』一三年八月号への寄稿「歴史の必然と偶然」で、九七〜九八年に拓銀、山一証券、長銀、日債銀を続けて破綻させたのは「四回続けてリーマン・ショックを経験したことと同じ」だと強調した。その衝撃の深刻さを「日本社会の価値観が変わった」とまで論じている。やはり当時のハード・ランディング路線に対しては批判的だ。

勝によれば、プリンストン大教授のハロルド・ジェームスは著書『価値の創造と破壊』（未邦訳）で一九三〇年代の世界恐慌から「バブルの崩壊と金融秩序の崩壊は混同されがちだが、全く相異なる事象」だと分析している。バブル崩壊も株価暴落などで不況をもたらすが、大手銀行の破綻から金融システムが機能不全に陥る事態はより深刻だ。リスクを取って経済の「血液」である資金を供給する主体が消えてしまうからだ。そのことが経済の領域を超え、人々の価値観が変貌するほど大きなショックを社会にもたらす、と同書は説いている。大手銀行・証券でも破綻するという現実に直面した九七〜九八年を境に、日本社会にも

「大きな変動が読み取れる」と勝は指摘する。自殺者数は九七年までの二万人台から三万人台に跳ね上がり、消費者物価指数も九八年から七年連続でマイナスを記録。生活保護世帯数、非正規雇用の割合、生涯未婚率などがいずれもこの時期から急上昇したという。

リスクを取る民間主体が消えた金融システムの危機に、代わりにリスクを取って対処できる主体は公的資金を投入できる政府以外になかった。長銀破綻の瀬戸際で金融監督庁が独立した際、大蔵省は投機筋が「金融行政の空白」を突いて市場で売り浴びせに出るのを本気で危ぶんだ。それは「行政の空白」にとどまらず、自民党と二人三脚で統治システムを支えてきた大蔵省の「解体」による「権力の空白」を直感していたからかもしれない。

プライマリーバランス

小渕内閣では、大蔵省と対峙して「改革派」を名乗るニューカマーがもう一人、政策決定の中枢に登場した。小渕の直属機関である経済戦略会議（議長＝アサヒビール会長・樋口廣太郎《ひぐちひろたろう》）に参画した慶大教授の竹中平蔵である。議長代理を務めた一橋大教授の中谷巌らとともに、九九年二月末の最終報告「日本経済再生への戦略」の起草作業の中核を担った。

同報告は経済再生に向けて「小さな政府」や「健全で創造的な競争社会」を掲げ、厚生年金の民営化や財政投融資制度の廃止なども視野に政府の効率化を訴えた。いずれ消費税率引き上げは不可避、と指摘するなど財政の持続可能性の回復も唱えた。竹中は最終報告を解説した九九年の著書『経世済民』で、財政再建の要諦《ようてい》を「第一はプライマリーバランスを黒字にすること。第二は名目成長率を名目金利より高く保つこと」と説いた。

プライマリーバランスの黒字化とは、過去に発行した国債の償還や利払いなどに充てる費用は別として、社会保障、公共事業などの政策向け経費は借金に頼らず、その年度の税収で賄える財政状況を指す。現在世代だけ見れば、政策経費を税収で賄っており、受益と負担は均衡している。ただ、過去債務の返済のために新たな借金をし、そのツケは将来世代に回っていくから、これだけで財政は健全とは言いがたい。債務残高そのものも増え続けている。

財政を破綻させないためには、債務残高の対名目GDP比率を一定以下に管理することが最低限、必要だと考えられる。債務残高自体は増え続けても、経済（名目GDP）がそのペースを上回って成長すれば、経済規模に占める相対的な負荷は小さくできるからだ。

税収は名目成長率に比例して伸びる。プライマリーバランスを黒字化したうえで、名目成長率が名目金利を上回るか同水準で推移し、借金の利払い費の増加以上に税収が増えれば、財政は持続可能と言える。これは経済学で「ドーマー条件」と呼ぶ考え方である。

首相官邸に初めて乗り込んだ竹中は、早くも学者らしからぬセンスを発揮した。経済戦略会議において、後々まで大蔵・財務省を揺さぶり、経済財政政策を左右する楔《くさび》を打ち込んだのだ。それは「プライマリーバランス」を「基礎的財政収支」と日本語に訳したことだ。

政府文書でこの和訳が登場したのは、戦略会議の中間報告が最初だった。竹中が経済財政相として表舞台に躍り出る小泉政権では、その発信力の高さから「プライマリーバランス」は財政健全化の「基礎」をなす最も重要な概念だ、との含みを持ち、人口に膾炙《かいしゃ》する。

消費税率引き上げを目指す財務省は「プライマリーバランスを黒字化しても、経済理論上は長期金利が名目成長率を上回ると考えられ、利払い費が膨らんで財政は持続可能とは言えない。財政再建目標として甘い」と主張し、竹中と厳しく対峙することになる。

主計局長の退官、竹下の死

九九年七月。宮澤は大蔵事務次官の田波耕治の勇退を認め、後任に主税畑一筋で消費税にも深く関わった国税庁長官の薄井信明（昭和四〇年入省）を発令した。一方、主計畑を歩き、早くから大物次官候補と言われた涌井洋治（同三九年入省）は主計局長を二年務めていたのに、大蔵次官にならずに退官するという二五年ぶりの異例の人事となった。

涌井は通産官僚に紹介を受けた石油卸商から、九五年に再婚した際にシャガールの版画を贈られた。内祝いとしてお返しを届け、九六年にこの石油卸商が国税局に告発されたと知ると、版画も送り返した。省内規律保持の責任者である官房長だった時の出来事だ。この件が尾を引き、大蔵省接待汚職事件で九八年一月に小村武が次官を引責辞任した際も、主計局長の涌井ではなく、同期の田波耕治が内閣官房から戻って次官になっていた。なおこの版画は同年三月に衆院予算委員会の理事会で、約二〇万円相当と鑑定されている。

大型減税や補正予算を推進した宮澤は、財政規律を重んじる主計局と反りが合わなかった。主計人脈を背負い、「大蔵省解体」への政治圧力の矢面に立ってきた涌井の、政治主導色もにじんだ退官。それは大蔵省の逼塞《ひっそく》を象徴していた。涌井は月刊誌への寄稿で「最近の大蔵省を含む霞が関改革を見ていると、本来の行政の責任のみならず、政治の責任の範疇《はんちゅう》に属する部分までが批判の対象に含まれているように思える」と政官関係の歪みを訴えた。

折しも大蔵省に隠然たる影響力を誇った「調整族のドン」竹下が、九九年四月から入院生活を強いられ、二〇〇〇年六月一九日に死去する。五月一四日には、突然倒れて首相職を森喜朗に譲っていた愛弟子の小渕が世を去っていた。六月六日には梶山も逝った。

〇一年の省庁再編に先がけて大蔵省「解体」が先行し、金融行政をほぼ全面移管する「金融庁」が〇〇年七月に発足。金融の危機管理と破綻処理の企画立案機能は両者の共管とし、主務官庁は金融庁とした。大蔵省は「財務省」に衣替えし、予算編成の実務を引き続き担う。首相が議長を務め、経済閣僚と経済人や学者でつくる新設の経済財政諮問会議が「予算編成の基本方針」を「調査審議」する。ここから財務省と諮問会議の役割分担が争点となる。

竹下の死は、派閥と族議員の秩序を土台に、大蔵省が与党と綱引きしながら政策決定を司る自民党システムの転機を象徴した。予算編成を巡る首相官邸と財務省の連携や、議院内閣制下での内閣と与党の関係をどう考えるのか。統治構造改革を巡る論争が熱を帯びる。

第3章　新生・財務省と小泉政治

1　官邸主導の重層構造

一匹狼の「大蔵族」

「借金を増やせば景気回復するものではない。国債を三〇兆円以下に抑える方針は、決して無理じゃない。それが緊縮財政だとか、景気に水を差すという議論がどうかしている」

二〇〇一年四月一八日。自民党総裁選の討論会で、小泉純一郎は政権構想の柱として「国債三〇兆円枠」の設定による財政規律の回復を訴えた。橋本龍太郎ら他の三候補は財政再建路線に異論を唱えた。首相の森喜朗の退陣表明を受けた戦い。当初は党内最大派閥を率いる橋本が優位かと見られたが、小泉は会長を務めていた森派を離脱し、「派閥政治の弊害打破」を旗印に出馬。世論は小泉を支持し、地方の党員票が雪崩現象を起こして圧勝する。

小泉は三世議員だが、初陣では落選。大蔵省主計局長まで務めた元首相の福田赳夫の秘書として修業し、一九七二年の総裁選で福田が田中角栄に敗れた熾烈な「角福戦争」を目の当たりにした。若手の頃は他の役職は断り、大蔵政務次官、党財政部会長、衆院大蔵委員長と大蔵省に縁の深い役職ばかり望んで就いた「大蔵族」だ。権力中枢を占めた田中派－竹下派－小渕派－橋本派と続く最大派閥に対抗心を燃やし、政治家人生は反主流色を帯びた。

政務次官として仕えた蔵相が竹下登だ。竹下は首相時代に小泉を厚相で初入閣させ、二期務めさせて目をかけた。「反竹下派」を公言し、小沢一郎や野中広務らには対決姿勢を取った小泉だが、竹下の秘書出身で、参院自民党の実力者として権勢を振るった青木幹雄《あおきみきお》とは気脈を通じていた。首相就任後は青木を重んじ、野中を突き放して橋本派を分断する。

時の実力者に誼を通じて政策運営の主導権を委任され、代わりに予算編成で憎まれ役も引き受けた大蔵・財務省は、竹下を筆頭に最大派閥とは常にパイプの維持に努めてきた。政治的貸し借りを好まない一匹狼型の小泉とは、財政改革など政策の方向性は共通でも「あてにはしておらず、必ずしも『大蔵族』と見ていなかった」（山脇岳志《やまわきたけし》『郵政攻防』）ほどだ。

小泉はサミュエル・スマイルズ『自助論』を引いて「企業も個人も自らを助け、自らを律する精神を持たないと国は発展しない。その環境作りが政治の仕事だ」と説き、財政規律は

「小さな政府」論へ通じていた。その矛先は大蔵・財務省が景気対策などで拡大してきた「第二の予算」財政投融資にも向く。財投の主力原資だった郵便貯金や、投融資先の道路公団や政府系金融機関に大ナタを振るう改革論は、財務省から見て両刃の剣だった。

二〇〇〇年に事務次官に就いた武藤敏郎は、元次官の篠沢恭助と並んで小泉と特に親しくしてきた大蔵・財務官僚の一人だ。そもそも国債三〇兆円枠は、〇一年度予算編成で首相の森が積極財政に傾くのを危ぶむ小泉に、武藤が耳打ちした歯止め策だった。しかし、森は小泉の進言を受けつけず、小泉が一年後に自分の政権構想として掲げたわけである。

小泉は「派閥政治の打破」を組閣で実行した。閣僚ポストを各派に所属議員数に応じて比例配分し、領袖の入閣推薦リストを首相がのむ慣行を無視した。小選挙区制下での派閥の弱体化を見抜いてのことだ。財務相の塩川正十郎は、気心の知れた森派の長老。「塩爺」と呼ばれ、財務官僚にも頼りがいのある内閣の重しとなる。経済財政諮問会議の担当相に抜てきしたのが慶大教授の竹中平蔵だ。外相の田中真紀子《まきこ》と並ぶ目玉閣僚だった。

国債三〇兆円枠

「構造改革なくして景気回復なし」——小泉は五月七日、衆参両院での所信表明演説でこう宣言した。訴えたのは二〜三年以内の不良債権の最終処理や「官から民へ、国から地方へ」を原則とする経済・社会全般の規制改革。そして国・地方の行政構造改革である。

金融危機に襲われた橋本内閣の末期から森内閣まで、景気対策として未曽有《みぞう》の積極財政を続けてきた。二〇〇〇年後半のIT（情報技術）バブル崩壊後、危機再来が危ぶまれる中で、小泉はあえて国債三〇兆円枠を掲げて財政規律の重視へと路線転換したのだ。

経済の供給サイドの構造改革に傾斜し、財政規律を重んじる首相の登板。それは財政・金融分離による「大蔵省解体」で逼塞していた財務省に久々の追い風となる。ただ、小泉が看板とした国債三〇兆円枠も、この時は財務省が持ちかけたわけではない。武藤が最初に献策した前年の森内閣当時と、小泉登板時では財政環境ががらりと変わっていたからだ。

武藤が〇一年度予算編成で三〇兆円枠を具申したのは、実現できる確信があったためだ。例えば、その前年の〇〇年度予算には、金融危機での公的資金投入に備えて交付国債の償還費をまとめて四・五兆円計上したが、〇一年度はこれがゼロになるのが分かっていた。三〇兆円枠の設定に乗ろうとしなかった森をよそに、財務省はこの環境を生かして国債発行額を〇〇年度予算の三二・六兆円から、〇一年度予算では二八・三兆円まで減らした。

一転、小泉が臨む〇二年度予算編成に特殊要因の追い風はなかった。景気停滞で税収は伸びそうもない。歳出は高齢化等による社会保障費の自然増だけで一兆円も膨らむ。総裁選で小泉が公約した国債三〇兆円枠を達成するには、三兆円規模の歳出カットが不可欠になる、と財務省は試算した。ハードルは相当に高い。首相に就いた小泉は、それでも「三〇兆円枠は実現できるか」と武藤に迫った。財務次官はこう答えた。

「首相が断固、三〇兆円枠を守ると言い続けていただければ、必ず実現できます。ただ、後から『やはり、やめた』と言われてしまっては困ります」

世論の支持率は高いが、与党内基盤は弱く、最大派閥とも対決姿勢を取る新首相。その指導力は未知数でも、財政規律を重視する路線に財務省が従わない選択肢はなかった。「首相の決意」と財務省が一蓮托生にならない限り、与党の歳出拡大圧力は押し返せない、と懇請する武藤に、小泉は「俺は微動だにしないぞ。ぜひやってくれ」と明快だった。

竹中平蔵との因縁

「これから凄まじい戦いになる。戦場に行く決意だ。閣内に入り、一緒に戦ってほしい」

組閣で小泉がこうかき口説いたのが竹中だ。政府系金融機関の日本開発銀行に就職し、三〇歳過ぎで大蔵省の財政金融研究室（現・財務総合政策研究所）に出向。ここで五年間、同省調査企画課長の長富祐一郎《ながとみゆういちろう》の秘書役もこなし、鍛えられたのが転機となった。

長富は元首相の大平正芳の田園都市構想などの政策研究会を切り盛りした異能派。竹中はここで大蔵官僚の企画・調整力や根回しの流儀、修辞学などを目の当たりにした。五五年体制下の大蔵省のパワーを肌身で感じ、行政組織の裏側までのぞいた。後に「脱藩官僚」として郵政民営化で知恵袋となる高橋洋一《よういち》（嘉悦《かえつ》大教授）と知り合うのもこの頃だ。

その後、大阪大助教授を経て、ハーバード大客員准教授として二度目の渡米。大統領が代わると、政府の幹部の大半が政治任用で入れ替わる米国では、研究者が大学やシンクタンクと政府高官の職を行き来する姿が当たり前だ。竹中を招聘《しょうへい》したハーバード大でも、教授のジェフリー・サックスや若きローレンス・サマーズが政策決定の最前線に入っていく。

「ああいう風になりたい」と漏らした竹中。慶大教授となり、ある金融人の誘いで、一九九〇年代前半から、小泉を囲む経済勉強会に参加した。小渕内閣の経済戦略会議に続き、森内閣のＩＴ戦略会議に加わって官邸会議で場数を踏んだ。和歌山県出身で自称「関西の田舎者」。微妙な屈折と反骨心がバネで、「頑張らないエリート」ほど忌み嫌うものはない。

五月一二日。竹中は諮問会議の民間議員であるウシオ電機会長の牛尾治朗《うしおじろう》、トヨタ自動車会長の奥田碩《おくだひろし》、大阪大教授の本間正明《ほんままさあき》、東大教授の吉川洋《よしかわひろし》の四人と向き合った。自らキーボードを叩いて綴《つづ》った一枚紙を配ると、旧知の本間が「大臣が自ら原稿をパソコンで打ったのか」とうなった。何もかも新しかった。「経済財政の一体運営」「政府部門の民間への移譲」「頑張りがいのある税制」「年金の抜本改革」「画期的な人材再教育」「地方財政の見直し」「特定財源の見直し」――竹中は小泉構造改革が目指す七項目を列挙していた。

小泉は一八日、最初の諮問会議で「あの所信表明演説に盛り込んだ（構造改革の）大方針、これを肉付けしていただくため最も重要な会議と言っても過言ではない」と号令した。

既成秩序への挑戦と破壊。その一点で竹中は小泉と通底していた。諮問会議を舞台装置に、マクロ政策の司令塔を自任し、かつて組織の末端で汗をかいた因縁がある財務省と対峙する。

小泉との面会では財務省出身の首相秘書官・丹呉泰健《たんごやすたけ》（昭和四九年入省）も閉め出し、必ず一対一。竹中と財務省の綱引きは一筋縄ではいかないが、政府部内のあらゆる情報の流れを掌握するはずの財務省も手の届かない小泉との「聖域」を創出し、パワーの源泉とした。

省庁再編と官邸周辺人事

ここで省庁再編を始動させた森喜朗内閣に話を戻す。首相が議長を務める経済財政諮問会議が、五～六月に次年度予算編成の基本指針「骨太の方針」をまとめる。これは森が小泉に引き継いだ新機軸だ。予算編成のカレンダーは一二月がゴールだ。従来は大蔵省が政府・与党内調整に動き、七月に政策的経費の伸び率などの概算要求基準（シーリング）を閣議了解するのがキックオフだった。「骨太」はその前に首相官邸が方向性を示す試みとなる。

「二一世紀の強い日本経済を構築する方策を明らかにする。同時に社会保障制度をはじめ構造的な諸問題を克服し、安心できる社会を形成するための骨太の政策を明確にする」

〇一年一月一八日の諮問会議で、森は初めて「骨太の政策」に言及した。二月二七日の同会議での経済財政相の麻生太郎《あそうたろう》の説明によれば、民間議員主導で「経済・財政に関する基本的考え方」「社会保障制度」「社会資本整備」「国・地方の役割分担」「経済の活性化」の五分野で「政策の方向の選択肢」を作成。これを基に五～六月をメドに「骨太の方針」を策定し、「各省庁の重点施策の策定、予算作業の基本的指針」とする流れを想定していた。

財務省が差配すべき予算編成の歳時記を揺るがす動きに、財務相の宮澤喜一は敏感だった。「骨太」を「省庁横断的に重点化すべき歳出項目とその規模等」まで盛り込んだ「予算大綱」にしたい、と張り切る民間議員を「ちょっと想像できないことだ」と止めたのだ。「皆様方に骨太な問題を集約し、提起していただいて。それが予算編成をリードしていくという、ぜひそれをお願いしたい。五月にはとてもこの（予算大綱の）作業はできない」

宮澤は予算編成の指針となる「骨太」策定は認めたが、歳出の重点項目や予算規模まで明示すれば、財務省の査定作業を拘束しかねない、と「予算大綱」は峻拒《しゅんきょ》した。

霞が関では省庁再編を巡り、首相主導を補佐する内閣官房、諮問会議などを置く新設の内閣府の人事配置も焦点となった。官僚機構のトップである内閣官房の官房副長官（事務担当）の古川貞二郎《ふるかわていじろう》（元厚生事務次官）は続投。古川は官房副長官補（三人）には従来の人事バランスを変えずに大蔵、外務、防衛の三省庁の次官級を充てた。大蔵省からは内政審議室長だった竹島一彦《たけしまかずひこ》（昭和四〇年入省）。主計畑で古巣にもにらみが利く人材だ。

内閣府は総理府や経済企画庁を母体に新設された。諮問会議に関わる経済財政部局の局長格の政策統括官（三人）を、古川は企画庁、大蔵省、民間人に割り振った。大蔵省からは橋本龍太郎の首相秘書官を務め、企画庁官房長に出向していた坂篤郎（昭和四五年入省）。民間人では企画庁のエコノミスト出身の東大教授・岩田一政《いわたかずまさ》を登用した。橋頭堡《きょうとうほ》として竹島と坂を配したことで、財務省は首相官邸周辺の「有事」にも即応する態勢を整えた。

予算の新指針「骨太」

森を継いだ小泉。就任当日の首相説示で「私は自ら諮問会議を主導するなど、省庁改革により強化された内閣機能を十分に活用し、内閣の長としての首相の責任を全うしていく決意だ」と諮問会議重視のバトンを引き継ぎ、直ちに「骨太の方針」作りを加速した。

五月三一日の諮問会議。財務相の塩川正十郎は「骨太」を「予算編成時の財務省のガイドラインになる。これを心得てやっていく」と強調した。竹中も「米国では大統領がガイドラインとして予算教書を出す。それに準じた一つの尊重されるべき指針だ」と応じた。

竹中が「小泉のメッセージ」として特に力を注いだのが総論だ。「まず、不良債権問題を二〜三年内に解決する」と宣言したうえで「前向きの構造改革をパッケージで進める」と説いた。当面の二〜三年は日本経済の「集中調整期間」と位置づけて「短期的には低い成長率を甘受しなければならない」と国民に痛みを分かち合うことも求めた。「次世代のためにプライマリーバランスの黒字化に向けた財政改革を着実に進める」との方針も示した。

構造改革の各論では、公共投資の規模削減や道路特定財源の見直し、年金や医療保険などの社会保障制度の抜本改革、補助金・地方税・交付税を巡る国・地方関係の改革、小泉の長年の持論である郵政事業の民営化と公的金融の抜本改革などの柱を次々に打ち出した。

「予算編成のガイドライン」として、首相の大方針や諸改革の方向性を示す。概算要求基準に先立って夏前に打ち出すが、政策的経費の伸び率など数字には触れない――骨太を起点に首相主導の諮問会議と財務省の予算編成の実務をどう住み分けるか、綱引きが続く。

首席首相秘書官だった飯島勲《いいじまいさお》は「限られた時間で骨太を仕上げた実務の功労者」として大蔵省出身の竹島と坂の名を挙げる。公共事業、社会保障、地方財政などの各論は、坂らが森内閣当時から民間議員らと議論を積み重ねてきた内容が土台になった。ただ、竹中は坂の背後に財政再建最優先に傾きがちな財務省の影を疑い、総論は民間出身の岩田に全面書き直しを命じた。小泉を挟んで「竹中チーム」と財務省勢の主導権争いが始まろうとしていた。

省名に「経済」を冠し、官邸周辺にも進出を狙った経済産業省は内閣官房や内閣府の人事で有力なポストに食い込めず、出遅れていた。竹中は予算編成の主導権争いで、財務省とはぶつからざるをえない、と踏んだ。そこで当時の経産省の実力者と呼ばれた幹部に密かに提携を持ちかけた。後に次官になるこの経産官僚は「諮問会議は諮問会議、経産省は経産省でやりましょう」とにべもなく断った。省庁再編を仕掛けたのは通産省の「改革派」官僚たちだったはずだが、竹中と諮問会議に背を向けた経産省は小泉改革の脇役に回る。

諮問会議主導で与党無視

五月三一日の諮問会議では、与党を脇に置きがちな小泉流への懸念の声も上がった。

国土交通相の扇千景《おおぎちかげ》「ここで出されたメニューは丸のみして、与党とこの会議の関係はどうなるのか。決められたことにものは言えないのか、と多くの者は疑心暗鬼がある」

ところが、小泉は「骨太の方針」で与党との調整をどうすべきか相談した竹中に「気にせずどんどんやってくれ」と命じていた。「骨太」作りの実働部隊となった内閣府の坂たちにも、官邸から事務レベルで「自民党と突っ込んだ調整などはするな」と指示が飛んだ。竹中は「骨太プロセス」に与党からの逆風が最も強かったのは二年目で、「初年度は、その本質がわからない状況で、あれよあれよという間に決まっていった」と振り返っている。

小泉は六月二一日に「骨太の方針」を閣議決定し、同日の諮問会議でこう号令した。

「国債三〇兆円枠などそんなに困難ではない。まず行政の無駄遣いの構造を徹底的に見直さないと経済再生はできない。まだ私の気持ちが本気だと分かっていないようだが、七月の参院選が終わればもっと分かる。財務省が諮問会議の事務局のつもりでやってくれ」

世論の高支持率を背景に、小泉は七月二九日の参院選で自民党を大勝させる。〇二年度の概算要求基準が議題になったのは、選挙直後の八月三日の諮問会議だ。財務省主計局長の林正和《はやしまさかず》は、国債三〇兆円枠を達成するには、税収見込みを加味しても賄いきれずに膨らむ歳出の三兆円削減が必須だと説いた。自民党や各省の反発も考え、概算要求段階でまず一・五兆円を削り、年末までにさらに一・五兆円を絞り込む段階的な手順を提案した。

四人の民間議員は「全体で三兆円削るなら、重点分野がプラス二兆円だと、その他の分野はマイナス五兆円になる」（吉川洋）とそろって主張した。「三〇兆・二兆・五兆」と分かりやすい数字で予算の「大枠」を示そうという意気込みだ。小泉はこれを丸のみする。「財務省は相変わらず今までの慣例を踏む考え方だ。鉄は熱いうちに打て、だ。党の反対はあるが、この諮問会議で決め、それでやるんだという方向性を出した方がよい。ムダは五兆円削減、必要な部分に二兆円つける。これをやると本当に変わったな、と分かる」

自民党をカヤの外に置き、概算要求段階から歳出に大ナタを振るおうとする小泉。財務次官の武藤敏郎は慌てて官邸に駆け込むが、小泉は譲らない。一〇日に閣議了解した概算要求基準は公共投資や一般政策経費で、前例のない前年度比一〇%の大幅削減を打ち出した。財務省を動かして自民党の幹事長や政調会長らに根回しもしない。橋本内閣の財政構造改革会議などのように与党首脳を取り込む舞台装置もこしらえない。小泉は夏休みを過ごした神奈川県箱根町での竹中との勉強会で「やっぱり、あの諮問会議だよな。大事なのは」とつぶやいた。「変人宰相」は与党事前審査制の慣行を無視し、官邸主導で突っ走り始めた。

政策決定のイノベーション

「自民党が小泉内閣の改革を邪魔するなら、私が自民党をぶっ壊しますから」

参院選公示日の七月一二日。小泉はJR有楽町駅前で、こう絶叫した。官邸主導を貫こうとしたのも、世論の高支持率の半面で、党内基盤が脆弱だったからだ。党政調会の各省縦割りの部会から、ボトムアップ方式で政策の調整を進めようにも、全会一致の慣行を口実にした「抵抗勢力」の倒閣運動にさらされる。諮問会議から発信するしかなかったのだ。

諮問会議をどう動かすか。竹中は政務秘書官ら個人スタッフと頻繁に「裏会議」を開いて戦略を練った。経産省の岸博幸《きしひろゆき》や財務省の高橋洋一ら「脱藩官僚」を集め、少数精鋭の竹中チームを形成。急進的な改革提言を民間議員四人とすり合わせ、連名の「民間議員ペーパー」として諮問会議に出す。竹中と四人の結束こそ、議事進行でパワーとなる。〇二年には政策研究大学院大教授の大田弘子が内閣府に入り、「改革派」連携の結節点として動いた。

民間議員の「高めのボール球」提言を担当閣僚が受け入れがたいと反論すると、司会の竹中は論点を整理したり、閣僚に代案の提示を促したり、行司役を装って討議結果を取りまとめ、次回につなげる。小泉には毎回、会議のシナリオを事前に説明してある。議論が煮詰まると、小泉はあうんの呼吸で、竹中がここぞと期待する場面で裁断を下す。これが「首相指示」と呼ばれて定着し、反論が許されない重みを伴って政と官に受け止められていく。

竹中は議事内容を極力、オープンにした。会議後の自らの記者会見の動画や速記録を当日中に内閣府のウェブサイトに載せ、議事要旨は三営業日後に公表した。試行錯誤を経た「裏会議」「民間議員ペーパー」「首相指示」の三点セットで、諮問会議は首相決断を演出する舞台装置「お白洲《しらす》」へ変貌を遂げる。政策決定に新風を吹き込むイノベーションとなった。

財務省は財政規律重視の路線では、小泉・竹中ラインと共同歩調を取った。歳出抑制に怒る与党をなだめるにも、官邸のお墨付きは不可欠だからだ。民間議員の窓口を務める大田のもとに、財務官僚たちも日参し始める。ただ、予算編成を揺るがしかねない野心的な目標や数字を、相談なしに諮問会議が持ち出すのは嫌った。税財政の情報は一手に独占し、政局の流れも見て、与党幹部への密室の根回しで着地点を探る。総合調整の権能と引き換えに憎まれ役も甘受する。そんな流儀を身上とした主計局は、竹中流とは相性がよくなかった。

竹中・武藤の秘密協議

派閥や族議員の秩序を無視し、構造改革の「高めのボール球」を次々に投じる小泉―竹中ラインに防戦する各省は音を上げ始めた。官邸で官僚の駆け込み寺となったのが首席首相秘書官の飯島勲だ。竹中と諮問会議が各省を叩けば叩くほど、飯島は千客万来。霞が関の怨嗟《えんさ》や本音を吸い上げた。竹中が表の司令塔なら、飯島は裏の司令塔だ。小泉と飯島にピタリと寄り添ったのが財務省出身の首相秘書官・丹呉泰健であり、本省には次官の武藤が控える。飯島は政治日程にも敏感で、財務省情報に基づく「竹下カレンダー」を重んじた。

九月一一日には米同時テロが起き、ブッシュ米政権はアフガニスタン戦争を始めた。景気は悪化し、政権中枢ではマクロ政策を巡って三つ巴の論争となった。自民党では小泉の盟友で幹事長の山崎拓までが、公共事業を含む大規模な補正予算の編成を主張した。財務相の塩川正十郎は小泉が〇一年度も国債三〇兆円枠の堅持を明言したことから、補正に慎重論を展開した。竹中は「このままではマイナス成長になる」と「中規模補正」を唱えた。公共事業

武藤敏郎（読売新聞社）

バラマキには否定的だった半面、三〇兆円枠にはこだわらない中間的な立場を取った。三〇兆円枠を守るためには、国債増発は一・七兆円まで。それも税収減の補塡や災害復旧費などに充てざるをえなかった。塩川は既定の歳出削減でさらに一兆円を捻出し、雇用・中小企業対策や構造改革の後押しに重点配分する第一次補正予算の編成を主導した。

竹中は一兆円では不十分だと危機感を募らせ、「金庫番的発想で財政健全化を貫けば、経済全体を失速させる」と財務省批判を強めた。直ちに二次補正を画策するが、肝心の小泉が三〇兆円枠を断固として譲らなかった。自民党の「抵抗勢力」は景気対策に絡めて三〇兆円枠を突破させ、小泉打倒を狙っていたからだ。三〇兆円枠は政局マターと化していた。

経済・財政・政局の三者の狭間で進退窮まりかけた竹中に、小泉は「武藤財務次官と相談してくれ」と耳打ちした。財務省もギリギリの知恵を絞っていた。竹中と密会した武藤が提示した打開策。それは国債整理基金特別会計に国債償還の原資として積み立てていたNTT株の売却収入二・五兆円を一般会計に繰り入れ、二次補正財源とする主計局の一手だった。国債増発は避けられるが、二・五兆円は一般会計からいずれ返すべき「隠れ借金」でもある。

小泉はこの後も竹中に「武藤次官と相談してくれ」とたびたび、指示する。竹中は塩川と諮問会議でもしばしばやり合い、財務省と厳しく対峙する姿勢を崩さなかったが、この竹中と武藤の秘密協議は、武藤の次官在任が二年半に及び、〇三年一月に退官するまでの間に数十回も持たれた。小泉は竹中と財務省を両輪として重んじ、都合良く使い分けていたのだ。表の諮問会議と、裏の竹中・武藤ホットライン。小泉流の官邸主導はここでも重層構造を備えていたと言える。

消費税増税は封印

国債発行三〇兆円枠を旗印に、プライマリーバランスの黒字化も掲げて財政規律を重視した小泉。歳出削減には並々ならぬ熱意を見せたが、財政収支改善の切り札と見られた消費税率の引き上げは封印した。就任直後から、秘書官の丹呉らにこんな本音を語っていた。

「俺は消費税導入時も、税率を三％から五％に引き上げた時も政見放送で賛成だと明言したが、その結果はどうなったのか。歳出はこんなに緩んだではないか。しかも、導入時は直間比率の是正を目的とした税制抜本改革で、差し引きで減税だった。五％に上げた時も所得・住民税の減税先行で、その財源を賄う増税だから、歳入中立だった。だが、次の消費税増税は初めて差し引きで増税をやらねばならない。これは大変な話になるぞ」

「次の消費税増税には国民の多数とは言わないが、一定の理解を得るプロセスが要る。増税の前にまだやるべきことがある。それが俺の勘だ。道路公団の民営化も郵政三事業の民営化も、将来の税金の無駄遣いをなくす。民間に移譲すれば、税源が上がってくる。小泉が退任してから、必ず果実が得られる。その芽を今、構造改革で出している」

竹中が「分かりやすいメリットがある一方で、やはりリスクのある」と懐疑的だった国債三〇兆円枠を〇二年度当初予算まで断固として譲らなかった小泉。増税封印の路線も、ひとたび打ち出すと、財務省が取りつく島もない。首相登板時は経済危機のさなかで、消費税増税に動ける環境になどなかった。与党内基盤も脆弱で、腹心の飯島や丹呉らも「三ヵ月で倒れるかもしれない」覚悟を申し合わせて船出したほどだ。実のところ、長期政権など望外だった。だが、首相在任は五年五ヵ月に及び、消費税の増税封印も旗印となる。

竹中は「骨太」に続く予算編成の新機軸として、年初の「改革と展望」の定着にも腐心した。それまでは内閣府がマクロ経済の、財務省が財政収支の中期見通しをバラバラに公表していた。諮問会議で両者を一体的に示し、中期的な政策運営の羅針盤にしようとした。

〇二年一月の最初の「改革と展望」では「二〇一〇年代初頭には（国と地方を併せた）プライマリーバランスを黒字化する」と一〇年後をメドとする財政健全化目標を掲げた。竹中肝煎りのプライマリーバランスが、ここで経済財政政策の表舞台に躍り出てきた。

五月一八日。小泉は政府税制調査会長でもあった一橋大教授の石弘光《いしひろみつ》らとの懇談で、税制抜本改革の一環として消費税率引き上げに水を向けられ、在任中の増税を明確に否定した。

「私の首相在任中は消費税を上げない。なぜならば、歳出に削るところがたくさんある。議論は結構だが、今から消費税を上げると言ったら、歳出見直しの手綱が緩んでしまう」

竹中は「私は一貫して消費税増税なしでプライマリーバランスの黒字化に到達するシナリオを思い描いていた。小泉首相と明示的に相談した記憶はないが、その後の増税封印発言で裏づけていただいたと思う」と回顧している。

国債三〇兆円枠と同様、増税封印も竹中や財務省の振りつけではなく、財政規律に独特の思想を温めてきた小泉が自ら設定したアジェンダ（議題）だった。ここから歳出削減や公的部門の民営化を柱とする構造改革路線が加速し、財務省も戸惑いながら付き従う。

2 「大蔵官僚」から「財務官僚」へ

「自民党をぶっ壊す」に伴走

「これは権力闘争なんだ。角福戦争以来、橋本派に至る田中派の系譜と一貫して戦ってきた政治家は俺くらいしかいない。連戦連敗だったが、今度は俺が権力を握ったんだから。郵政、道路、厚生。既得権を守る族議員の力が最も強いこれら御三家を変えるんだ」

国債発行三〇兆円枠を引っさげ、「自民党をぶっ壊す」と宣言した小泉。その裏で財務事務次官の武藤敏郎らにこんな「正論と怨念」ないまぜの闘争心を漏らしていた。

小泉は最大派閥の橋本派の力を借りずに総裁選に勝った。一九九〇年代の小選挙区制と政党交付金の導入から、選挙の公認権と資金配分権を握った党執行部が重みを増し、派閥の求心力に陰りが出てきたのを見逃さず、閣僚・党幹部人事で橋本派などの要求を黙殺した。族議員の秩序を見ても、御三家は田中角栄の系譜を継ぐ最大派閥の牙城《がじょう》だった。建設族と郵政族は、議員立法で道路特定財源を編み出し、郵便局網の整備や電波行政を牛耳った角栄以来の金城湯池《きんじょうとうち》。厚生族でも日本医師会とのパイプなどで第一人者を自任したのは橋本龍太郎だ。「自民党をぶっ壊す」は小泉の中で、宿敵の「旧竹下派をぶっ壊す」に直結した。

小泉は後の二〇〇五年九月、「郵政解散」後の衆院選で街頭演説に立って「一部の既得権を守れという勢力に政党全体が振り回されてきた。それを変える。これは政治の構造改革だ」と訴える。竹中平蔵を司令塔に首相官邸主導のトップダウンで推進した構造改革は「経済の構造改革」にとどまらず、小泉にとって自民党を変える「政治の構造改革」だったのだ。首相の小泉に、その権力基盤であるはずの自民党が「抵抗勢力」と呼ばれて対決する異例の構図。時の政権実力者や最大派閥と常に誼を通じることで、政策決定を差配する調整者としての立ち位置の保持に努めてきた財務省も、身を引き締めざるをえなかった。

官僚機構は内閣を率いる首相に忠実に仕えないわけにいかない。小泉構造改革は財政規律の回復を看板に、歳出削減・効率化に向けて既得権に切り込む「正論」の面もあるから、財政当局としてしっかり伴走するほかない。小泉流の「正論」には寄り添い、「怨念」には距離を置く――そんな綱渡りの手始めは〇二年度予算編成での医療保険制度改革だった。

医療、年金、介護などの社会保障費は政策経費中でシェア最大。高齢化で膨張が不可避な歳出抑制の最大の難所だ。小泉はそれを聖域扱いせず、真っ先に切り込もうとしたのだ。

小泉は「(患者、保険者、医療機関の)三方一両損の改革をしなくてはいけない。多くの反対を恐れないで、医療保険制度が持続できる一つの方向性を示す」と檄を飛ばした。高齢化で厳しさを増す医療保険財政をどう立て直すか。サラリーマン本人の患者自己負担を二割から三割に引き上げる。企業も併せて負担する保険料を引き上げる。医療機関が受け取る診療報酬は引き下げる。この三者三様の痛みを伴う改革が「三方一両損」の意味だった。

厚生労働省は〇一年九月、こうした方向性の改革案を提示した。最強の圧力団体の一つ、日本医師会は収入減に直結する前例なき診療報酬下げや、患者の受診抑制につながる自己負担の引き上げに猛反対。厚労族も歩調を合わせた。ここで財務省が思い切った行動に出た。厚労省案以上に医療機関の負担増や経営努力を厳しく求める「財務省案」を公表したのだ。

「財務省案」を出す変身

財務省案と厚労省案は現役のサラリーマン本人の患者自己負担を三割とする点は同じだった。ただ、厚労省案にある高齢者や乳幼児への負担軽減策は財務省案にはなく、年齢にかかわらず三割統一を打ち出した。診療報酬も厚労省案が「最近の経済動向、保険財政の状況等を勘案して見直す」と遠慮がちに触れたのをよそに「相当程度の引き下げ」を明記した。

財務省案が公表された翌一〇月五日。厚生労働相の坂口力《さかぐちちから》は記者会見で「財政上の問題を指摘するのは当然だが、各省が出す政策案まで作って公表するのはいささか越権行為ではないか」と抗議に及んだ。財務省は構わず、診療報酬の下げ幅を五％とする独自案も公然とぶつけた。厚生族や医師会は怒るが、経済財政諮問会議も踏み込んだ制度改革を求める。

大蔵省時代から首相官邸、自民党や各省と駆け引きし、バランスを測って予算編成の着地点を探ってきた主計局。かつては独自案、特に「数字」は出してはならないという不文律があった。裏で着地点は周到に描いていても、表舞台では立場を明らかにせず、フリーハンドを保持する。そうでなければ、土壇場で裁定者たりえないとの判断からだ。独自案を出してしまえば、対立する当事者の一方に成り下がってしまうリスクが大きい、と考えた。

その変革を試みたのは武藤敏郎の主計局長時代だ。全主計官に「財務省案」を創らせ、財政制度審議会で説明させたのだ。初代の財務次官に就いた後、武藤はこう語っていた。

「もはや密室の調整で各省や族議員と手を握れば決着できる時代ではない。何でも財務省が泥をかぶってまとめ役を背負い込む必然性も薄れつつある。今後はなるべく筋の通った政策構想を提示し、オープンな議論に委ねていく流れだ。それが官僚の仕事になるだろう」

財政当局として対与党でも憎まれ役を引き受け、責任を背負って重要政策をまとめる矜《きょう》持《じ》にこだわってきた旧大蔵省。それが財務省への衣替えと小泉の登場で変身し始めたのだ。

経済財政諮問会議の「お白洲」での透明度を増した政策論争を経て、小泉がトップダウンで裁断を下す。この官邸主導の政策決定プロセスに乗り、むやみに落とし所を探るのではなく、「財務省案」を積極的に世に問い、財政当局の立場で主張すべきは主張する。後は小泉や諮問会議に預けて歳出抑制を推進する活路を開く。そんな戦略転換も探り始めた。

あくまで、その方が事を有利に運べると見た場合に限ってそうする、というプラグマティズムだが、小泉政権では〇三年の年金制度改革、〇四年の国と地方の税財政改革（三位一体改革）での地方交付税改革などで、「財務省案」を諮問会議にぶつける手法を連発する。

医療保険制度改革は〇二年度予算編成で、国債三〇兆円枠のカギを握る攻防と位置づけられた。小泉は自民党の総反発を受けて身動きの取れなくなった厚労事務次官の近藤純五郎《こんどうじゅんごろう》に「診療報酬はマイナスと言ったらマイナスだ」と退路を断たせ、前例のない二・七％の引き下げを断行。医療で三〇〇〇億円の歳出抑制にこぎつけ、ギリギリで三〇兆円枠を守った。

サラリーマン本人の三割自己負担案は、一一月三〇日の自民党総務会で紛糾する。政府が示した〇二年度予算編成の基本方針案に、〇三年度から自己負担を三割として保険間の統一を図る、と明記していたからだ。党側には事前に了解した認識はなく「これはおかしい」「政党政治の根幹に関わる」と非難が噴出した。ここで「首相の意向なので」と突っ張ったのは、大蔵省出身の官房副長官補・竹島一彦。党側は「役人は出て行け」と激昂《げっこう》した。

結局、基本方針では三割負担を「必要な時に」と実施時期をぼかした。しかし、小泉は譲らず、翌〇二年二月、国会に提出する医療保険制度改革関連法案で〇三年四月からの三割負担を明記させた。官邸と与党の板挟みで進退窮まった厚労省幹部に「三割負担と明記した法案か、辞表かどちらかを明朝までに持って来い」と命じ、与党の壁を突破したのである。

道路民営化は消化試合？

小泉はかねて「第二の予算」財政投融資に厳しかった。旧大蔵省が郵貯や年金から資金の預託を受け、政府系金融機関や日本道路公団などの特殊法人に投融資してきたが、非効率な事業で不良債権化していたり、政官業一体の既得権の温床ではないのか、と問題視した。

大蔵省でも銀行局は民間金融機関と競合する郵貯の肥大化を警戒していた。半面、財投を担当する理財局や、予算編成で歳出拡大圧力をかわすのに財投が使えると都合がよい主計局はこの改革に受け身だった。橋本行革では郵政民営化論を公然と唱え、土壇場で厚相の進退を懸けた綱引きの末に、郵貯の財投への預託義務の廃止を首相の橋本龍太郎に表明させた。

その流れで二〇〇一年度から郵貯と年金の預託義務は廃止となった。投融資に必要な原資は国が発行する「財投債」と呼ぶ新たな国債や、財投機関が自ら債券を発行して調達する方法に限られ、財投の規模は大幅縮小に向かう。折しもここで首相に就いた小泉は旧システムの入口（郵貯）と出口（道路公団）の双方を「官から民へ」の構造改革の標的とする。システムの核心部分を「ぶっ壊した」後だったから、切断された入口と出口、それぞれの民営化改革も可能だったし、財務省も体を張ってまで反対する理由に乏しかったわけだ。

小泉はまず〇二年度予算で道路整備も含む公共事業を一〇％削減する。これで揮発油税《きはつゆ》や自動車重量税といった道路特定財源に余剰が生じると、その一般財源化も指示した。並行して特殊法人の廃止・民営化を推進。〇一年一一月に住宅金融公庫、都市基盤整備公団、石油公団を廃止し、高速道路を建設する日本道路公団など道路四公団の民営化も決断した。

ここで道路公団への国費投入三〇〇〇億円を打ち切り、三八兆円の債務は料金収入を基に三〇年での返済を求めた。自民党は「それでは高速道路の新規建設が不可能になる」と怒髪天を衝《つ》き、償還期間は「五〇年を上限」として折り合った。決定済みの高速道路整備計画（総延長九三四二キロメートル）も見直し。民営化新会社は事業コストを下げ、費用対効果を厳しく分析して建設の優先順位を決めることになった。建設を止める採算性の低い路線は、財務省と国交省が協議して国と地方の負担で取り組む新たな直轄方式を導入する。

小泉は〇二年七月、民営化新会社の経営形態を巡り、新日鉄会長の今井敬《いまいたかし》を座長に、作家の猪瀬直樹《いのせなおき》らも加えた道路関係四公団民営化推進委員会に諮問した。この有識者同士が対立し、混迷の末に今井が辞任するなど事実上、空中分解。国交省出身の道路公団総裁だった藤井治芳《はるほ》の更迭など「小泉劇場」を象徴する激動が続く。しかし、公共事業に詳しい財務次官経験者は、公団への国費投入を止め、債務償還の枠組みを固め、不採算路線の整備に新直轄方式を導入した時点で、財務省にとって改革のヤマ場はほぼ終わっていた、と喝破する。

その後の民営化委員会の騒動は「事業コストの大幅低減は債務償還計画に現実味を持たせ

る点で評価できたが、経営形態論議そのものは消化試合だった」とさえ、打ち明ける。

小泉流の公共事業削減のタガがはまり、道路特定財源に余剰が生じて一般財源化への流れもできかけていた。元幹事長の古賀誠《こがまこと》ら道路族は「九三四二キロ」の高速道路を、公団の事業より時間はかかっても「将来にわたって造り続ける」と選挙区で説明できればよかった。それが新直轄方式だ。財務省にとっても、不採算路線の切り離しは公団の債務償還の助けになる。高速道路の新直轄方式は一般道路予算とセットで予算査定下に置くことを意味し、重大なデメリットはない。公団を民営化するかどうかは副次的な問題だったのだ。

竹中と柳澤の暗闘

「金融機関の不良債権問題に精通した、しかるべき民間人を探しておいてほしい」

〇二年二月二二日。小泉は竹中を呼び、こう指示した。竹中は「金融庁長官に民間人を登用する腹だな」と察した。就任直後の所信表明演説でも、二〜三年以内の不良債権の最終処理を真っ先に掲げた小泉。竹中は「銀行の資産を正しく査定し、不良債権と自己資本を明確にする。資本不足なら、金融システム破綻を防ぐため公的資金を注入する」と説いた。

竹中が指揮を執った〇一年版「経済財政白書」は、建設、不動産、卸小売などバブル後に利益率が低下した産業部門に銀行がさらに貸し出しを増やし、不良債権を一段と増加させている、と指摘した。竹中は問題解決の先送りは「経営を改革し健全化しつつある企業や産業に十分な資金が回らなくなるという、経済全体に対する決定的な悪循環」だと訴えた。財務相の塩川正十郎も「不良債権処理促進に必要なら再資本注入すべきだ」とこの問題では竹中の考えに理解をにじませた。ただ、不良債権問題を直接、所管する金融相の柳澤伯夫は違った。一九九八〜九九年に閣僚職の金融再生委員長を務めた際、一五の銀行に七・五兆円の公的資金による資本注入を実施。「不良債権の引き当てが終わった」と宣言していた。小泉内閣で再登板しても、再資本注入を「積極的に考える理由は全くない」と否定した。

当時の金融庁長官は大蔵省出身で、柳澤には金融再生委員会の事務局長としても仕えたことがある森昭治《もりしょうじ》。財務事務次官の武藤敏郎とは昭和四一年の同期入省だ。次期長官は総務企画局長の原口恒和《はらぐちつねかず》だと目されていた。大蔵省で主計畑が長く、金融検査部長や理財局長も歴任。政治家人脈も豊富な実力派官僚だと評価した柳澤－森ラインが財務省に申し入れ、次期長官含みで〇一年六月に金融庁に移った。この経緯は霞が関では周知の事実だった。

ところが、再資本注入を巡る竹中と柳澤の論争が激化し、小泉が「民間人」構想を口にしたことから、事態は曲折をたどる。竹中は元三井物産副社長の福間年勝《ふくまとしかつ》を金融庁長官候補に擬したが、福間は日銀審議委員に就く。ではと元日銀副総裁の福井俊彦にも瀬踏みしたが、次の日銀総裁の有力候補と見られていた福井も固辞。人選は行き詰まってしまった。

それでも、小泉の信任の揺らぎを意識した柳澤を揺さぶる効果は十分だった。〇二年夏の定例人事が順当な「原口長官」では、金融庁への「大蔵省支配」復活だと竹中らに衝かれ、金融相の立場が危うくなりかねない、と柳澤が迷い始めた。柳澤も元大蔵官僚だが、主税畑。原口とは親交も薄く、金融庁に招聘してから微妙に呼吸が合わない面もあった。

柳澤の選択は原口をあえて退官させ、一年下で監督局長の高木祥吉《たかぎしょうきち》を長官に抜てきする異例の人事だった。財務省から「柳澤・金融庁に請われて送り出したのに、こんな信義則違反をされてはもう人材を出せない」と憤《ふん》怒《ぬ》の声が漏れた。柳澤は庁内で「小泉の意向」を匂わせたが、民間人登用を断念した小泉が原口を忌避し、高木起用を推した形跡はない。

竹中の揺さぶりと柳澤の迷いの合作が生んだ思わぬ人事。財務省は原口を政府系金融機関である国民生活金融公庫の副総裁に据えた。国税庁長官経験者を就ける格付けのポストで、局長で退官した原口を充てるのは破格の厚遇と言えた。柳澤への無言の抗議でもあった。

竹中と柳澤の不良債権論争は続き、膝詰めで二度、話し合ったが、物別れに終わった。九月三〇日の内閣改造。小泉は柳澤を更迭し、経済財政相の竹中に金融相を兼務させた。

産業再生機構の発案者

経済・財政に加え、金融まで一手に担った竹中。路線転換に身構える金融庁当局と当初は距離を置き、副大臣の伊藤達也《いとうたつや》や日銀出身でKPMGフィナンシャル代表の木村剛《きむらたけし》ら有識者を顧問に招いた「竹中チーム」で、「金融再生プログラム」を練り始めた。

まず大手銀行の資産査定を厳格化し、貸倒引当金も積み増して〇四年度までに不良債権比率を半減させる目標を立てた。引当金を積み立てる際に税を納めるが、融資企業が実際に破綻すれば税は還付される。これを「繰延税金資産」と呼び、従来は自己資本に含めてよいとしてきた。しかし、竹中は払い戻しは不確かだとして、厳しい上限設定を検討。これらで自己資本不足に陥る銀行には、経営責任とセットで公的資金による資本注入を考えた。

主要銀行の頭取たちは寝耳に水のルール変更だと猛反発し、竹中に抗議した。自民党も批判一色。小泉は連日、竹中に電話して「何を言われても絶対考えを曲げるな。竹中さんが正しいと思って金融相に任命したのだから、正しいと信じる政策をやれ」と支えた。竹中は土壇場で繰延税金資産の上限設定を先送りするなど、ハードルを下げて逆風をかわす。一〇月三〇日にプログラム決定にこぎつけるが、ここで側面支援に動いたのが財務省だ。

「不良債権処理の加速で再生の希望、芽がある企業も潰されてしまうと懸念を持たせたらいかん。再生しうるものは再生させていく仕組み、受け皿を創っておかなけりゃいかん」

財務相の塩川正十郎は二三日の記者会見で、不良債権とコインの表と裏の関係にある企業の過剰債務を整理し、再生させる機能を担う「産業再生機構」の設立を提唱した。次官の武藤が「銀行の不良債権だけ処理しても、産業再生を伴わなければ、日本経済全体が良くならない」と温めてきた構想だ。金融庁や経済産業省に持ちかけても腰が重く、業を煮やした武藤は官房長官の福田康夫《ふくだやすお》に耳打ち。内閣官房が関係省庁を集めてやっと動き出した。

塩川は「スキーム作りでは預金保険機構の資金を活用するのが一番早い」と閣内論議を主

導。三〇日に決定した総合デフレ対策にも機構設立を明記した。「新たな機関を設立するまではとてもいかないだろう、と悲観的に考えていた」という竹中。財務省とは厳しく対峙してきたが、ここでは「財務省が大きな力を発揮したことは間違いない」と認める。産業再生機構は〇七年までにダイエー、カネボウなど四一社の経営再建支援を引き受けていく。

公的資金による資本再注入を掲げた竹中路線は大手行の経営責任を追及し、破綻に追い込むことも辞さない、と受け止められ、市場は日本経済がさらに落ち込むと見て株価は低落を続ける。翌〇三年四月二八日にはバブル崩壊後の最安値となる七六〇七円八八銭をつけた。

五月一七日、小泉を議長に福田、塩川、竹中、高木、日銀総裁の速水《はやみ》優《まさる》で構成する「金融危機対応会議」が首相官邸で緊急に招集された。金融庁が大和、あさひ両銀行の合併を認めて発足間もないりそな銀行。その自己資本比率が、国内銀行に必要な四％を下回ったとの判断に至り、竹中は預金保険法に基づく二兆円の予防的な公的資本注入を決断したのだ。

竹中が一四日に極秘にこの方針を報告すると、小泉は「これなら公的資金を注入できるのだな」とうなずいた。要諦はりそな銀行の経営トップに外部の人材は入れたが、破綻認定はせずに再建へと歩ませたことだ。竹中路線イコール大手行の破綻だと決め込んでいた市場はそのサプライズを好感し、株価はここで底を打って反転上昇の機運に乗ったのである。

りそな処理の渦中で竹中が見直したのは、金融庁の官僚の実務能力と規律の高さだ。市場の混乱を防ぐため、金融危機対応会議の直前の数日は水も漏らさぬ秘密保持で政権中枢の根回しを迫られた。経済財政相としては、各省出向者が寄り合う内閣府を事務局とした竹中。重要情報が親元の各省にすぐ漏れる、と不信感を強めていた。しかし、金融庁は鉄壁の情報統制を敷き、政治家への根回しのタイミングや順序も文句なしで、竹中をうならせた。

財務省から金融庁へ出向した局長級以上の幹部は「ノーリターン」がルールだが、りそな処理の実務を担ったのは、人事交流で来ていた中堅の財務官僚たちだ。「よくも悪くも、財務省は強い」と漏らした竹中。側近は「竹中大臣は中央合同庁舎四号館の五階（経済財政相の執務室）ではイライラし、八階（金融相の執務室）ではニコニコしている」と評した。

為替・金融の以心伝心

りそな処理は小泉流の「改革なくして成長なし」路線への市場の信認の転換点となった。住宅バブルに沸く米国や高成長を続ける中国への輸出が景気回復の追い風となり始める。それには円高ドル安の抑制が不可欠だった。首相秘書官だった丹呉泰健は「静かに、大きな効果を上げたのは小泉流の為替政策と金融政策の融合戦略だった」と振り返る。

財務省は為替介入を自らの専権事項と考えており、竹中もこの「聖域」には口出しできなかった。〇三年一月、国際金融を担当する次官級の財務官が黒田東彦《くろだはるひこ》から溝口善兵衛《みぞぐちぜんべえ》に交代した。溝口は〇四年三月までの一年余、三五兆円の円売りドル買いの市場介入という「史上最大の作戦」を敢行。米誌『ビジネスウィーク』から「ミスター・ドル」と呼ばれた。

〇四年度の国の税収は四二兆円弱だ。それに迫る巨額の資金を市場に投入したわけだ。円高への投機を食い止め、輸出を下支えする狙いだ。この間、円は一ドル＝一二〇円近辺から一時は一〇三円近辺まで上昇したが、介入なしなら一〇〇円を突破したかもしれない。

金融政策とのあうんの呼吸もカギだった。〇三年三月二〇日、円高容認論者の速水優が日銀総裁の任期満了を迎えた。小泉は日銀生え抜きで元副総裁の福井俊彦を総裁に任命した。信頼していた前財務事務次官の武藤敏郎と、東大教授から内閣府政策統括官となって竹中を支えてきた岩田一政を副総裁に配し、政府と日銀の意思疎通の緊密化を図ろうとした。

丹呉は「デフレ下の急速な円高を懸念する首相の意向は、福井総裁に任命時からしっかり伝わっていた」と証言している。日銀は当座預金残高を主な操作対象とする量的緩和を進めていた。福井は就任直後の三月二五日を皮切りに、〇四年一月二〇日までに残高目標を五回にわたり、一五兆－二〇兆円から三〇兆－三五兆円まで、一五兆円も引き上げた。

円高ドル安を抑えようと円売りドル買い介入をすると、その分だけ金融市場に円資金が供給される。そのまま市場に放置すれば、景気刺激・インフレ的な効果を持つ。日銀はこの資金供給の増加が適切でないと判断すると、資金を吸い上げる金融調節に出る。この操作を経済がインフレという子どもをはらまないという意味で「不胎化」と呼ぶ。逆に経済がデフレ的状況と見て、介入資金を市中に放置して景気を刺激する手法を「非不胎化介入」という。

溝口は退官後にまとめた手記「為替随感」で日銀との以心伝心をこうほのめかしている。

「日銀は、ベースマネー拡大の効果は小さいとか、『非不胎化』論議はナンセンスだとかいった尽きない論議に没入しないで、いわば大人の対応で黙々とデフレ克服にまい進した」

「(政府日銀が) 明示的な合意をして採った措置ではなかったが、双方がデフレ克服のため、それぞれの立場で必要な措置を果断にとっていくという共通した考えが背後にあった」

五月二三日。米大統領ジョージ・W・ブッシュのテキサス州クロフォードの私邸に招かれた小泉は、通貨政策を巡って首脳レベルでは異例の踏み込んだやり取りも試みている。

小泉「日銀とも協力し、デフレ克服に全力を挙げ、消費者物価の上昇を確保したい。景気が後退すれば通貨も下落するのが通例だ。現在は一ドル＝一二〇円。日本経済がこれだけ悪い状況なのに円の価値が上昇することは過去の世界にはなかったことだ」

ブッシュ「強いドルを望んでいる。いずれにしても市場が評価することだが」

小泉「米国に強いドルがよいと言うのであれば、双方の利益に合致するのかもしれない」

「強いドルを望む」は米通貨当局の常套句だが、大統領から引き出すことに重みがあった。ブッシュは六月二日の主要国首脳会議(エヴィアン・サミット)でも「強いドルが望ましい」と強調。小泉は「歓迎する」と応じ、周辺に「二度目だな」と手ごたえを漏らした。

日銀は公式には認めなかったのに、ブッシュ政権は小泉流をデフレ対策に資する「部分的な非不胎化介入」と見て黙認し続けた。巨額介入も終盤の〇四年三月二日、米連邦準備制度理事会(FRB)議長のアラン・グリーンスパンが講演でこう発言したのがその証左だ。

「差し当たり、部分的な非不胎化介入は日本のマネタリーベースの拡大手段と見なされている」——。「部分的」とは、為替介入額三五兆円に対し、日銀当座預金残高はその半分近い一五兆円拡大したので、その分を非不胎化介入と見なす、という含意だった。

郵政民営化に「人材派遣」

小泉は「族議員の御三家」との攻防で、郵政民営化を医療や道路の改革を超える最大の難敵と見定めてきた。自民党最強の集票マシンで、旧竹下派系最大派閥の牙城でもあった特定郵便局長会は無論、野党を支援する労組も猛反対。与野党から総スカンだったからだ。

満を持した小泉は、竹中が「郵政民営化は必ず首相直轄で進めてください」と進言したのを受け、〇三年九月から経済財政諮問会議で議論を始めた。〇四年九月に自民党を押し切って基本方針を閣議決定。郵政事業を持株会社の下で郵便、郵便貯金、簡易保険、窓口ネットワークの四つに分社化し、郵貯と簡保の株式は一〇年後の完全売却を打ち出した。

郵貯、簡保の預託廃止で財投システム改革の核心は「終わった」意識だった財務省。民営化に反対する理由も薄れた半面、政治情勢を見ればうかつに改革の旗も振れなかった。

郵貯と簡保を完全民営化すれば政府保証はなくなり、財政負担リスクは消える。民営郵政が法人税を納め、株式売却収入が国庫に入れば、国債残高の圧縮や財政赤字減らしに貢献するかもしれない。財政改革路線で長期金利が低位安定していた小泉政権では、大量発行が続く国債の消化への懸念も小さかった。決定的な不利益は見当たらない、と踏んだ財務省は竹中主導の改革を黙認。小泉流の「正論」には従い、「怨念」には関わらない姿勢を保った。

小泉は〇四年九月の内閣改造で、竹中を金融相から外し、経済財政相に加えて新たに郵政民営化相を兼務させた。内閣官房に新設した郵政民営化準備室で基本方針を法案化する作業を、竹中に陣頭指揮させるためだ。郵政事業を実施する日本郵政公社を所管するのは旧郵政省を吸収した総務省だが、当事者には改革を任せず、官邸直轄で進める狙いだった。

ただ、各省からの出向者を寄せ集めた準備室そのものが推進、反対両勢力の代理戦争の場と化していた。「情報が準備室から郵政公社や総務省に流れていた」と苦々しく振り返る竹中。政務秘書官で経産官僚の岸博幸や、財務官僚の高橋洋一ら側近チームに加え、金融庁と財務省のつてを手繰った。「財務省から多大な『人材協力』を受けた」と告白する。

まず副室長に金融庁長官として信頼を深めた高木祥吉を指名した。金融相秘書官だった中堅の財務官僚も郵政民営化相の秘書官に横滑りさせた。これらのルートから財務省の内閣法制局参事官経験者や金融庁の法規室長ら法律に強い実務官僚の推挙を受け、法案の条文を書く直属スタッフをそろえた。「戦略は細部に宿る」と見定めた竹中は、法案作りで改革の核心部分の骨抜きを許さず、条文の隅々まで自ら目を光らせる直轄体制を敷いたわけだ。

「改革派」を名乗り、組織としての財務省とは厳しく向き合った竹中。総務省や自民党の「抵抗勢力」と戦うためには、岸や高橋ら「脱藩官僚」に加え、霞が関の最強官庁で精鋭の宝庫と見立てた財務省に「人材派遣」を頼る割り切りをためらわなかった。

戸惑いと矜持の狭間で

「正論と怨念」が渾然《こんぜん》一体となった「自民党をぶっ壊す」小泉政治。財務省は、竹中率いる経済財政諮問会議と時に角を突き合わせ、時に利用しあいながら、税財政の主導権保持に腐心した。〇二年には諮問会議が歳出削減と一体で法人税率を引き下げる「改革還元型減税」を唱え、財務省とぶつかった。それでも財政規律の回復というベクトルは同じだった。

諮問会議を舞台装置とした官邸主導の流れは着実に強まった。旧大蔵省時代は「調整族のドン」竹下登を後ろ盾に、時の政権実力者と結び、密室の根回しで事を運んだ主計局。憎まれ役も甘受し、実質的裁定者たらんとする矜持をみなぎらせてきた手法に限界も見えた。

正論の「財務省案」を諮問会議にぶつけ、オープンな議論を経て首相の裁断に委ねるパターンにも頼らざるをえなくなってきた。政治家や経済界への目配りもより幅広くし、貸し借り関係だけでなく、政策の合理的な説明能力で勝負するしかないとの機運も出てきた。

半面で諮問会議は構造改革の理念や大枠は打ち出すが、予算などの精緻な計数は持ち合わせない。与党・族議員との調整を担う実働部隊の手足もない。小泉は郵政民営化法案などの重要局面では与党事前審査を強行突破する構えをしばしば見せたが、この自民党政権の慣行自体をなくしたわけではない。予算編成は最後は数字を巡る闘いだ。政治的な詰めの作業は、引き続き財務省主計局が引き受けるしかなかった。小泉官邸と自民党の板挟みになり、ギリギリの妥協点を探り、丸く収める知恵をひねり出す綱渡りも相変わらず迫られた。

官邸主導の潮流をのみこみ、迂遠《うえん》でも諮問会議を舞台装置に使う政策決定過程に乗って、財政改革などで財務省の主張を実現する方向に持っていくしかない、と割り切る現実派。官邸主導といっても、予算編成の核心を主計局が差配する根幹は変わらず、変人宰相が去れば、官邸と与党の力学も再び変転すると見て、総合調整役は手放すまいとする矜持派――。

省内にもこんな両論が交錯したが、時々の政治状況に応じて硬軟両様を使い分けるしかなさそうだった。「大蔵官僚」から「財務官僚」への試行錯誤と意識改革。打ち寄せては返し、じわじわと財務省を揺さぶる官邸主導の波に煽られて、曲折をたどらざるをえなかった。

3　消費税増税への長期戦略

ポスト小泉期へ布石

竹中平蔵がマクロ経済と財政健全化の向こう五年間の見通しを一体的に示し、政策決定を主導する指針として二〇〇二年一月に策定した「構造改革と経済財政の中期展望」。事務次官の武藤敏郎を指揮官とした財務省は、この「改革と展望」の〇三年一月の最初の改定時に竹中と綱引きし、消費税増税を含む将来の税制抜本改革を見据えた最初の布石を打った。

「〇六年度までに国と地方が歳出削減努力を積み重ねつつ、必要な行政サービス、歳出水準を見極め、経済活性化の進展状況・財政事情を踏まえ、必要な税制上の措置を判断する」

前年度からの「一〇年代初頭におけるプライマリーバランスの黒字化を目指す」との財政健全化目標は堅持した。財務省は巨額のプライマリー赤字を歳出抑制や経済成長による税収増だけで黒字化する道筋は描ききれないとし、〇六年度に中間検証したうえで「必要な税制上の措置を判断する」との一文を滑り込ませた。消費税論議の芽を出そうとしたわけだ。

小泉は「議論するのは結構だが、私の在任中は消費税は上げない」と言い続けていた。自民党の党則では総裁は三選禁止。小泉が〇三年九月に再選し、二期目の三年を全うすれば、〇六年九月に首相退任となる。「〇六年度までに」を「〇七年三月までに」と読めば、ここで示した税制改革の時間軸は、小泉の増税封印を逸脱するものではない、と解釈された。

低迷が続いた株価は〇三年五月のりそな銀行への公的資金注入から反転し、同年後半に景気の回復局面入りが実感され始める。財務省が次の布石を打ったのは一二月。自民、公明両党がまとめた年金制度改革案と、その財源確保に向けて描いた税制改革のシナリオだ。

年金改革では現役世代の平均的収入の五〇％以上（厚生年金の標準的な受給世帯）の給付水準を確保する前提を置いた。これを賄うため、保険料は一八・三〇％まで段階的に引き上げていくことを想定した。現役世代人口の減少や平均余命の伸びを考慮し、年金受給額の増加を物価上昇率より低く抑える「マクロ経済スライド」の導入も決めた。

年金財政を安定させるため、基礎年金の国庫負担率を三分の一から二分の一に引き上げるという積年の懸案にも〇四年度から着手し、〇九年度までに完了する方針をうたった。これを実現するには、平年度ベースで二・五兆円、消費税一％分の恒久財源を確保しなければならない。自公与党と財務省がその道筋を描き出したのは、〇四年度税制改正大綱である。

年金テコに長期シナリオ

〇四年度与党税制改正大綱は「〇九年度までに年金の国庫負担割合を段階的に二分の一に引き上げるための安定した税財源を確保する」とうたった。〇四年改革の次の年金財政検証は五年後の〇九年度。そこを税制抜本改革の最終到達点としても見据えた。両者を結びつけたことで、年金財源問題はここから一貫して消費税増税のテコとなり続ける。

社会保障の安定財源としては、九九年度予算総則で「福祉目的化」し、薄く広く全世代に課税する消費税を推す声が強かったが、小泉はその増税は封印した。そこで大綱は三段構えのシナリオを描いた。第一段階は〇四年度からの年金課税の適正化だ。勤労者世帯より手厚い公的年金等控除を縮小するなどし、増収分は基礎年金の国庫負担率の引き上げに充てた。

第二段階は小渕恵三内閣が経済危機の打開を目指して「恒久的減税」として実施した所得・住民税の定率減税（三・三兆円規模）を、〇五〜〇六年度にかけて縮減・廃止することだ。年金改革を主導したのは、厚生労働相の坂口力を送り出していた公明党。減税の恩恵が届きにくい、相対的に低い所得層に厚い支持基盤を持つ。景気回復の流れも見て、定率減税を廃止し、それによる増収分を年金の国庫負担増に回せないか、と着想したわけだ。

　自民党税制調査会と財務省もまず定率減税を廃止しない限り、消費税増税には進めないと考えた。ただ、財務省は、定率減税は赤字国債を増発して実施しており、廃止しても「新たな財源」が生まれるとは言えないとの立場だった。公明党の主張通りに年金国庫負担増に充ててしまうと、財政赤字は減らないというわけで、ここには同床異夢が潜んでいた。

　そこで大綱には第三段階として「〇七年度を目途に年金、医療、介護等の社会保障給付全般に要する費用の見直し等を踏まえつつ、あらゆる世代が広く公平に負担を分かち合う観点から、消費税を含む抜本的税制改革を実現する」と明記した。「〇七年度」、つまりポスト小泉政権では消費税増税に取り組み、社会保障財源を安定させる道筋である。

谷垣の覚悟と与謝野復権

〇四年八月二六日、首相官邸。首相の小泉純一郎が財務相の谷垣禎一《たにがきさだかず》に告げていた。

「よし分かった！　やろうじゃないか。あなたがガンガン前に出てサンドバッグになれよ」

　谷垣が具申したのは、〇五年度予算編成から財政規律の回復に本腰を入れるため、定率減税を二年かけて段階的に廃止する方針だった。「減税を止める」のは「増税する」のと同じ負担増と受け止められかねず、政治的には厳しい選択だ。同席した財務事務次官の細川興一《こういち》はこの点も念押しした。消費税増税は封印した小泉だが、減税廃止には乗ってきた。

これほど長期で大型の減税を止め、実質増税した例はなかった。「歳出削減」一本槍の小泉流から、ポスト小泉時代も見据えて「歳入・歳出両面からの」税財政一体の改革へ。これは谷垣と財務省が「サンドバッグ」を覚悟してギアチェンジを試みた瞬間だった。主税局は確実に減税を廃止するには、年金国庫負担増に充てる公明党案に乗るしかないと唱えたが、主計局は年金財源は消費税で賄い、減税廃止分は財政赤字縮減に回すのが筋だと説いた。

九月、小泉は内閣改造を断行した。竹中平蔵に郵政民営化相も兼務させるなど狙いは「郵政シフト」だった。谷垣は財務相を続投。自民党内調整の要となる政調会長に据えたのが与謝野馨だ。二〇〇〇年に落選して浪人生活。〇三年に比例代表で復活当選した。無派閥に転じたうえ、若い頃に国会質問で郵貯改革を取り上げたことに小泉は目をつけていた。

「私が永田町にいなかった三年余、財務省はなぜ財政再建の努力を怠っていたのか」

久々に第一線に戻った与謝野は財務官僚にこう不満をぶつけた。郵政改革は二の次で、真の標的は小泉の下で増税をタブー視し、財政健全化を歳出削減と経済成長に頼っていた竹中と経済財政諮問会議だ。橋本龍太郎内閣で首相主導の財政構造改革会議を切り回し、竹下が「調整族」の才ありと目をかけた与謝野の復権を、財務省も見逃さなかった。

〇四年七月の参院選。与党は過半数は死守したが、議席数を減らした。公明党が「百年安心」と喧伝した年金制度改革が逆風にさらされたのも一因だった。年金財源確保に向けて定率減税縮減論を先導した公明党だが、いざ〇五年度税制改正という段で腰が引けた。主税局の危惧《きぐ》が的中した。自民党も揺れたが、財務省は税制改革シナリオを崩したくなかった。

自民党税制調査会が公明党をなだめて「〇五年度半減」で決着させるため、頼ったのは竹中だ。与党税制協議会に出席した竹中は、マクロ経済の観点から「減税規模を半減しても日本経済は大丈夫だ」と連帯保証人役を演じた。与党は減税の「〇六年度廃止」を確定させるのもためらい、経済動向を見極める名目で、結論ははっきりさせないままにした。

半減分の使い道を巡っては、与謝野と公明党政調会長の井上義久《いのうえよしひさ》が暗闘を繰り広げた。半減による増収は年間ベースで一兆六五〇〇億円だが、〇五年度分で見ると、所得税の場合、税率変更が〇六年一月からになるので、一〜三月分の二〇〇〇億円程度にとどまる。

井上は「年金財源の安定は将来の中堅所得者に一番、恩恵がある」とすべて年金の国庫負担率引き上げに充てるよう求めたが、与謝野はこれはあくまで一般財源だと主張。一二〇〇億円程度は年金財源に回すのを容認するが、全額の充当は認められない、と言い張った。

主計局と組んだ与謝野は公明党の支持母体である創価学会幹部に根回し。公明党首脳の説得を依頼し、一般財源化の原則で押し切った。与党税制協が〇六年度に減税を廃止するかどうかをぼかしたのに乗じて「〇六年度に廃止する場合の増収分は、〇六年度予算編成時に検討する」と廃止時の増収の使い道も年金財源に縛られないよう手を打った。定率減税の廃止と年金財源の連関を断ち切った与謝野と谷垣・財務省は、いよいよ消費税に目を向ける。

柳澤ペーパーが烽火

〇五年二月二八日。与謝野は党政調会に直属機関「財政改革研究会」を発足させ、自ら会長に就任した。初会合では「政府」に財政再建の意欲が乏しいと当てこすった。「政府が財政再建も主導的な立場を取るべきだが、大きな声が聞こえてこない。党が政治主導で改革をやろう、となった。日本の将来を考えて知恵を出し、方向性を創ってほしい」

この「政府」が消費税論議をう回する竹中と諮問会議を指すのは明らかだった。与謝野が財革研を仕切らせたのは、金融相を更迭され、雌伏《しふく》してきた政調会長代理の柳澤伯夫だ。柳澤は財務省の代弁者と見られるのを嫌い、研究会講師に招く有識者も学術論文やシンクタンクの提言などに目を通し、なるべく自力で探した。郵政民営化で政局が緊迫し、衆院選に至る激動の舞台裏で報告書を書いた。財務省が用意した原案は脇に押しやった。

主計局はこの「柳澤ペーパー」を公表前に受け取って精査した。担当課長は「専門用語が一般国民に分かりづらい」と気を利かせたつもりで手を入れた。目ざとく気がついた柳澤は「まさか勝手に直していないだろうな！」と叱責《しっせき》。最後は自分で抱え込んで仕上げた。

与謝野と柳澤は郵政選挙で自民党が大勝した後の一〇月二四日、小泉にこの「柳澤ペーパー」を報告した。歳出改革に加えて「歳入確保の方策を確立することが今次の財政改革でも不可避の課題」と増税やむなしとの認識を表明。消費税率引き上げに向け、税収の全額を年金、医療、介護の給付に充てる「社会保障目的税化」を打ち出したのが核心部分だ。「国民全体が互いに支え合う制度に基づく社会保障給付に必要な公費分の財源全体を現在の世代の国民が広く公平に負担するため、消費税のすべてを社会保障目的税化する」

与謝野と柳澤は「本当にこれでいいか」と財務省に念を押した。九九年度から予算総則で消費税の福祉目的化をうたってきた。社会保障給付の公費負担は、消費税収をはるかに超える水準にあり、伸び続けている。消費税率を極端に高くしない限り、目的税化しても予算の水膨れや既得権化に直結はしない。消費税収を全額、社会保障給付に充てる趣旨を制度設計上も明確にして、増税への世論の理解を深める狙いに、財務省も異存はなかった。

竹中はプライマリーバランスを均衡させ、長期金利が名目成長率を上回らない「ドーマー条件」を満たせば、債務残高が経済規模（名目GDP）に占める相対的な負荷は大きくならず、財政は破綻しないとした。しかし、柳澤ペーパーは財務省同様、長期金利が名目成長率を上回る懸念を指摘し、対GDP比で二%程度のプライマリー黒字の確保を訴えた。

柳澤ペーパーは想定する消費税率は明記しなかったが、財政制度審議会は五月に、社会保障費の伸びを名目成長率並みに抑制する前提で、消費税率一二%程度が必要だと試算していた。与謝野と柳澤は「現行の五%の二倍、一〇%程度が政治的な限界だろう」と話し合っていた。竹中主導のマクロ政策運営に、自民党の財政規律派と財務省の反攻が始まった。

「上げ潮派」対「麻布連合」

小泉は〇五年九月の衆院選で、自民党を二九六議席の大勝に導いた。〇六年九月の総裁任期満了による退陣まで一年。一〇月三一日の最後の内閣改造で、安倍晋三を官房長官に据え、後継指名をにじませた。同時に竹中平蔵を経済財政相から郵政事業や地方行財政を所管する総務相に横滑りさせた。郵政民営化の総仕上げの全権を委ねるためだった。

経済財政相には自民党政調会長の与謝野馨を起用。財務相には谷垣禎一を再任した。二人は私立麻布《あざぶ》高校で先輩・後輩だ。政調会長には竹中と気脈を通じ、国会対策委員長だった中川《なかがわ》秀直《ひでなお》を充てた。組閣当日の記者会見で、消費税増税で打って出たのは、谷垣だ。

「与党税制改正大綱の路線を忠実に踏襲すれば、〇六年末の〇七年度予算編成の段階で税制抜本改革の具体案をまとめ、〇七年の通常国会に消費税率の引き上げ幅を含めた法案を出すのが分かりやすい」

与謝野も「消費税の議論は誰かがしなければいけない」と谷垣を支持するが、待ったをかけたのは「竹・中ライン」だ。一一月六日、中川がNHKテレビ番組で「拙速だ。デフレ克服と歳出削減、制度改革、資産圧縮など色々な努力をして最後に増税の議論をすべきだ」と谷垣を批判すれば、竹中も「一部の税関係者が『増税、増税』と言っているが、形を変えた抵抗勢力だ。徹底的に闘う」と発言し、歩調を合わせた。

中川は消費税増税を急ぐ前に「財政再建は経済成長と両立させなければできない。名目成長率が上がれば、歳入も税収も増える」と名目成長率を四～五％まで引き上げ、税の自然増収を図る「上げ潮」路線を鮮明にした。一方、与謝野は中川に対抗する形で、一二月二日の経済同友会での講演で「堅実なマクロ経済前提」の重要性に熱弁を振るった。

「名目成長率が四％にも五％にもなり、税収が入って財政のバランスが自然に取れるという幻想を振りまいてはいけない。名目成長率は実質成長率にインフレ率を加えたものだ。インフレに期待して財政を再建する悪魔的手法を採ってはいけない。これは私の信念だ」

歳出削減と経済成長を重んじる「竹・中ライン」と、消費税増税も視野に入れる「麻布連合」。財政規律を重視する小泉流の枠内で、ポスト小泉をにらんだ路線闘争が始まった。

政府系金融機関「一つに」

ここで場面を郵政選挙直後の一〇月六日にいったん巻き戻す。国際協力銀行、日本政策投資銀行、商工組合中央金庫、国民生活金融公庫、中小企業金融公庫など八つの政府系金融機関の統廃合を巡り、小泉は党行政改革推進本部長の衛藤《えとう》征士郎《せいしろう》らにこうハッパをかけた。

「一つにできるのだったら、一つがいい。党はもっと大胆な計画を出してほしい」

「官から民へ」と郵政民営化を敢行した小泉。かつて郵貯などを原資に融資を増やし、各省の元事務次官らがトップに居座る政府系金融機関も「一つでいい」が持論だった。〇一年の首相就任直後にも「一機関に集約」を打ち出そうとし、財務次官の武藤敏郎が「そこまで抵抗勢力との戦線を拡大するのは得策ではない」と止めた。当時、「公的金融に指一本触れさせるわけにいかない」とする元首相の橋本龍太郎と、小泉は怒鳴り合いも演じていた。

〇五年一〇月二七日の諮問会議。竹中や民間議員が唱える政府系金融機関の改革に財務相の谷垣禎一や経産相の中川昭一《しょういち》が慎重姿勢を取ると、小泉は机を叩き、声を荒らげた。

「二人の話から財務省、経産省がいかに抵抗しているかが分かる。発想を変え、どうすれば民間でできるかを考えて案を出してほしい。一指も触れさせないと言われたことをやる覚悟でやっているんだから。財務相も経産相もあまり役所にひきずられるな！　それじゃっ」

小泉は机にバンと両手を突いて立ち上がると、凍りつく谷垣らに目もくれず、足早に会議室を後にした。問答無用だった。内閣改造で経済財政相に就いた与謝野は、財務省に政投銀、経産省に商工中金の民営化をのませ、軟着陸させようとするが、小泉の勢いは止まらない。財務次官の細川興一は、先輩で国民生活金融公庫総裁の薄井信明に「申し訳ないが、降りてください」と同公庫も無傷で存続するのは難しくなった、と伝えざるをえなくなった。

結局、国民公庫、中小公庫など国内向け諸機関は新設の「日本政策金融公庫」に統合。海外向けの国際協力銀行もその一部門とするが、対外的に定着した「ＪＢＩＣ」の略称は存続させるなどの案で決着した。財務省は防戦一方で、小泉になすすべもなく押し切られた。

「郵政民営化という本丸が落城したから、二の丸、三の丸の勢力（政府系金融機関）があきらめた。大将がいなくなったから、抵抗するのは無理だとあきらめたんです」

小泉は一一月二九日、経済同友会のパーティーでこうまくし立てた。消費税増税どころか、「正論と怨念」ないまぜの「小さな政府」改革を最後の一年も崩そうとしなかったのだ。

成長率・金利論争

消費税を見据える与謝野は諮問会議で「竹中包囲網」を敷いた。一二月二六日、民間議員で東大教授の吉川洋は「財政再建には債務残高のGDP比を緩やかに下げていく必要がある。名目成長率が長期金利より高ければ、GDP比が下がるが、長期的にそのパターンは期待できない。理論的にも長期金利の方が成長率よりも高くなるのが正常な姿だ」と切り出した。これはプライマリーバランスを均衡させ、同時に名目成長率が長期金利を上回るか、同じ水準で推移させれば、財政は持続可能だと説き続けてきた竹中路線の否定に等しかった。

竹中は「諮問会議はプライマリーバランスの回復に政策的な意味があるという立場を取ってきた。今まで議論してきた立場と違う」と色をなしたが、党財革研で吉川同様の提言をした与謝野も「財政再建をやる時に楽観説ばかりで真実に近づけるのか」と竹中を攻めた。

吉川が言うように、長期金利が名目成長率を上回るなら、竹中流のプライマリーバランスの均衡では財政は持続可能とは言えず、一定の黒字の確保が不可欠になる。歳出削減や経済成長だけでなく、消費税の増税にも取り組まざるをえなくなる、という含意があった。

〇六年一月一三日。ポスト小泉を意識して訪米した谷垣は、同行記者団のインタビューに答え、〇六年末の〇七年度税制改正で消費税増税に結論を出すべきだと改めて表明した。

麻布連合が先導しかけた消費税論議。クギを刺したのは小泉だ。プライマリーバランス均衡の目標年次を一一年度と定め、歳出歳入一体改革の筋書きを加速する与謝野に一七日、「〇七年の通常国会に消費税率引き上げ法案を出すことにはならないぞ」と厳命した。

「俺はかつて消費税導入に賛成した。増税の必要性は分かっているが、増税の前にやるべきことがたくさんある。来年は統一地方選も参院選もある。これは俺のね、政治的な勘だ」

小泉はこう言いきり、反論を許さなかった。「小さな政府」宰相は消費税増税を引き継ぐポスト小泉政権でも、さらなる歳出カットで国民の理解を得るプロセスが欠かせない、と見据えていた。〇六年九月に登板する新首相が、〇七年一月召集の通常国会に増税法案を提出するのでは、それがないに等しい。〇七年夏に参院選も控え、早すぎると断じたわけだ。

諮問会議では吉川ら民間議員と竹中の間でその後も成長率・金利論争が続いた。三月一五日。じっと耳を傾けてきた小泉は「複数のケースを提示すればいい。決め打ちする必要はない。複数を示して、最後はどれが基本かは政治が判断する」と裁断した。論争は痛み分け、とも見えた。ただ、会議では竹中が孤軍奮闘を強いられたのが実情だったから、与謝野や谷垣らから見れば、小泉が実質的には竹中を後押しするようにも受け止められた。

「中川主計局長」の大ナタ

消費税増税への道筋をつけようと前のめりになった与謝野。財務省が乗らない理由はなかったが、痛し痒《かゆ》しだった。呼吸の合う与謝野が経済財政相だから連携したが、先々の諮問会議との力関係まで考えると、諮問会議が歳出削減や増税の具体策作りまで踏み込む前例は創りたくなかった。しかも、与党を巻き込まない限り、政治的な決定には行き着かない。諮問会議にその権能はなく、政府・与党一体で最終決着を図る仕掛けも不可欠だと思案した。

与謝野は長期金利が名目成長率を上回る前提を置き、プライマリーバランス黒字化だけでは財政は持続可能ではないとして、債務残高GDP比の引き下げを財政健全化の長期目標に設定したかった。だが、小泉は成長率・金利を「決め打ちするな」と待ったをかけた。

「竹・中ライン」は歳出削減と経済成長による税収増で一一年度にプライマリーバランスを黒字化する努力までで、議論を打ち止めにしようと躍起《やっき》だった。それ以降は団塊《だんかい》の世代の大量退職で年金や医療費の膨張が見込まれ、増税必至という結論になりやすかったからだ。

与謝野は歳出削減を断行し、自然増収にも期待するが、それでは一一年度黒字化すら無理で、増税は不可避だと考えた。思い浮かべたのは、次のような単純明快な一次方程式だ。

「プライマリーバランスを均衡させるための要対応額－歳出削減額＝増収措置」

熟考した与謝野は「そんなに歳出削減をやれと言うなら、どこまでやれるか与党に決めてもらおう」とカギとなる歳出削減策作りのボールを自民党に投げ返す。三月二八日の官邸。与謝野が「中川政調会長に歳出削減額を党の方から指示してほしいとお願いした」と歳出削減策の与党「丸投げ」を持ち出すと、小泉は「そうだな！」と膝を打った。

「たまには党にも悪者になってもらわないとな。いつも予算を増やせ増やせと要求するばかりだ。歳出削減で散々俺だけが悪者になってきた。今度は俺にも言わせろよって」

与謝野の奇手に小泉は飛びつき、歳出削減の分野別の具体策と厳しい数値目標を党主導で打ち出すよう、中川に自ら号令した。財務省は待ってましたとばかり実務を引き受ける。

　中川は各省予算を担当する主計官らを連日、党本部に呼んで「ここはもっと切れる」「この前の話はおかしい」などと攻め立てた。その裏側では、財務省ペースにならないよう、政調会長特別補佐の伊藤達也や経産省会計課長の菅原郁郎《すがわらいくろう》らに主計局案を検証させていた。

　主計官らは「まるで『中川主計局長』だ」と囁《ささや》きあった。六月一四日、都内のホテル。七回忌を迎えた竹下をしのぶ会で、事務次官の細川興一、主計局長の藤井秀人《ひでと》ら財務省幹部が勢ぞろいしたのを見つけた与謝野は「よう、中川一派が来たな」と冷やかした。

　中川は郵政選挙後の小泉の威令を背に族議員相手に大ナタを振るい、五年間で一一・四兆円～一四・三兆円の歳出削減策を積み上げた。与謝野と中川が内閣府に試算させた要対応額は一六・五兆円。プライマリーバランス均衡には残る二・二兆円～五・一兆円の増収措置が必要となる。消費税換算で一～二％分だ。中川が重視した「財政再建の黄金比率」歳出削減七対増税三をクリアする内容に仕上がった。こうして「与謝野の方程式」は解かれた。

骨太〇六の仕掛けと限界

六月二二日の諮問会議。小泉は歳出削減優先の路線を貫徹する方針をこう強調した。
「これから歳出削減は楽ではないと分かってくる。今はまだ分かっていない。歳出削減の方が楽だと思っている。歳出削減を徹底すると、もう増税の方がいいという議論になる」

与謝野はポスト小泉への引継書とも言うべき、骨太の方針二〇〇六の仕上げにかかった。中川主導の歳出削減計画に続き、税制改革の基本方針の筆を執ったのは党税調会長の柳澤伯夫だ。一一年度のプライマリーバランス黒字化に加えて「国・地方それぞれの債務残高GDP比を発散させず、安定的に引き下げることが必要」としたうえで「改革後の税制が構造的持続的に上記の中長期的な目標を達成しうる体質を備えなければならない」と記述した。

土壇場で粘ったのは谷垣と財務省だ。一〇年代半ばに債務残高GDP比を引き下げるのに必要なプライマリー黒字幅と、増税も含む「中長期の選択肢」を示せと訴えた。だが、中川は「増税の匂いがするものは首相がいいと言っても、俺が許さない」と峻拒した。谷垣は七月三日、官邸に押しかけるが、小泉は「中川氏とよく相談してくれ」と動かない。

谷垣は七月二七日の記者会見で、骨太〇六で届かなかった一〇年後の消費税増税という「未完のゴール」を政権構想に掲げ、ポスト小泉を争う九月の総裁選への立候補を宣言した。
「政治家として、消費税を社会保障のための財源と位置づけ、一〇年代半ばまでのできるだけ早い時期に、少なくとも一〇%の税率とする必要があると考える」

翌二八日に主計局長の藤井秀人が次官に昇格。池田勇人以来の京大卒の次官となった。

小泉最後の一年を揺るがした骨太〇六プロセス。政治家の暗闘の狭間で財務省は実務を支え、五年間で一〇兆円を超す歳出削減計画が仕上がった。ここまで踏み込んだ中期的な財政枠組みは初めてだった。最大の争点である社会保障費にも五年間で一・一兆円の削減枠を設定したが、年金、医療、介護の負担増・給付抑制に与党の異論が根強く、具体策の詰めを残した。ある主計官は「団塊の世代が大量退職する一〇年代を前に、改革をやりきるメドをつけきれなかった」と漏らした。消費税増税と社会保障財源化の道筋もまだおぼろげだった。

五年五ヵ月間、財政規律にこだわりながら、増税の封印は解かなかった変人宰相。政権前半期に財務相を務めた塩川正十郎は「消費税増税まで行き着くには時間が足りなかった。〇五年衆院選の大勝後、小泉が任期満了まで完投し、政権を八年担当すれば増税もやれたかもしれないが」と首相秘書官だった丹呉に述懐している。金融危機やデフレと苦闘しつつ、歳出削減や定率減税の廃止といった増税の地ならしまでで時間切れになったとの認識だ。

ただ、財務省には、その丹呉に「あれだけの高支持率と求心力を生かし、やはり消費税増税をやりとげるべきではなかったか」と小泉への割り切れなさを訴える幹部がいたのも事実だ。最後は次官の再就職先でもある政府系金融機関を一つにまとめてしまう有無を言わさぬ小泉流に、「やり過ぎだ」との違和感を押し殺して付き従ったのに、肝心の消費税増税は先送り。プライドを殺して長期政権を支え続けた末に、大魚を逃した思いは尾を引いた。

第4章　政権交代とねじれの激流

1　リーマン・ショックとの苦闘

第一次アベノミクス

「今、消費税（の税率引き上げ）を言うことが本当に正直か。もっと歳出削減の努力をしなくていいのか。決して消費税から逃げるつもりもないが、逃げ込むつもりもない」

二〇〇六年九月一一日、自民党総裁選の討論会。官房長官の安倍晋三は「総裁選で消費税を議論すべきだ」と説く財務相の谷垣禎一にこう反論した。「成長なくして日本の未来なし」と成長重視を訴えた安倍は外相の麻生太郎と谷垣に圧勝し、第一次内閣を発足させる。

党務を仕切る幹事長に骨太の方針〇六で歳出削減に腕を振るった中川秀直。内閣の要の官房長官に盟友の塩崎恭久。経済財政相に政策研究大学院大教授の大田弘子。安倍は政権中枢に財務省とは距離がある成長重視派を並べ、谷垣や与謝野馨ら財政規律派を遠ざけた。

財務省を驚かせたのは、官僚機構のトップに立つ官房副長官（事務担当）に、安倍が大蔵省出身の的場《まとば》順三《じゅんぞう》（昭和三二年入省）を据えたことだ。厚生、自治など旧内務省系の次官経験者を充てる不文律を破った。しかも大蔵省で本流を外れ、最後は国土事務次官で退官した的場の七二歳での復権など寝耳に水。このこと自体が安倍と財務省の疎遠を象徴した。

「企業活動が活性化すれば、雇用が増え、税収が増える。経済成長と財政再建は矛盾しない、との安倍経済政策、アベノミクスの基本哲学を安倍内閣の布陣にはひしひしと感じる」

一〇月二日の衆院本会議。中川はひな壇の安倍に向けて「アベノミクス」の呼び名を贈った。安倍は〇七年夏の参院選まで消費税論議を封印し、成長重視で押し通す腹だった。財政規律派の一掃は首相の諮問機関である政府税制調査会にも及ぶ。財務省が具申した元一橋大学長の石弘光の会長続投を退け、大田や慶大教授に戻った竹中平蔵と親交の深い大阪大教授の本間正明を任命。法人税率引き下げなど経済活性化に力点を置く税制改革を求めた。

財務省を突き放した人事が安倍の最初の躓《つまず》きとなる。一二月に入り、本間が正式に結婚していない女性と格安家賃の公務員宿舎で暮らしている、と週刊誌が刺激的に報道。官邸主導の政府税調改革に身構えた党税調小委員長の町村信孝《まちむらのぶたか》らが本間をここぞとばかり非難し、辞任に追い込んだ。これが行革相の佐田玄一郎《さたげんいちろう》から始まる閣僚ドミノ辞任の先触れとなる。

安倍の「お友達」塩崎が与党を抑える調整力を欠き、的場も政と官をつなぎきれないひ弱な首相官邸。「消えた年金」記録問題や閣僚ドミノ辞任が響き、〇七年七月の参院選で自民党は惨敗する。衆参ねじれ国会に直面した安倍は健康も害し、九月に政権を投げ出した。財務省が警戒した「アベノミクス」も人口に膾炙せぬまま いったん姿を消す。ただ、一度だけの〇七年度予算編成で、安倍は成長重視路線の手ごたえはつかんだ、と自負していた。

小泉政権の途中から「実感なき」戦後最長の景気回復で、税収が急伸した。小泉は〇六年度予算で宿願の国債三〇兆円枠の復活を果たして退陣したが、〇七年度税収は前年度の当初見積もりからさらに七兆円超も増えた。この右肩上がりは束の間で、〇八年秋のリーマン・ショックであえなく終わるのだが、安倍は「今の成長が続けば、消費税増税なしで一一年度のプライマリーバランス黒字化目標を達成できるのではないか」と勢い込み、財務省を慌てさせた。再登板後に鮮明になる安倍と財務省のスレ違いは、この時から潜在していた。

大連立の裏に消費税

九月二三日、安倍の後継を選ぶ自民党総裁選。元官房長官の福田康夫が幹事長の麻生太郎を破って首相に就いた。直前の安倍改造内閣ほぼそのままの「居抜き内閣」で始動する。真っ先に訴えたのは自らの看板政策ではなく、ねじれ国会の参院で法案成立の成否を握る民主党との「話し合い路線」だ。居抜きも話し合いも、前政権末期に胎動が始まっていた民主党代表の小沢一郎との大連立工作の地ならしだった。大連立するなら、閣僚はどうせ大幅入れ替えになるし、政策で福田カラーを出せば、政策協議の障害になりかねなかったのだ。

福田が代理人と頼んだ元首相の森喜朗と小沢の間で水面下の交渉が進んでいた。森によれば、小沢は大連立で「まず消費税を片づけよう」と持ちかけた。森は憲法改正も唱え、小沢も受け入れる。慎重居士《こじ》の福田はあからさまに消費税増税に動きはしないが、増税を堅く封印した小泉改革とそれを継承した安倍の路線修正にそろりと踏み出し、大連立の雰囲気作りに腐心する。一〇月一二日、財務省出身の官房副長官補の坂篤郎らにこう密命した。

「国民各界各層を集めて行政改革を推進した土光臨調方式で、税制と社会保障を考える国民会議を創れ。消費税増税の道筋をつけることは、福田内閣の歴史的ミッションだ」

経済財政相の大田弘子が指揮する経済財政諮問会議も一七日、民間議員の共同提言として税制・社会保障改革の選択肢を提示した。二〇二五年度を見据え、歳出削減や経済成長に努力しても、年金、医療、介護などの社会保障の給付水準を維持するなら、消費税率は低く見積もっても一〇％を超え、低成長なら最高で一七％に達する、という試算だった。

大連立工作が表面化したのは二九日だ。福田が突然、小沢に党首会談を呼びかけて、翌三〇日に第一回会談。一一月二日に第二回会談が持たれ、福田は記者団に「政策を実現するための新体制」樹立で基本合意したと明かした。だが、小沢が合意を持ち帰って諮《はか》った民主党役員会は紛糾し、小沢はあっけなく福田に大連立の断念を連絡せざるをえなかった。

福田はねじれ打開をあきらめない。二二日に野党各党党首と個別に会談。渋る小沢にも安全保障政策に加えて「国民生活に関わる年金など社会保障も政策協議をしたい。与野党が一緒になって解決していくべきで、各界各層の代表者も入れた国民会議的なものを考えてはどうか」と迫った。有識者を集めた社会保障国民会議（座長＝東大教授の吉川洋）を立ち上げ、民主党を支持する連合会長の高木剛《つよし》も口説いて参加させるなど、秋波を送り続けた。

大連立の触媒役の一人と目されたのが、小沢と親しい元大蔵事務次官の斎藤次郎だ。後に小沢は「信義として言っちゃいけない」と言葉を濁しているが、たとえ斎藤が動いても、他の次官経験者や現役の財務官僚たちがそろって呼応する環境にはなかった。かつて小沢・斎藤ラインに傾斜し、自民党から報復を食らった組織のトラウマは根深かったからだ。

後輩の財務次官の一人は在任中に「斎藤さんがいつまでも財務省を仕切っているかのように誤解されないよう、もう重要な情報は伝えるな」と幹部に厳命したことがある。大連立に絡む噂が流れただけで、ある主計官は「財務省が組織として動いたのか、と痛くもない腹を探られ、我々現役は迷惑だ。もう終わった人ではないか」と強く反発したほどだ。

「与謝野財革研」と温度差

福田政権で政策決定の要として重みを増したのは、自民党政調会長代理の園田博之だ。一九九三年に武村正義らと新党さきがけを旗揚げしたが、九九年に自民党復党。政調会長の谷垣禎一の側近で、財政規律派の与謝野馨とも盟友。財務省にもパイプが太かった。

園田の助言で、谷垣は休眠していた党財政改革研究会を再起動させ、与謝野を会長に据えた。小沢と距離があった園田は大連立には否定的だった。むしろ消費税率引き上げと社会保障制度改革を自民党の「責任ある政策」として次期衆院選で対立軸に掲げ、小沢の下で消費税増税を棚上げした民主党を無責任だと攻撃し、差別化する大胆な戦略を練っていた。

そのため、与謝野財革研で〇七年中に「消費税の増税幅と引き上げ時期まで決めてしまい、〇八年の通常国会に関連法案を提出するくらいまでやらないと意味がない」と主張した。がん闘病から復帰した与謝野も、消費税増税を説く口ぶりが先鋭化し始めていた。

「衆院選が近いから増税は言っちゃいけないというなら、いつまでたっても言えない。統一地方選、参院選も含めて一年半ごとに選挙は巡ってくる。どこで覚悟を決めるかだ」

前のめりで走り出した与謝野・園田ラインから「財務省は逃げるな」と袖《そで》を引っ張られた官僚たちに、微妙な空気が漂った。ねじれ国会で、小沢民主党が与野党協議に乗る気配も見えない政治状況。大連立工作の表面化は一一月だが、まだ知る由もない。自民党内では小泉改革の継承を叫ぶ元幹事長の中川秀直ら上げ潮派の勢力もなお軽視できなかった。迫り来る衆院選前に増税論議などまともに進められない、と考えるのが政治のリアリズムだ。あえて増税路線を打ち出す逆張り戦略に、財政規律派が多い自民党税制調査会も冷ややかだった。

当時は〇八年中に衆院選がある可能性が高い、と見られていた。財務省は衆院選で自民党が勝って政権を維持し、「直近の民意」という錦の御旗を取り戻すことが先決だ、と考えた。ねじれ国会は続くが、〇九年度の基礎年金の国庫負担率の二分の一への引き上げに合わせて消費税増税で与野党協議の勝負を懸けるのが基本戦略だ、とカレンダーを描いた。

「ここで与謝野氏が踏み込みすぎ、ドン・キホーテになって潰されては元も子もない」

与謝野と親しい財務官僚たちからもこんな危惧が漏れてきた。両者の温度差が表面化したのは一〇月二四日の財革研の会合だ。与謝野が財務相の額賀福志郎《ぬかがふくしろう》を面罵したのだ。

与謝野「財務省が何を望んでいるのか、一向にはっきりしないじゃないか」

額賀「いや、まず中長期の展望を示し、政党政治だから与党ともよく相談して……」

与謝野「財政を心配して、こうして欲しいというのが財務省の仕事ではないか！」

額賀を責めながら、与謝野はその背後で動きが鈍い財務省に苛立ちをぶつけた。業を煮やした与謝野は大連立の頓挫《とんざ》も構わず、一一月二一日に財革研の中間報告を公表する。

中間報告は、消費税を「国民に対する社会保障給付のための財源」と位置づけて「社会保障税」に改組すると表明。団塊の世代がすべて年金受給者となる二〇一〇年代半ばをメドに、年金、医療、介護、少子化対策の給付に必要な公費負担の規模が消費税率換算で一〇%になる、と指摘し、事実上、一〇%への引き上げを訴えた。〇五年に与謝野が柳澤伯夫と組み、第一次財革研で布石を打った消費税の社会保障財源化を、具体化に移す第一歩だった。

「武藤日銀総裁」案の否決

○八年のねじれ国会で政争の具と化したのが、日銀総裁人事だ。法案は参院で否決しても、衆院で三分の二以上の多数で再可決すれば、成立するが、内閣が国会の同意を得て任命する人事案件は両院の可決が必須だ。民主党の理解を得なければ、葬り去られてしまう。

三月一九日に五年の任期満了を迎える福井俊彦の後任として、福田が白羽の矢を立てたのは、元財務事務次官で福井を副総裁として支えてきた武藤敏郎。次官を二年半務めた財務省の「中興の祖」だ。元首相の小泉純一郎が次期総裁含みで副総裁に送り込んだ。福田は武藤の対政治を含めた政策調整や組織運営の力量は日銀でも支持されている、と評価した。

民主党では、小沢の大連立工作に猛反発した仙谷由人、枝野幸男らが武藤総裁案にも反対した。一九九八年の金融国会で「政策新人類」と呼ばれ、財政・金融分離論の旗を振った「改革派」だ。財金分離を「党是」と呼び、日銀人事を呼び水に大連立が再燃するなら、小沢降ろしも辞さない構えを見せた。確かに小沢は二月一二日の記者会見でも「現実に巨額に上る国債を発行しており、金融政策と密接な関係もある。財政・金融分離の論理だけで片づけるものではない、という意見もある」と財務省出身者の起用を頭から否定はしなかった。

だが、福田が二九日、○八年度予算案を衆院本会議で強行可決すると、民主党内世論は反福田で沸騰した。前年度内成立を確実にしたかったのだが、財務省幹部は「引くべきところで押した」と嘆息した。大連立の頓挫以来、党内基盤が磐石ではない小沢は「政府・与党との信頼関係が完全に失われた」と強硬論に乗って拳を振り上げざるをえなくなった。

結局、民主党は武藤総裁案に反対に回った。それでも与党多数の衆院では武藤総裁案を可決したが、参院では否決。福田は相談役の与謝野馨に「小沢は『武藤総裁で構わない。党内はまとめる』と約束していたのに」とうめいた。これで福田・小沢関係は断絶した。

福井の任期満了が翌日に迫った一八日。福田は元大蔵事務次官で国際協力銀行総裁の田波耕治を総裁候補として国会に提示した。財務相の額賀福志郎に電話で決断を告げたのは当日朝。財務省も驚天動地だった。田波は福田の官房長官時代、首相官邸の対外関係タスクフォースに加わっていた。「武藤氏はミスター財務省だが、主計局長を務めていない田波氏は違う。民主党も総裁職を空席にする責任は負いたくないはずだ」と周辺に手ごたえを漏らした福田だが、小沢民主党は財務省出身者は論外だと反発し、再び参院で否決してしまった。

福田はやむなく、副総裁になりたての白川方明《しらかわまさあき》を総裁に昇格させ、財務省でも国際金融畑で前財務官の渡辺博史《わたなべひろし》（昭和四七年入省）を副総裁に充てる案を示した。民主党は白川総裁には賛成したが、渡辺には反対。三たび、元大蔵・財務官僚の日銀入りを否決した。

麻生の「財金一体」人事

七月。財務事務次官は津田廣喜《つだひろき》から杉本和行《すぎもとかずゆき》に交代した。主計局長には杉本と同じ昭和四九年入省の丹呉泰健。これは同期から二人の次官を出す過去にほとんど例のない人事がほぼ確定したことを意味した。次官OBの長老は「次官候補を各期一人に絞り込む官僚組織の不文律には、政治の介入を許さない目的もあった。たとえ四九年組は有能でも、この前例は将来に禍根《かこん》を残す。次に同期から二人の次官が出るのは、政治家が人事に手を突っ込んできた時だ」と警告した。この警告は、後に第三次安倍内閣で形を変えて現実の問題となる。

九月一五日。米大手証券のリーマン・ブラザーズが経営破綻したとの一報がグローバル市場を駆け巡った。米政策当局が最後の頼みの綱とした英バークレイズによる救済構想にも、英政府が待ったをかけた。財務省や日銀はG7（七ヵ国財務相・中央銀行総裁会議）のネットワークを通じてほぼリアルタイムでこの情報を入手しており、杉本ら幹部は「こんな大手を破綻させたら大変な事態が起きる」と身構えた。世界規模で金融危機の連鎖が始まった。

九月一日に首相の福田康夫が突如、退陣を表明し、リーマン・ショックを横目に自民党はまたも総裁選の最中だった。圧勝して首相に就いた麻生太郎は、総裁選で戦って二位に入った経済財政相の与謝野馨を委細構わず続投させる。同時に元経産相で日本興業銀行出身の中川昭一に、〇一年の省庁再編後では初めて財務相と金融相を兼務させる決断を下した。「財政・金融分離の経緯を知らないわけではないが、世界金融危機と言われている。国際的な財務相会議を開く時に『ウチは金融は関係ない』という財務相は、他国にはいない」

麻生は就任の記者会見で、G7や新たなG20などの国際金融会議で「財金一体」で危機対応を討議するのに兼務が適切だと強調した。「金融から経済全体へと危機は密接に絡み合って深化した。一体的な政策対応が不可欠で、首相の慧眼《けいがん》だった」と杉本は振り返る。

中川は専ら財務省の大臣室に陣取り、金融庁長官の佐藤隆文《さとうたかふみ》ら幹部は通り一本隔てた庁舎から古巣に通う日々となった。中川が財務省と金融庁の合同会議を招集する時も、両省庁幹部が財務大臣室に顔をそろえたが、両者が事務レベルで意見調整する際は、杉本が通りを渡って金融庁長官室に佐藤を訪ねた。大蔵省の入省年次で佐藤は杉本の一年上だったからだ。

政策金融をフル活用

世界的な金融危機は実体経済の危機に直結し、輸出など外需依存度の高い日本企業の収益を揺さぶると見られた。一〇月に入ると、日経平均株価は主要国でも最大幅の急落となり、二七日の終値はバブル後最安値を更新して七一六二円九〇銭。中川は麻生や与謝野と協議し、市場の混乱と株安の金融システムへの波及を止めるため緊急市場安定化策を公表した。

株の投げ売りを防ぐため、株を持たずに売り注文を出す空売りの規制を強化した。「適正な金融商品会計へ向けた努力のサポート」は金融機関や企業が保有する有価証券の時価評価の弾力的な運用を意味した。市場への介入や会計制度見直しにつながる異例の措置で、金融庁は渋ったが、財務省は「中川大臣の意向でもあるので、やらざるをえない」と押しこんだ。財務省は「財金一体」人事をテコに、金融庁の所管政策まで影響力を行使したわけだ。

世界的な金融・資本市場の混乱やドル資金の枯渇は日本の金融機関も萎縮《いしゅく》させた。有力自動車メーカーなどグローバル大企業すら資金繰りに不安を強めた。概ね一年以内に返済する資金の調達で発行するコマーシャルペーパー（CP）の引き受けを、銀行や証券会社がためらっていた。CP市場の機能不全を危ぶんだ中川は、日銀総裁の白川方明にCP買い取りによる資金供給を促すが、白川は「それは財政政策の範疇だ」と首を縦に振らなかった。日銀に業を煮やした財務省は政府系金融機関の「危機対応業務」を発動し、日本政策投資銀行が企業のCPを買い入れ、中堅・大企業に低利融資もする三兆円の枠を設定。小泉が決めた政投銀の民営化も期限を大幅に延期した。財務省は途上国への輸出や現地事業を手掛ける日本企業向けに国際協力銀行の融資も拡充し、政策金融をなりふり構わず活用した。危機対応を理由にした小泉改革の軌道修正に自民党の異論は少なかった。

与謝野と主税局長の激論

「当面は景気対策。中期的には財政再建。中長期的には、改革による経済成長の追求だ」

麻生はリーマン・ショック後の景気後退に大胆な財政出動を辞さない半面、中期的な財政規律の確保にも目配りした。総裁選の対抗馬で、消費税増税と社会保障改革を柱とする「中期税制改革プログラム」を唱えた与謝野を経済財政相に据え置いたのも、その証だった。

一〇月のある夜、与謝野は自宅に呼んだ財務省主税局長の加藤治彦《はるひこ》と激論になった。

与謝野「財政出動の片棒を担ぐだけではバカバカしくてやっていられない。法人税や所得税も併せた包括的な中期税制改革プログラムを描きたいのだ。財務省はやる気がないのか」

加藤「税制改革のプログラムを紙に書くだけなら、すぐにでも書けます。しかし、書いたものを現実の政治の中で実行できなければ、何の意味もないのではないですか」

増税の難しさを知り抜く主税局はこういう時に前のめりにはならない。ねじれ国会の混迷を見て、いま税制改革など仕掛けてもズタズタにされ、政治に減税を食い逃げされかねない、とリアリズムを説く。それを敏感に察した与謝野は「逃げるのか」と財務省不信さえ漏らす。心配した主計局は主税局に「中期プログラム案を創って与謝野氏に持ち込め」と促した。

与謝野の苛立ちをよそに、まさかの蛮勇を見せたのは麻生だ。一〇月一六日の政府・与党首脳会議。リーマン・ショックを受けた本格景気対策を指示したうえで「持続可能な社会保障構築と、そのための安定財源確保に向けた中期プログラムを早急に策定する」と表明したのだ。財務省も想定外の、与謝野構想を丸のみした麻生のトップダウンの始まりだった。

「来年から増税するわけにいかないが、社会保障と消費税の論議は避けて通れないから」

麻生は前任者の福田が中途で放り出した社会保障国民会議の財政試算の公表にもゴーサインを出す。年金、医療、介護と少子化対策の綻びを改善する「機能強化」に、一五年度で消費税に換算して三・三〜三・五％分の財源が必要だ、とする試算結果だ。国民会議の事務局の中核である厚生労働官僚が取りまとめを主導していた。これを見た与謝野は「一五年度までに消費税率を一〇%に引き上げ、社会保障財源化する中期プログラムを描く」と決意する。一年前の自民党財革研の中間報告と軌を一にする内容で、我が意を得たりだったのだ。

これには主計局が慌てた。〇八年度予算で社会保障四経費に充てた国と地方の公費は約二七兆円。消費税五%分を全額投入しても、なお一三・八兆円足りない計算だ。社会保障の基盤には既に財政赤字の大穴が空いているわけだ。消費税増税による増収分を社会保障の給付やサービスの「機能強化」に優先的に充てれば、財政収支の改善は進まず、社会保障の「基盤安定」にもつながらない、と主計局は訴えた。同じ消費税の社会保障財源化と言っても、厚労省主導の「機能強化」論と、財務省が主張する「基盤安定」論の暗闘が激しくなる。

一〇月三〇日夕の官邸。麻生は与謝野を傍らに従えて記者会見に臨んだ。二兆円規模の定額給付金などの経済対策と併せ、税制・社会保障改革の中期プログラム作りも打ち出した。「経済状況が好転した後、財政規律や安心な社会保障のため、消費税を含む税制抜本改革を速やかに開始する。一〇年代半ばまでに段階的に実行する。本年末に全体像を提示する。大胆な行政改革の後、経済状況を見たうえで三年後に消費税の引き上げをお願いしたい」

景気回復に「全治三年」、その後は増税に動くという宣言。最速で一一年度から増税を開始し、一〇年代半ばまでに完了する時間軸を麻生独走で設定した。与謝野も前日に会見草稿を入手し、ここまで踏み込むのかと目を見張ったほど。翌三一日朝、加藤が与謝野を訪ねた。

与謝野「いや、私は麻生首相を見直したよ」

加藤「主税局は逃げていると叱られましたが、首相と与謝野大臣に首に縄をつけて引っ張っていただいた。雲が晴れて税制改革の頂上までのルートが見えました」

公明党に屈した自民税調

麻生の蛮勇を受け、与謝野は自民党税制調査会の会長の津島雄二《つしまゆうじ》、小委員長の柳澤伯夫、顧問の伊吹文明《いぶきぶんめい》ら非公式幹部会の面々と〇九年度与党税制改正大綱の原案をまとめた。消費税増税への道筋は「必要な法制上の措置を一〇年に講じたうえで、消費税を含む税制抜本改革を一一年度より開始し、一五年度までに段階的に施行する」と明示する内容だった。

増税開始を三年後の一一年度とし、そのための法整備を前年の一〇年と明記。目標だった〇九年の基礎年金の国庫負担率引き上げには間に合わず、つなぎの財源が要るが、増税に向けた「道筋」を「立法上明らかにする」と〇九年の通常国会での法整備もうたった。

しかし、衆院選が迫る政治環境で、増税時期を明示する大綱原案に、連立を組む公明党が猛反対した。一二月一一日、与党税制協議会は深夜までもつれ、最後は津島が、止める柳澤を振り切って譲歩した。税制大綱は「消費税を含む税制抜本改革を経済状況の好転後に速やかに実施し、一〇年代半ばまでに持続可能な財政構造を確立する」となり、「一一年度増税開始」は消えた。公明党がちらつかせる選挙集票力に、自民党税調は屈したのだ。

それでも麻生は止まらない。一二日、官邸で再び与謝野を傍らに従えて経済対策を発表した際に「経済状況を見て三年後に消費税引き上げをお願いしたい。税制大綱の範囲内で、一一年度から消費税を含む税制改革を実施したい」と表明した。公明党への宣戦布告だ。

首相の再度の蛮勇に進退極まったのは財務省主税局だ。党税調が断を下し、税制大綱が決定されれば、時の首相ももう何も言えない、が自民党政権の不文律だった。実際、津島は主税局に「政治の決定に口を挟むな」と厳命し、幹部は金縛りに陥った。この後も与謝野の下に出入りし続けた課長や企画官らは局内で「個人の資格で行動している非正規軍」だと冷遇される。事務次官の杉本和行は大臣官房や主計局も総動員して情報収集にフル稼働させた。

増税への伏流「附則一〇四条」

麻生はこの中期プログラムを巡る仕切り直しの与党協議を急ぐよう求めた。自民党の責任者から津島を外し、前財務相の額賀福志郎を指名。公明党との交渉を任された額賀は、麻生や与謝野も驚く粘り腰を見せ、「遅れてきた財政規律派」として名乗りを上げる。

大詰めの二二日。国会内の額賀事務所には主税局でゲリラ扱いの課長や企画官、額賀の財務相秘書官だった主計局の企画官、自民党の税調担当職員らが張りついていた。額賀は彼らを参謀役に当初は公明党のベテランで元厚労相の坂口力、夜に入ると幹事長の北側一雄《きたがわかずお》と電話で異例のマラソン交渉。自ら赤ペンを握り、こんな玉虫色の妥協案をひねり出した。

「今年度を含む三年以内の景気回復に向けた集中的な取り組みにより経済状況を好転させる

ことを前提に、消費税を含む税制抜本改革を一一年度より実施できるよう必要な法制上の措置を予め講じ、一〇年代半ばまでに段階的に行って持続可能な財政構造を確立する」

北側は増税開始時期の確約を拒否。額賀はそこはぼかす代わり、増税に不可欠な法整備の期限を一一年度まで、と明確にする言い回しに切り替えたわけだ。連立解消のきな臭さすら漂った交渉はこの文案で深夜に折り合い、中期プログラムは二四日に閣議決定された。

自民党下野の予感も漂う中、与謝野は「閣議決定では不十分だ。法律にして政府を縛る」と漏らした。主税局は〇九年度税制改正法案の附則に滑り込ませる手法を選んだ。独立の法案にすれば、ねじれ国会で政争の具になりやすい。附則なら目立たずに通せると踏んだ。

法案の自民党内審査では、元幹事長の中川秀直ら上げ潮派が増税シナリオの明示に反対。中川は党財務金融部会に陪席していた加藤を見つけると「なぜ党執行部は財務官僚の言いなりなのだ」と指弾したが、財政規律派の町村信孝が増税の実施期日に再検討の余地も残す修正をひねり出し、反対論を抑え込んだ。税制改正法の附則一〇四条の核心部分はこうだ。

「政府は（中略）〇八年度を含む三年以内の景気回復に向けた集中的な取り組みにより経済状況を好転させることを前提として、遅滞なく、かつ、段階的に消費税を含む税制の抜本的な改革を行うため、二〇一一年度までに必要な法制上の措置を講ずる」

同法は三月末に成立し、一一年度までの消費税増税の法制化は国会の意思となる。たかが附則、されど附則。一〇四条は政権交代を超え、伏流として民主党政権に流れ込んでいく。

一五兆円補正と株価対策

二月一六日。リーマン・ショック後の〇八年一〇～一二月期の国内総生産（GDP）の実質成長率が、年率換算でマイナス一二・七％となり、石油ショック後で最悪を記録した。与謝野は「戦後最悪、最大の経済危機だ」と宣言した。折しも財務・金融相の中川昭一がローマでろれつの回らない記者会見という醜態を演じ、泥酔状態とも見紛う映像が全世界に流れる。中川は辞任。麻生は与謝野に財務・金融相も兼務させる緊急避難の人事を決断した。

「私は自民党内で財政規律派に分類されてきたが、一時、宗派を変えることにした」

与謝野は米財務長官ティモシー・ガイトナーとの電話会談でこう強調し、税制改革に一定の道筋をつけたので、追加景気対策に全力を挙げると表明した。三月に入ると、決算期末に向けて株価が七〇〇〇円スレスレまで下落した。与謝野は三月二二日付の『日経ヴェリタス』のインタビューで、公的資金を投入して市場から株式を買い取る劇薬の発動も口にした。

「それが日本経済に破壊的な影響を与える、といったような『異常な事態』には、公《おおやけ》が出て行かなくてはならない、出て行ってもいい、と考えている」

舞台裏では財務省が市場介入に慎重な金融庁を説得し、当初は懐疑的だった与謝野も議員立法しかない、と腹をくくった。政府出資で設立する「資本市場危機対応機構」が日銀や民間金融機関から資金を調達し、株価指数に連動する上場投資信託（ETF）などを最大五〇兆円まで買い入れる仕組みを検討。財政規律派の盟友、柳澤伯夫が取りまとめた。

買い取りは「市場の価格形成機能に極めて重大な支障が続き、国民経済に深刻な影響を及ぼす恐れがある」時に限定する方針で、法案も現実に準備したが、与謝野が表明した直後に株価は八〇〇〇円台を回復して小康を保ったため、「抜かずの宝刀」（柳澤）となったのだ。

財政規律派の与謝野が三閣僚を兼務し、財務省が何かとやりやすくなった、わけではなかった。「宗旨替え」を宣言した与謝野は、財務相より景気対策を集約する経済財政相の立場を重んじ、主計局と相談せずに「農業予算に一兆円」などまさかの大盤振る舞いの腹案を独自に示し始めたのだ。過去最高の国費一五兆円を投入する補正予算の編成を決め打ち。主計局に話せば、規模圧縮に動くに違いないと決め込み、あえてカヤの外に置いた。

主計局からは「これでは財務相がいないも同然だ」と嘆息が漏れ、政調会長代理の園田博之が「影の財務相」として官僚の駆け込み寺になった。四月一〇日に国費一五兆四〇〇〇億円に上る「経済危機対策」を決めるまで、与謝野は大胆な財政出動の旗を振り続け、財務省は困惑しながら追随した。公共事業の上積みでは即効性が薄いと見て、社会保障や雇用を重視。地域医療再生や医療機関の設備の高度化、介護施設整備の推進、介護職員の処遇改善などに次々に基金を設けて国費を投入。複数年度にわたって支出を継続できるよう腐心した。

一五兆円補正と景気後退による税収減で、〇九年度は国債発行額が税収を上回る一九四六年度以来の異常事態となる。一一年度のプライマリーバランス黒字化という財政健全化目標の達成は絶望的となった。与謝野は六月一七日に「景気は一～三月が底だった」と底打ち宣言を出すが、反転の実感に乏しいまま、八月三〇日の衆院選で民主党が大勝する。「財金一体」の閣僚人事から一年間、財務省は金融庁とも緊密に連携し、未曽有の経済危機対応にフル稼働した。だからと言って「財金一体」の組織を復活する機運には至らない。〇八年一月に霞が関の新高層ビルに庁舎を移した金融庁は、初めて記者クラブ室を創った。実は財務省と金融庁が分かれた後も、両者の記者クラブは財務省内で同居していたのだ。金融庁記者クラブの「独立」は、旧大蔵省が完全に歴史になったことを物語っていた。

2　民主党「政治主導」の蹉跌

僥倖の藤井・野田コンビ

「麻生首相は明日、二〇一〇年度予算の各省概算要求の提出を止めるべきだ。出してしまえば、政権交代後に『今さら変えるには時間がない』と言い出すのは目に見えている」衆院選で民主党が政権奪取を確実にした八月三〇日深夜。民放テレビの開票速報番組に出演した代表代行の菅直人はこうまくし立てた。「政治主導」を掲げる新与党が、財務省を司令塔に回っていく霞が関の予算編成の歳時記にさっそく待ったをかけてみせたのだ。

概算要求は「予算決算及び会計令」で八月末が提出期限と定められている。財務省は三一日、各省の要求は受理したが、報道各社によるカメラ撮りは中止。査定開始を告げる恒例の主計官会議も止めた。事務次官の丹呉泰健は記者会見で「新政権で新たな方針が示されれば、それに沿って適切に対応しなければいけない」と新与党に恭順の意を表してみせた。

九月七日、民主党政調会長の直嶋正行《なおしままさゆき》が丹呉や主計局幹部を呼び出した。子ども手当や高速道路の原則無料化など政権四年目には総額一六・八兆円を要する衆院選マニフェスト（政権公約）に必要な財源が不安だった。五月に成立した総額一五兆円の〇九年度補正予算から「執行前で、組み替えられる予算や止められる基金はどの程度あるのか」と問いただした。

財務省は事務的に算出できない、と答えた。執行済みでも、予算の行き先が民主党が批判する独立行政法人などの「天下り法人」なら取り返せ、となりうる。逆に執行前の基金でも、社会保障関係などは削りづらい。民主党による一つ一つの仕分けと政治判断を求めた。

丹呉らは「政治主導」の予算編成方針を早急に提示するよう逆陳情し、「補正の見直し方針とともに、一〇年度予算の編成方針も早期にお示しいただきたい」と慇懃《いんぎん》に頭を下げた。

ただ、直嶋自身の新政権での処遇も分からず、新財務相もなかなか内定せずで二週間余の政権移行期間は無為に過ぎる。新首相の鳩山由紀夫が、財務相に党の長老格で大蔵省出身の藤井裕久の起用を決断したのは一六日の組閣直前。「政権交代は革命じゃない。七～八割はこれまでと同じでよい」と現実路線を説く気心知れたOBの登板で、財務省は一息ついた。

藤井は丹呉ら事務方に「副大臣は誰がよいと思うか」と聞いた。真っ先に挙がった名前が野田佳彦《のだよしひこ》で、藤井も我が意を得たりだった。藤井はお互い日本酒党で意気投合した野田を「独善的な物言いをしない、野党的体質の少ない次代の有望株」と見て育てようとしていた。財務省にも勉強会などで官僚の議論にじっくり耳を傾ける野田を評価する声があった。野田は議員グループ「花斉会《かせいかい》」の領袖ながら、民主党幹事長に座った小沢一郎と疎遠だったからか、鳩山は入閣させなかった。財務副大臣（予算担当）は格落ちを甘受する形だったが、藤井とのコンビは財務省には僥倖《ぎょうこう》となり、野田もここが政治家人生の転換点となる。

「国家戦略局」の迷走

鳩山政権の「政治主導」は三本柱だった。第一に各省で大臣、副大臣、政務官の「政務三役」が意思決定を主導し、官僚を統御すること。藤井の下で財務省では政官の摩擦は際立たないが、多くの省では政治主導が「官僚排除」に転化する。第二に政策決定は内閣に一元化し、政務三役でない与党議員の介入を排除した。族議員の否定が狙いで、これを持論とする小沢は党政調会を廃止してしまう。与党議員から官僚への陳情や圧力の行使、官僚から与党への根回しや説明といった政官の接触も政務三役への報告などを義務づけた。

第三は予算編成の基本方針作りの司令塔となる首相直属の「国家戦略局」創設だ。構想したのは橋本行革の発案者で、官房副長官に就いた松井孝治。小泉改革色が濃い経済財政諮問会議は廃止し、首相と査定閣僚でつくる「予算閣僚委員会」を実質決定の場と位置づけた。

鳩山は国家戦略相に結党以来の盟友かつライバル、菅直人を副総理兼務で据え、官房長官には側近の平野博文《ひろふみ》を起用した。菅が予算編成や政権公約の遂行など政策決定を仕切り、平野は危機管理や政局対応で鳩山の防波堤役に徹するはずが、滑り出しから迷走する。

鳩山や平野には、菅が政策決定の「大司令塔」を演じれば、官邸がかすむ危惧があった。菅にも内閣の指揮命令ラインを首相と副総理の二重構造にしかねない戦略局構想に違和感があった。政権交代直前に視察した英国の首相官邸の「ポリシー・ユニット」を念頭に、戦略局はシンクタンク的な首相直属のスタッフ組織にすべきだ、と考えていたのだ。

松井は「財務省、経済産業省などから最精鋭の幹部官僚を戦略局に配置すべきだ」と説いたが、菅は予算編成の司令塔化や官僚中心の組織作りには腰が重かった。それより、政権担当能力を示すには一〇年度予算の年内編成が絶対条件だと思い定め、頭がいっぱいだった。

勝栄二郎（時事）

戦略局創設の法整備は官邸の迷いや小沢とのぎくしゃくで進まず、仮住まいで始動した国家戦略室がそのまま存続する。

菅は九月二五日、人目につかない衆院第二議員会館地下の会議室に、財務省主計局長の勝栄二郎らを呼び出した。勝は「このような感じで進めてはいかがでしょうか」と予算の年内編成を明記した一枚紙を差し出した。そこには「現行の概算要求基準は廃止する」「政権公約を踏まえた要求の提出は一〇月一五日まで」「各大臣はゼロベースで厳しく既存予算の優先順位を見直し、できる限り要求段階から積極的な減額を行う」と書き連ねてあった。

菅「こ、これだけ決めれば、しばらくはそれで予算編成の作業を進められるのか」

勝「一〇月初旬までにこの内容を閣議決定していただければ、年内編成は可能です」

淡々と請け合う勝に「この程度で大丈夫なのか」と一息ついた菅。鳩山内閣は二九日に一枚紙を「一〇年度予算編成の方針」として閣議決定した。国家戦略室の最初のアウトプットがこれだ。この一件は戦略室と財務省のその後の力関係を暗示するかのようだった。

甘い財源論の戦犯

「コンクリートから人へ」——民主党の公約はこんな旗印で、財政支出の大幅拡充をうたった。中学卒業まで月二万六〇〇〇円の子ども手当（総額五・五兆円）。高速道路の原則無料化（一・三兆円）。農家への戸別所得補償（一兆円）。高校無償化（五〇〇〇億円）。これら新しい政策に、政権四年目で一六・八兆円の恒久財源を捻出するとして、工程表まで載せた。

公共事業や公務員人件費などの歳出削減で九・一兆円を工面し、特別会計の「埋蔵金」などで五・二兆円を確保。租税特別措置の見直しや所得課税の配偶者控除、扶養控除の廃止など税制改正で二・七兆円としたが、最初の一〇年度予算で行き詰まるのは明らかだった。

年金、医療、介護の社会保障費は毎年度、高齢化などで一兆円規模で増える。この自然増を賄う財源すら計算に入れていなかったからだ。リーマン・ショック後の経済危機による税収の急減も想定外。マクロ政策の基本フレームが欠落した公約に現実味は薄かった。

政権担当経験のない党に財源論で甘い幻想を振りまいた元凶は、代表時代に子ども手当の支給額を倍増させるなどした小沢だ。「政権を取れば、カネは出てくる。財務省が何とかするから大丈夫だ」と請け合って見せたが、小沢自身が「大蔵省神話」に囚《とら》われていた。

小沢が権力最中枢にいたのは一九八九〜九一年の自民党幹事長時代。バブル絶頂期だ。九〇年度は税収が史上最高の六〇兆円超で、この年度を目標としてきた赤字国債脱却も達成した。実は一年早く、八九年度補正予算の段階でも好調な税収で赤字国債脱却を宣言できたのだが、大蔵省はあえて達成を急がず、実力政治家の陳情を受けると基金を次々にこしらえて歳出を大盤振る舞いしたのだ。これが「財務省が何とかする」記憶を小沢に残した。

政権交代後も幻想を引きずった戦犯は藤井だ。財務相就任後も「政権公約はやる。（財源は）大丈夫だ。これができないようなら、政権交代する必要がない」と言い切った。旧大蔵省で主計官まで務めた藤井が太鼓判を押すなら、と党内に楽観論が漂ったのは確かだ。

仕分けの限界と「小沢裁断」

民主党が歳出カットの切り札として敢行したのが、一一月一一日からの事業仕分けだ。指揮したのは行政刷新相の仙谷由人。枝野幸男、蓮舫《れんほう》ら弁の立つ与党議員に有識者を加えた

「仕分け人」集団が、予算項目ごとに各省の担当官らと「そもそも必要な事業なのか」を激論し、公開の場で事業の存廃を判定。会場前に連日、傍聴希望者の長蛇の列ができた。

仙谷は財務省から理財局審議官を刷新会議の事務局次長、主計局参事官を自らの補佐スタッフに一本釣り。主計局は「仕分け人」たちの事前打ち合わせに参画し、仕分け対象事業の選定などで情報を提供したほか、会場でも各主計官が陪席して、歳出削減の旗を振った。

従来は密室だった予算査定の一部を移管し、オープンな形で進める異例の試み。実務の裏方として張りついた主計局には「所詮《しょせん》、新政権の政治的演出に過ぎない」との冷ややかな評価と「せっかくやる以上はこれまでの聖域に切り込んでほしい」との期待が交錯した。

九日間に及んだ事業仕分けで、恒久的な歳出削減額は六九〇〇億円にとどまった。独立行政法人や公益法人から返納させる基金は一兆円に上ったが、この一時的な財源を加えても、財務省が民主党公約の初年度分の実行に必要と見込んだ六・九兆円に遠く及ばなかった。

各省が公約を前提に再提出した一〇年度予算の概算要求は総額九五兆円。リーマン・ショックの後遺症で税収は三七兆円台。特別会計の積立金など一〇兆円超をかき集めても、新規国債発行額は鳩山が目標とした〇九年度補正後の四四兆円以下に収まりそうもなかった。

一一月二九日。日曜日の首相公邸に鳩山、菅、藤井、仙谷、平野と予算閣僚委員会を構成する内閣中枢の顔ぶれが集まった。公約の工程管理を受け持つ菅が口火を切った。

「政権公約の修正になるが、揮発油税の暫定税率は維持する選択肢もあるのではないか」

菅は藤井と事前に協議。子ども手当などの公約は恒久財源を捻出できた範囲で実行し、国債増発に頼らない原則を確認して予算編成の着地点をすり合わせた。その結果、暫定税率の廃止による二・五兆円の減税の旗は降ろさざるをえない、と鳩山に説いた。

「公約ではムダな補助金を七兆円切れるとうたったはずだ。仕分けでなぜ切れないのか」

鳩山はこう愚図《ぐず》った。実はその「補助金」の大半は社会保障の義務的経費や地方交付税で、バッサリとは切れない、と陪席した主計局幹部から説明を受けても「特別会計からもっと埋蔵金を出せないのか」と不満タラタラ。四時間に及んだ協議は小田原評定に終わった。

一二月。政官接触を制限し、自治体や業界の陳情は幹事長室で一手に受けてきた小沢が、与党予算要望を集約した。参院議員会長の輿石東《こしいしあずま》、参院幹事長の高嶋良充《たかしまよしみつ》、副幹事長の細《ほそ》野豪志《のごうし》らを従えて首相官邸に乗り込んだのは一六日のことだ。大会議室でなぜかホスト側の席に座った小沢は、鳩山や菅らに「政治家が責任を負う政治主導に本当になっているのか、疑問だ。政府高官は自らきちんと決断し、実行してもらいたい」と言い放った。

小沢が突きつけた文書は「予算重要要点」。与党要望どころか、財源対策を意識し、公約の優先順位と修正方針を示した事実上の「小沢裁断」だった。高校無償化、農家への戸別所得補償、高速道路の無料化などは大筋で「着実に実現」を要請。揮発油税の暫定税率は「現在の租税水準を維持」と廃止論を撤回し、子ども手当にも所得制限の導入を提案した。

自治体の陳情を理由に、地方財源の充実や、高速道路、整備新幹線など公共事業の推進を掲げたが、一〇年の参院選対策と受け止められた。一方、農地整備などに充てる土地改良予算の「半減」（三〇〇〇億円減）は自民党の支持基盤へのあからさまな揺さぶりだった。

「助け舟」演出したのは

「小沢裁断」を受け、官邸から出てきた藤井は記者団に「これは天の助けだ」と漏らした。鳩山側近で官房副長官の松井孝治と国家戦略室長の古川元久《もとひさ》は「予算重要要点」を基に深夜まで歳出と歳入の帳尻を試算させた結果、こう顔を見合わせるしかなかった。

「これで予算を組めば国債発行額はぴたり四四兆円だ。裏に財務省がいるに違いない」

傍証ならある。小沢の官邸行きの直前、主計局次長が各省の幹部を呼び、裁断内容を先取りして「内示」していた。例えば、農水省には「農家への戸別所得補償は要求通りには認められない。認めろと言うなら、土地改良予算は半減させるしかない」といった調子だ。

小沢は輿石らに起草させた「要点」原案に土壇場で自ら手を入れた。土地改良予算に半減の断を下し、子ども手当の所得制限も高嶋や細野の反対を押し切って加筆した。この場に財務官僚の姿はない。財務省も小沢との連携を疑う官邸や民主党に対し堅く口を閉ざした。

裁断後、小沢は藤井と協議し、その場から鳩山に電話して「揮発油税の暫定税率の廃止はもう降りてはどうか」と説得した。代わった藤井も「幹事長のお話でお分かりいただけましたか」と念を押した。それでも鳩山は小幅でもガソリン減税を実現できないかと思案。業を煮やした小沢は二一日、二度にわたって官邸に鳩山を訪ね、減税の代わりに二兆円の景気対策措置の追加を鳩山から小沢に指示させるという「助け舟」を再び出した。国債四四兆円の枠内にギリギリで収まる追加措置。知恵を出したのは無論、財務省だった。

鳩山らの「決められない内閣」を見兼ねて「憎まれ役」を買って出た小沢。財政規律も考慮し、公約修正の決断を先導してみせた。政権担当能力を示す予算の年内編成が危うくなりかけ、新政権の最高実力者として危機管理の舵《かじ》を取った。ただ、「小沢裁断」は自らが主張した政策決定の内閣一元化を突き崩し、「小沢一元化」という政権の実態を露呈させた。「財務省に言えば何とかなる」財源幻想をもたらした小沢と藤井が、財務省と気脈を通じて公約の修正で泥をかぶった。民主党はバラマキ財政だ、と野党は攻撃したが、恒久財源を得た三・一兆円の実行にとどめたのだから、公約で財政収支が悪化したわけではない。

これに先立つ一一月。与党の国民新党代表・亀井静香が、郵政民営化見直しの担当相として日本郵政社長に元大蔵次官の斎藤次郎を担ぎ出し、財務省に複雑な波紋が広がった。「郵政再改革の行方は五里霧中だし、決めるのは民主党政権だ。経営の手足を縛られて泳ぐ難しい役をよく引き受けたものだ」「公職で復権するラストチャンス。政争の犠牲になって長く不遇だったわけで、ともあれ、よかった。就任会見での晴々した顔が印象的だ」

これらは主要OBの反応だ。小沢と否応なく向き合う政治環境で、またも小沢・斎藤ラインの復活などとあらぬ取り沙汰をされかねない、と現役官僚には困惑顔も見られた。

一二月二五日、予算案の閣議決定にこぎつけた藤井は、主計局の打ち上げに二次会まで付きあった。傍らにいた副大臣の野田佳彦を指して「財務相の後釜はこの『平成の西郷隆盛《さいごうたかもり》』に引き継ぐから」と「予告」してみせた。年末には「心身ともに疲れ果てた」と入院してしまう。年明けの一月五日、医師の診断と体力の限界を理由に、鳩山に辞意を伝えた。

鳩山は小沢との微妙な関係や世代交代へのためらいから、野田の昇格は避けた。菅を副総理のまま財務相に横滑りさせた。民主党政権の二年目も波乱の予感とともに始まった。

G7と与謝野本が菅「洗脳」

一〇年度予算編成で辛酸をなめた政権中枢。国家戦略相になった仙谷由人らが財源確保に向けて消費税増税論を口にし始めるが、菅は一月二一日の衆院予算委員会で打ち消した。「これ以上は逆立ちしても鼻血も出ないほど完全に行政のムダをなくした、と言えるところまで来た時に、必要なら措置を取る。今の段階で（増税を）やることは失敗を繰り返す」

「官僚は大バカ者だ」と公言する菅を迎え、財務省の空気は張りつめた。政権発足時から、菅の選挙区に地縁のある財務官僚を副総理秘書官に出す配慮も見せていたのだが、菅は当初は官邸の副総理室で執務。財務省には必要な時だけ出向き、秘書官にも政務の行動予定は知らせない。鳩山に談判して経済財政相の兼務は続け、内閣府のスタッフと情報ルートも手放さなかった。財務官僚に取り囲まれて増税論で「洗脳」されまい、と警戒したからだ。

そんな菅を豹変させたのは二月五～六日、国際金融問題を話し合う七カ国（Ｇ７）財務相・中央銀行総裁会議だ。初体験の国際舞台はカナダの北極圏に近く、雪深い極寒の田舎町イカルイト。通貨マフィアが侃々諤々、論じあったのはギリシャの債務危機だった。

債務不履行の懸念がユーロの信認にまで変調をもたらし、「下手をすれば世界を揺るがしかねない」危機感に気圧《けお》された菅。「ところで、日本の財政状況はどうなのか」と質問が飛ぶと、言葉に詰まった。「日本は債務残高ＧＤＰ比の数字で見た財政状況はギリシャより悪いわけで、他人事《ひとごと》ではないと実感した。衆院選後の新しい事態だった」と振り返る。

菅を変身させたもう一つは自民党の財政規律派、与謝野馨の著書だった。民主党批判の装いの裏で「新自由主義からの決別」や「欧州大陸型福祉国家の再評価」を提唱。消費税増税に党派を超えて取り組み、中福祉・中負担の社会保障制度の持続を訴える内容だった。「読んでみたら、俺の考えとほとんど違いはないじゃないか」と丹呉に漏らした菅。一四日の民放テレビ番組で税制改革への着手を表明して「消費税や年金の問題はきちんとした案を用意し、場合によっては与野党を含めた議論が必要だ」とコペルニクス的転回を遂げた。

自民党は与謝野らの発案で、リーマン・ショックで崩れた財政健全化目標を設定し直す「財政健全化責任法案」を国会に出し、鳩山政権を揺さぶった。プライマリーバランス（基礎的財政収支）の赤字を一五年度までに半減させ、二〇年度までに黒字化。社会保障の安定財源を確保するため、超党派議員会議で消費税増税の検討を進める構想を盛り込んだ。

一〇年度予算が成立した三月二四日。菅は自らパソコンで打ったメモを丹呉と主計局長の勝栄二郎に示すと、議論もそこそこに記者会見し、いきなり自民党案に抱きついた。

「六月に中期財政フレームを決めるが、これと整合性を取った財政健全化法案を内閣として国会に提出することを検討したい。場合によっては今国会、ということも含めてだ」

「消費税一〇%」に抱きつき

鳩山は沖縄県の米軍普天間基地の「最低でも県外」移設を模索して迷走を重ねたあげく、県内案に回帰した。反発した社民党は連立を離脱し、参院選を前に鳩山は六月二日、退陣を表明。民主党代表選で「脱小沢」を掲げた菅が樽床伸二《たるとこしんじ》に圧勝し、後継首相に就いた。

この裏で四～五月、菅は鳩山に「普天間だけでは政権が守り一辺倒になる。財政再建を打ち出して攻めに出てはどうか」「自民党も消費税増税を言っているから、同じことを言えば参院選の争点にならない」と何度も説いたが、鳩山は公約違反になる、と拒み通した。

丹呉らは菅を「洗脳」するどころか「消費税増税に前のめりになりすぎれば、参院選で民主党に不利に働くのでは」と慎重な取り運びを遠回しに進言した。民主党が参院選でも勝って政権基盤が安定し、初めて増税論議も現実味を帯びると踏んだのだが、菅は反論した。

「君ら財務省は憶病すぎる。国民は丁寧に手順を踏み、しっかり説明すれば、増税にも必ず納得するはずだ。民主党は〇四年の参院選で、年金目的の消費税増税を主張して勝った」

菅は大阪大教授の小野善康《おのよしやす》や東大名誉教授の神野直彦《じんのなおひこ》らブレーンと議論を重ねて「増税しても使い道さえ正しければ経済成長にプラスになる。社会保障分野で雇用を増やせば、需要も生まれる」と独自の理論武装を試みた。六月八日の就任会見では「強い経済と強い財政と強い社会保障を一体として実現する」と財政再建と社会保障改革に意欲を表明した。

菅は官房長官に仙谷、財務相に副大臣の野田を据えた。三人はかねて民主党政権に欠けていた中長期の財政運営戦略を検討してきた。組閣時にできていた原案は、プライマリーバランス赤字を一五年度に半減し、二〇年度に黒字化する自民党案を丸のみした目標を掲げていた。達成には二二兆円の収支改善が必要で、野田は「歳出削減や税収の自然増だけで到達が困難なのは明らかだった」とここが消費税増税への臍を固めた転換点だったと語る。

二五日からのカナダのトロントでの二〇カ国・地域（G20）首脳会合。先進国共通の財政健全化目標の設定が主要議題だった。国際潮流に乗り遅れては財政の信認を損なう、と戦略決定を急いだのは菅も財務省も同じ。ただ、七月の参院選をにらむ菅は財務省も想定外の蛮勇を振るった。一七日、自民党総裁の谷垣禎一が「消費税率は当面一〇%」などの公約を発表した二時間後、民主党公約の発表会見でまさかの抱きつき作戦を敢行したのだ。

「一〇年度内に、あるべき税率や逆進性対策を含む消費税の改革案を取りまとめたい。当面の税率は自民党が提案している一〇%という数字を一つの参考にさせていただきたい」

前日には仙谷や野田、民主党執行部に根回し。筆頭格の首相秘書官・山崎史郎《しろう》（厚生労働省出身）にも「消費税率引き上げを打ちあげたい」と漏らし、山崎は財務省出身の秘書官に耳打ち。財務省には参院選への危惧が広がったが、「政治主導」を止めるすべはなかった。

小沢・斎藤ラインの残り火

財務省とすらすり合わせていない菅のトップダウンが生煮えを露呈するのは早かった。六月三〇日、参院選の遊説で東北を回った菅は、まさかの迷走で民主党敗北を決定づける。「年収が二〇〇万円や三〇〇万円までは、消費税の還付制度を（超党派で）相談したい」

菅は最初の青森市内の街頭演説で、低所得層には納めた消費税の還付制度を設けると表明し、増税への反発を和らげようと試みた。ところが、続く秋田市内での演説では、還付対象が「年収三〇〇万円とか三五〇万円以下」に変わった。三ヵ所目の山形市内では「例えば年収三〇〇万円、四〇〇万円以下」とまたも違う数字を口にした。有権者が最も敏感な税負担の線引きを巡り、首相の発言が一日のうちに二転三転する信じられない事態が起きた。

唐突な消費税一〇％という発言自体が、争点を消すための自民党への抱きつきだ。増税分をどう使うかの基本設計すらない。まして、低所得層対策という詳細設計を付け焼刃で語れるはずもない。財務省出身の首相秘書官は事前に相談も受けず、随行もしていなかった。

反旗を翻したのは小沢だ。鳩山退陣で幹事長を辞め、菅から「しばらくは静かにしていて」とやられていたが、遊説で「選挙で政権を取った内閣で『四年間は消費税率を上げない』と言った。国民との約束はどんなことがあっても守るべきだ」と反攻の烽火《のろし》を上げた。

七月一一日、民主党は参院選で惨敗し、衆参ねじれ国会が現出した。追い込まれた菅が八月八日夜、助言を求めたのは、盟友の園田博之とともに自民党を離れ、新党のたちあがれ日本を結党した与謝野馨だ。二人は囲碁が共通の趣味。経済人の仲介で、女流棋士のお祝い会を名目に密会した。与謝野は「財政・税制・社会保障などの一体的改革で政治休戦」「まず民主党政権が各党に頭を下げて協力を求める」と民主、自民両党の大連立を説いた。

だが、菅はそれどころではなくなる。九月一日告示の民主党代表選で、小沢が菅打倒へ自ら出馬し、政権党を二分する巨頭決戦となったからだ。消費税増税に蛮勇を振るう菅を評価する与謝野は、代表選でもなお増税を否定する小沢の姿勢を非現実的だと批判し始めた。すると、日本郵政社長の斎藤次郎が東京・四谷の与謝野の個人事務所を訪ねてきた。

「小沢氏はすべて分かっていますから。首相になれば、消費税増税もちゃんとやります」だから、小沢批判は控えてほしい、と斎藤は与謝野に訴えた。細川政権での権勢と暗転から幾星霜。なお命脈を保ってきた小沢・斎藤ラインの残り火だった。小沢が勝って首相になれば、権力構造はどう変転したか分からないが、一四日の投開票で菅が小沢を制した。

秘書官網 vs.民主党事務局

時の政権の実力者と常に誼を通じ、政策決定の主導権を握ろうとする財務省。民主党政権の「政治主導」をかいくぐり、誰とどう「つるむ」試みを重ねたかをここで振り返る。最初の鳩山政権で頼ったのは、旧知で与党経験も豊富な幹事長の小沢と財務相の藤井だった。次いで事業仕分けを総指揮し、菅政権では司令塔の官房長官に収まった仙谷も財政事情を理解し、官僚も使いこなす現実主義者と見定め、良好な関係の構築に腐心した。無論、財務副大臣から財務相へと昇格した野田に最も忠実に仕えていたのは言うまでもない。

小沢が表舞台から退いた菅政権では、政策決定に党内世論を吸い上げる観点から政調会を復活。ただ、なお決定権のない「提言機関」にとどめ、政調会長の玄葉光一郎《げんばこういちろう》に国家戦略相も兼務させて内閣一元化の建前を守ろうとした。この玄葉もキーパーソンに浮上した。

仙谷が政権運営の大黒柱として「大官房長官」を演じ始めると、一〇年秋のねじれ国会で野党は集中砲火を浴びせる。一二月には参院で問責決議を可決し、死に体に追い込んだ。

一一年度予算編成は三年連続で国債発行額が税収を上回る財源難。政権公約向けの恒久財源は前年度から微増の三・六兆円しか捻出できず、工程表は崩壊した。法人税の実効税率引き下げでは、財布の紐《ひも》を締める野田・財務省を党内世論を背に玄葉が五％下げで押しこみ、最後は菅が玄葉に軍配を上げた。菅は「財務省は『何とかしろ』と言うと何とかする」と頰《ほお》を緩めたが、野田を担ぐ財務省からは「玄葉氏は党内を抑えきれない」と不満が漏れた。

首相や官房長官に財務省出身の秘書官がつくのは自民党政権からの慣行だが、民主党政権の特徴は、他の閣僚も財務官僚を個人スタッフに求めたことだ。国家戦略相（菅、仙谷、荒《あら》井聡《いさとし》、玄葉）や行政刷新相（仙谷、枝野、蓮舫）らまでがこぞって財務官僚を秘書官や補佐スタッフとして身近に置いた。財務省がこれだけ「人材派遣業」と化したのは初めてだ。

表で「脱官僚」を叫ぶが、裏で財務省を使いたい閣僚たち。互いの意思疎通はぎくしゃくしがちで、秘書官ネットワークを張り巡らす財務省の方が、内閣全体の動向をよく知っている、という皮肉な現象も招いた。政治主導はいつしか財務省頼みへ変質しかけていた。

ただ、財務省が政権を思うままに動かせたわけでもない。隠れた壁は首相官邸や各大臣室に常駐した民主党政調会事務局の職員たちだ。野党時代に公約作りの実務を担った面々で、財務省に政策を仕切られては存在意義を失う、と対抗心を燃やした。首相や閣僚に上がる政策文書を子細に点検しては「民主党の見解」を入れ知恵するので、財務省も手を焼いた。

まさかの与謝野入閣

一一年一月四日。ねじれ国会で政権ジリ貧になりかけていた菅は年頭会見で打って出た。

「参院選では十分な理解を得られなかったが、社会保障のあり方と必要な財源、消費税を含む税制改革を議論しなければならないのは明らかだ。超党派の議論を開始したい」

この日、野田も財務省での年頭挨拶で、消費税増税論議の先頭に立つ覚悟を披瀝《ひれき》していた。

「今年は大きな節目になる。特に大事なのは、社会保障の安定強化のため、消費税を含む税制の抜本改革を一体的に実現することだ。政治生命を懸け、命を懸けて実現する」

日頃は派手な言動をしない野田の並々ならぬ決意を感じ取った財務官僚も少なくない。自民党政権が制定した〇九年度税制改正法の附則一〇四条は、一一年度中に消費税を含む税制改革の法制化を求めており、その期限が迫っていた。一一年度予算では基礎年金の国庫負担率引き上げの財源に特別会計の「埋蔵金」を充てるなど、自転車操業も続いていた。

菅は一四日の内閣改造で、野田や財務省もまさかの人材を司令塔として入閣させた。つい前年まで自民党の財政規律派の旗頭で、附則一〇四条成立の当事者でもあった与謝野だ。

菅は与謝野を手慣れた経済財政相に据え、社会保障・税一体改革も担当させた。これは首相秘書官の山崎史郎が与謝野と旧知の経産省や厚労省の官僚と相談し、菅に進言したポストだ。財務省は関知しておらず、内閣府、厚労省に続いて慌てて与謝野に秘書官をつけた。

「変節」批判を覚悟で、消費税増税へのシナリオを描くことが「政治家として最後の仕事」だと思い定めた与謝野。財政規律派の同志で政界引退した柳澤伯夫や東大教授の吉川洋、北海道大教授の宮本《みやもと》太郎《たろう》ら自民党政権から一体改革に深く関わった有識者を集め、菅を議長に主要閣僚も加わる「社会保障改革集中検討会議」を新設させた。かつての経済財政諮問会議のように、トップダウンの首相裁断で民主党内の異論を押し切るための陣立てだ。

与謝野はマクロ政策の司令塔再建も探った。民主党政権は諮問会議を廃止。予算編成は国家戦略室が基本方針を創り、首相と主要閣僚による予算閣僚委員会で決めるはずが、形骸化していた。財務省はそれで良しだった。省庁再編以降、「骨太の方針」をテコに予算編成に介入を試みる諮問会議とはやむなく競争的共存を探ったが、うっとうしい存在だった。民主党がそれを廃止し、政治主導も迷走して、せっかく財務省頼みに傾斜してきた矢先だった。

だが、増税論で気脈を通じる与謝野の登板で、財務省もゼロ回答とはいかなくなった。菅と与謝野、野田、玄葉に金融相、経産相、日銀総裁らが集まる「経済情勢検討会合」という無味乾燥な呼称の会議が始まったのは三月一〇日。菅は「与謝野大臣を軸に、世界経済の状況や日本経済への影響を巡る認識を共有し、必要な対応を検討してほしい」と指示した。

3　「3・11」から消費税三党合意へ

「我々でやるしかない」

二〇一一年三月一一日の東日本大震災と東京電力福島第一原子力発電所の重大事故は、民主党政権の「政治主導」の崩壊をさらけ出した。原発危機に震撼し、怒鳴り散らす「イラ菅」を先頭に、首相官邸は福島の現場対応一辺倒にのめり込んだ。東北・関東の広範囲の被災者の救援と復旧。物流の寸断や計画停電、放射性物質の放出による国民生活の混乱防止。これら同時多発の危機管理を冷静に俯瞰《ふかん》し、行政責任を引き受ける司令塔は現れなかった。

「緊急災害対策本部」「原子力災害対策本部」「電力需給緊急対策本部」「被災者生活支援特別対策本部」――。官邸に「本部」は林立しても、政治主導のドグマが霞が関を横につなぐ官僚の調整ネットワークを寸断した政権交代一年半の後遺症で、混乱ばかりが際立った。

一七日、仙谷が官房副長官として官邸に戻った。被災者支援で各省の連携を立て直そうと思案した一手は、民主党が「脱官僚」路線で廃止した事務次官の連絡会議の復活だった。

財務省がまず向き合った危機管理は市場の安定だ。日曜日の一三日夜。三日前に官邸で開いたばかりの「経済情勢検討会合」が再招集された。ここで口火を切ったのは野田である。

「日銀には流動性の供給を含め、万全を期してほしい。株価が下がっても、大事なのはきちんと政策を講じているというメッセージを発信して、日本売りを出さないことだ」

案の定、週明けの一四日に株価は急落。円は投機で一七日に一ドル=七六円台と史上最高値まで跳ね上がり、財務省は日米欧七カ国（G7）の協調介入を取りつけて防戦した。政権中枢の混迷をよそに、緊急のG7電話会議にも落ち着いて手堅く対処する野田に、省内では「松下政経塾出身で組織を知らない民主党議員、とは思えない」と妙な評価が漏れた。

次の課題は広範囲の被災と電力不足による生産・流通・消費の急激な収縮を食い止め、復旧・復興を財政面から支えることだった。民主党議員から個別の陳情や、気の早すぎる復興構想までが党内調整もなしに殺到した。主計局幹部は「対策本部や会議を何回開いても彼らは重要な決断などできない。政治に余計な口出しをさせず、我々（官僚）でやるしかない」と各省に告げた。ぎくしゃくした政官関係の臨界点。財務官僚の目の色も変わっていた。

財務省は「緊急対応は一〇年度予備費。当面の被災地復旧事業は春の一一年度第一次補正予算。本格的な復興事業の着手は夏以降の二次補正」と三段構えを描いた。一九九五年の阪神大震災の前例に沿ったこんな予算カレンダーも、民主党には着想すらできなかった。

復興財源と消費税

三月一九日。菅は自民党総裁の谷垣禎一に電話で復旧復興への協力を求めて大連立を打診するが、谷垣は「政策協議もなしに唐突すぎる」と拒んだ。菅の求心力は落ちる一方。統制なき民主党内で巨額の復興財源をにらんで日銀の国債直接引き受け論も飛び出し、長期金利が上昇。菅と野田は慌てて一次補正では当面の復旧費用に国債は増発しないと強調した。

与謝野は復興財源を考えるうえでも、社会保障・税一体改革を先送りせず、中長期の経済財政運営を再設計すべきだと菅に説いた。財務省の危機感も同じだった。一次補正の四兆円の財源の柱として、一一年度の基礎年金の国庫負担率引き上げに充てるはずの特別会計の「埋蔵金」二・五兆円を転用。これを使ってしまうと年金財源の穴埋めが必須で、消費税増税を想起せざるをえない仕掛けになっていた。与謝野側近は三・一一後をこう振り返る。

「民主党政権の政策決定システムは体をなさず、どこで何が動いているのか訳が分からなかった。全体像を把握していたのは財務省だけだったのではないか。もはや自分らで原案を練り、政権中枢に個別に根回しをかけて決めていくしかない、と思い定めていたようだ」

財務省は三月末までに、社会保障・税一体改革に復興財源も組み込んだ二段構えの消費税増税シナリオを極秘に描いた。一二年度から消費税率五％を八％に引き上げるのが第一段階。最初の三年間は増税三％分のうち二％分を復興財源に充てる。一％で二・五兆円と計算すると、最大で一五兆円を投入できる。一一年度に必要な復興費用は増税を担保につなぎ国債（復興債）で賄う。増税の残り一％分は年金の国庫負担増の恒久財源に回す方針だった。

第二段階では、一五年度から税率をさらに二％上げて一〇％とする。この先は計五％分の増収をすべて社会保障財源に充当する。中長期の社会保障財源を確保するための消費税増税の枠組みを構築したうえで、当面三年間に限って一部を復興財源にも充てる設計だ。

野田は四月八日、事務次官の勝栄二郎らを伴い、菅にこのシナリオを具申した。五月末に消費税率一〇％を前提とする社会保障改革案をまとめ、六月の「復興構想会議」（議長＝防衛大学校長の五百旗頭《いおきべ》真《まこと》）の提言を待って復興財源にも結論を出すとしていた。

「復興財源の方が早く必要になるのに、これでは社会保障改革論議が先行する形になる」

菅はこんな懸念から財務省案がいまひとつ腑に落ちず、回答を保留した。野田が説得しきれなかった、と財務省から耳打ちされた与謝野。財務省案の骨格は変えず、菅をどう口説き落とすか体裁を工夫して「与謝野案」に仕立て直した。資料の冒頭に「復興財源に三年間で国費一〇～一五兆円」と大書し、一体改革と復興財源の「同時決着」を強調した。

三顧の礼で迎えた与謝野の意向を最大限尊重してきた菅。一二日、二人は向き合った。

「政治的には復興財源を先に決める方が円滑だろうが、同時決着も一つの手ではあるな」

菅がこうつぶやくと、与謝野は「ご同意いただいたということで、この案で財務省と詰めさせていただく」と引き取った。消費税を復興財源に充てる案が固まりかけていた。

東電賠償案のリアリズム

消費税増税では菅説得で与謝野と密接に連携した財務省。だが、一四日、並行して緊急課題に浮上した原発事故を巡る東京電力の損害賠償責任を巡り、両者は大激論となった。

与謝野「今回すら東電が免責されないなら、『異常に巨大な天災地変』とは何だ」

主計局次長「例えば、隕石《いんせき》が地表に落下して、東北地方が壊滅したような場合です」

原子力損害賠償法は三条で、原発事業者に事故に際して無過失・無限の賠償責任を負わせる。半面、但し書きで「異常に巨大な天災地変」が原因なら免責にも言及する。日本原子力発電に勤務経験のある与謝野は但し書きの適用を迫ったが、主計局は峻拒したのだ。

東電賠償スキーム作りには、かつて産業再生機構に関わった経産官僚を矢面に立たせ、財務省から金融危機での公的資金投入の経緯を熟知する主計局次長や内閣法制局経験者らが加わった。直面したのは「五つの複合問題」（遠藤典子《えんどうのりこ》『原子力損害賠償制度の研究』）だ。巨額の賠償を完遂する持続可能性。事故の早期収束。電力の安定供給の回復。電力債など社債市場の安定化。さらに東電に融資する金融機関の損失発生～金融システム危機の回避の五つだ。

事故対応で東電不信を強めた官房長官の枝野幸男は、免責論を「経緯と社会状況からはありえない」と切り捨てた。財務省も財政規律の甘い民主党政権下で国の賠償負担丸抱えを警戒。免責も無論だが、東電が債務超過に転落し、会社更生法による法的整理に移行する道も採りえないとした。ならば、とにかく東電を存続させて賠償の矢面に立たせ、債務超過に陥らないよう、政府が背後から公的支援で支える「二人羽織」の枠組みしかなかった。

国と原発事業者が出資して「原子力損害賠償支援機構」を設立し、国が機構に五兆円の交付国債を渡す。機構はそれを基に東電に賠償資金を援助し、必要なら資本注入などで経営支援にあたる。逆に国民負担の最小化やリストラ策などを厳しく監視もする。東電は毎年の利益から機構に特別負担金を納める形で、援助資金の返済に努める。かつての金融危機での交付国債と預金保険機構を使った公的資金投入スキームと、よく似た制度設計だった。

遠藤によれば、スキーム決定の経緯に詳しい「ある政策当局者」はこう証言している。

「(原賠法の)第三条但し書きを適用せず、賠償責任を東京電力に集中する代わりに、政府が最大限の資金援助を行うことで債務超過を回避し、上場を維持することを、枝野、仙谷と財務省が(手を)握り、東京電力もやむなく従った、という構図だと思う」

「原発政策を推進した経産省の責任はどこへいった」と国が賠償の前面に出よと論陣を張った与謝野。消費税増税では与謝野を頼った財務省だが、民主党政権では外様の一閣僚に過ぎず、影響力は限られると見切っていた。主計局から「与謝野大臣にこの件で発言する何の権限があるのか」と突き放す声すら漏れた。政治家の評価は政策の路線もさることながら、権力中枢にあって「決める」のに力があるかどうか。それが財務省のリアリズムだった。

菅不信任政局の隘路

「消費税を増税して臨時に復興財源に回すと、三年たったら税率を元に戻せと言われてしまうかな。そのまま社会保障財源に振り向けようとしても、火事場泥棒と言われかねない」

与謝野は五月連休頃から、復興財源と消費税増税の連動シナリオの軌道修正を始める。民主党には、一二年度からの消費税増税は〇九年衆院選での政権公約に違反する、との反発が根強かった。自民党も民主党が消費税増税を持ち出すのは公約違反だと攻撃した。

菅を消費税増税に完全に乗せたと踏んだ与謝野は復興財源切り離しに転換。「一五年度までに消費税率を段階的に一〇%まで引き上げ、当面の社会保障改革にかかる安定財源を確保する」本丸に回帰する。次に同じ社会保障でも、現実に生じている財政赤字の穴埋め（基盤安定）と給付改善（機能強化）に五%分の増収をどう振り分けるかの詰めにかかった。

財務省が厚生労働省と折り合った線はこうだ。三%分は高齢化による年金、医療、介護の自然増を含めて社会保障で生じる財政赤字の穴埋めに充て、プライマリーバランス改善に振り向ける。一%分は年金の国庫負担率を二分の一にする恒久財源。残り一%分を保育サービスなど子育て支援の拡充、低所得者の年金額加算や受給要件の緩和など給付改善に回す。

この「社会保障改革案」を手に、与謝野が菅を訪ねたのは五月二三日。首相補佐官の藤井裕久も同席した。野田の後見役を自任する藤井を財務省は一貫して頼りにしていた。

「消費税率一〇%」を明記した案を見た菅は「うーん」とうなった。与謝野は「ここまで煮詰まった以上、最後までやらないわけにいきません」と説き、藤井も「与謝野大臣は死ぬ気ですから」と迫った。菅も「この案でいい。最後までお付きあいする」と腹をくくる。与謝野は六月二日に改革案の公表を急ぐと伝えた。財務省にはこんな情報も飛び込んできた。《小沢一郎、参院議長の西岡武夫、元首相の森喜朗、青木幹雄らが密会し、小沢が「自民党が菅不信任案を出せば、可決に協力する。後継は谷垣首相でもいい」と森に持ちかけた》

現実に六月一日、自民、公明両党などが菅不信任案を衆院に共同提出。小沢グループの集会に七〇人を超す議員が集まり、政局は一気に緊迫した。不信任案を採決する二日の衆院本会議直前の民主党代議士会。菅は退陣の意思をにじませる発言で事態収拾を図った。

「この大震災に取り組むことが一定のメドがついた段階で、私がやるべき一定の役割が果たせた段階で、若い世代の皆さんに色々な責任を引き継いでいただきたい」

小沢は菅を死に体に追い込んだと見て造反を止め、不信任案は大差で否決。菅は「一定のメド」発言で粘ったのは、消費税増税の「成案」決定への固執も理由だと回顧している。

「不信任案は何とか否決で突っ切れる、とは考えていた。しかし、党内で五〇～六〇人も造反者が出れば、もう政権は動かなくなる。積み上げてきた社会保障・税一体改革もご破算になりかねない。それでは命懸けで努力してくれた与謝野さんに申しわけない、と」

本会議の二時間半後、菅は社会保障改革集中検討会議を招集した。与謝野が示した消費税一〇％案が了承され、政変寸前の際どい局面をすり抜けて「官邸案」となったのである。

「直勝内閣」と輿石幹事長

官邸案を党議決定して「成案」にする民主党のルールは曖昧だった。党社会保障・税抜本改革調査会での「会長一任」が必須条件と見なされ、会長の仙谷由人と増税反対派が激しい攻防戦を繰り広げた。早期決着を後押しした一人は意外にも参院議員会長の輿石東だ。

「六月二〇日決定だ。期日までに物事を決められなくては、政権党の体をなさない」

日教組出身で参院民主党を牛耳り、小沢とも気脈を通じる輿石のもとに、財務省官房長の香川俊介が日参していた。この発言を伝え聞くや、野田も自ら輿石を訪ねて頭を下げた。財務省の陳情で、与謝野も輿石取り込みに動く。「成案」に消費税増税分から二〇〇億円を教育予算に回す案を滑り込ませた。それでも反対派の粘りで二〇日の決着期限は二九日まで延び、やっと仙谷が一任を取る。「成案」が閣議で口頭了解されたのは七月一日だ。「二〇一〇年代半ばまでに」消費税率を段階的に一〇％に上げ、社会保障の安定財源を確保する。「二〇一一年度中に必要な法制上の措置を講じる」道筋も改めて明記した。

「この決定はまさに歴史的な第一歩だ」と声を上ずらせた菅。八月まで政権維持に粘るが、菅を支えてきた党内主流派では、ポスト菅の有力馬として野田が浮上する。小沢ら非主流派に権力を渡したくない打算と、菅の消費税増税路線を継承する観点からだ。

野田は八月一〇日発行の『文藝春秋』九月号で「財政再建は未来への責任だ」と説いたうえで「覚悟を持ってこの社会保障・税一体改革を実現して行きたい」とする政権構想を発表し、党代表選に打って出た。財務相として、外国為替資金特別会計の一〇〇〇億ドルを日本企業による海外での買収支援などに回す「円高対応緊急パッケージ」も打ち出した。

土壇場で前原誠司が仙谷らの支援で出馬。小沢は経産相の海江田《かいえだ》万里《ばんり》を擁立し、二九日の代表選は五人の乱戦となる。決選投票に海江田と野田が残り、野田は反小沢票を集めて逆転勝ちした。「ノーサイド」を宣言し、党内融和の象徴として幹事長に据えたのが輿石だ。

政権交代から財務副大臣、財務相を務めた二年間が、野田の与党経験のすべてだった。「財務省の組織内候補」と揶揄《やゆ》されても、それを基盤に、消費税増税に政治生命を懸ける財政家の宰相を「天命」として演じきる以外、新内閣に求心力を働かせる選択肢はなかった。

財務省にとり、財務相経験と首相登板がこれほど密接に結びついた政治家は竹下登以来だった。事務次官の勝栄二郎ら幹部は消費税増税を旗印とした野田と財務相の安住淳《あずみじゅん》を支えて奔走する。野田は「直勝《ちょっかつ》内閣」と陰口を叩かれる。ただ、かつて小沢と密着した斎藤次郎・大蔵省ほど政治から激しいバッシングが起きにくかったのは、官僚が与党実力者と密室で手を組む形でなく、上司の首相と担当閣僚に忠実に仕える図式を崩さなかったからだ。

野田の孤軍奮闘

党内融和に腐心する野田は政策決定の内閣一元化も軌道修正した。政調会長の前原誠司の下で、国会提出案件に自民党型の与党事前承認制を導入した。だが、滑り出しで直面した東日本大震災の復興財源問題を巡って「融和」どころか「融解」の実態を露呈する。

野田は財務省とはツーカーで、一一・二兆円の復興増税に日本郵政株の売却など五兆円の税外収入を加えて政府・与党案をまとめようとした。だが、財務省と接点のない前原が土壇場で独走。増税圧縮と税外収入の倍増を野田に直談判し、険悪な空気が漂う。輿石が収拾に動き、税外収入の一部上積みで着地させたが、前原と財務省には相互不信が残った。

党内で嫉妬《しっと》が激しかった外様の与謝野を組閣で外した野田。消費税政局をにらみ、財務省が野田に推薦した新たな「首相の相談役」は園田博之だ。さっそく園田はかねて親しい前原を「慶大教授の竹中平蔵の指南など受けずに、財務省の話をきちんと聞け」と諭した。

「組織内候補」野田を支えようと動く財務省からはこんな不安の声も漏れ始めた。

「与党幹部への手厚い根回しや日常的な政局情報の収集は財務省ならではの芸当だ。首相は外務省や経産省など他の官庁も同様にやっているはずだ、と勘違いしていないか」

その危惧が的中したのが、米国などとアジア・太平洋の自由経済圏作りを目指す環太平洋経済連携協定（TPP）への交渉参加問題だった。野田は消費税増税と並んでTPPを政権運営の旗印と見定め、交渉参加の意思を固めた。一一月一二日にホノルルでの米大統領バラク・オバマとの会談を控え、出発直前の一〇日には記者会見で決断を明かすつもりでいた。農業も含む「聖域なき関税撤廃」路線のTPPに、党内では猛烈な逆風が吹いていた。野田の決意を察した輿石や前原は慌て、一〇日の政府・民主三役会議で会見の延期を迫った。財務省なら指示がなくとも与党幹部の感触を探り、厳しい空気も逐一、野田に耳打ちしていただろう。野田は外務省や経産省も動いていると信じ込んでいたが、予算と政局のカレンダーを巡って常に与党と向き合う財務省とは異なり、TPPは根回し役不在だった。

野田はこの夜、党内の反対論を背にする農相の鹿野道彦を首相公邸に呼んで自ら着地点を探った。同席した行司役はまたも輿石。「交渉参加」と断言せず「交渉参加に向けて関係国と協議に入る」という玉虫色の言い回しにとどめることで決着する。TPPや増税の問題で各省を束ねて調整に動くべき閣僚は国家戦略相の古川元久だったが、影が薄かった。

この頃、三・一一の大津波に耐えた岩手県陸前高田《りくぜんたかた》市の「奇跡の一本松」が海水の影響で根腐れし始めていた。与党融解に政策決定の司令塔不在。政局の荒波に防波堤もなく孤軍奮闘する野田が、財務官僚たちには立ち枯れ寸前の一本松にダブって見えた。

カレンダーなき政権運営

「野田一本松」はそれでも消費税増税の本丸に突き進んだ。一二月二九日、紛糾を続けた民主党の税制調査会と社会保障・税抜本改革調査会の合同総会に宰相自ら乗り込み、小沢系を中心とする党内反対派の矢面に五時間半も立ち続ける。消費税率を一四年四月に八％に、一五年一〇月には一〇％に二段階で引き上げる「素案」の党議決定にどうにかこぎつけた。

野田は一二年一月の内閣改造で、兄貴分と頼む岡田克也《おかだかつや》を社会保障・税一体改革の担当相兼務で副総理に迎えた。ただ、「素案」を増税法案の形に仕上げて提出すべき決戦場の通常国会が始まっても、政権党の融解は止まらない。「素案」決定と引き換えに野田が約束した「身を切る行政改革」や棚上げしたはずの最低保障年金構想の試算を巡って党内は紛糾し、法案の詰めに手間取る。国会対策を指揮する財務省官房長の香川俊介は苛立ちを漏らした。

「増税法案を国会に出せば、審議して採決へと否応なく進むわけだから、野田陣営の勝ちだ。それなのに、なぜその線路の手前に行革や年金など余計な石を次々に置くのか」

一二年度予算案の成立までの流れ。増税法案や社会保障改革関連法案の与党審査と閣議決定までの日程。その後の国会審議でどの委員会に付託するか。財務省や内閣官房社会保障改革室はこれらを実務的に整理して政権中枢に繰り返し具申するが、門前払いを食らう。

「こんなものは創るな。官僚の仕事ではない」（岡田）。「財務省はすぐギチギチの日程を創って押し通そうとする。こういうことは止めろ」（輿石）。自民党政権なら政治家が「持ってこい」と発注した「竹下カレンダー」に、民主党幹部は拒絶反応を示した。財務官僚から枠をはめられるような拘束感がつきまとい、振り払う。政治主導のドグマの残滓《ざんし》だった。

再び合同総会方式で増税法案の与党事前審査が始まったのは三月半ば。今度は前原が矢面に立つと、延べ八日間、約四六時間のマラソン審議の末、二八日未明に「一任」で押し切った。小沢は二九日、約一〇〇人を集めたグループの会合で「権力的手法で一方的に議論が打ち切られた。昨今の民主党の運営は私をはるかに上回る強引なやり方だ」と野田との全面対決を宣言する。野田は構わず三〇日に増税法案を閣議決定し、国会に提出した。

カレンダーなしで一二年三月末の法案提出にたどり着いたのは「一一年度までに必要な法制上の措置を講じる」とした〇九年度税制改正法の附則一〇四条がテコになったからだ。財務省は自民党の感触も探っていた。総裁の谷垣禎一の下には財務相時代の秘書官だった主税局審議官が通ったが、谷垣は増税法案への協力より、野田の衆院解散・総選挙の決断が先だとの建前を崩さない。半面、元首相の森喜朗、元幹事長の古賀誠らは解散を急がない姿勢を示した。竹下登の秘書出身で、引退後も参院に影響力を持つ青木幹雄に至っては「増税は何としてもやりとげるべきだ」と逆に財務官僚に檄を飛ばした。民主党も野田と小沢の亀裂で分裂含みなら、自民党も割れていた。決戦場を前に財務省中枢からこんな声が漏れた。「もう官僚の根回しでどうこう動く世界じゃない。政治家同士がどう腹を決めるかだ」

野田・谷垣結んだ大平派

増税法案の国会提出に先立つ二月二九日。野田と谷垣は党首討論で対峙していた。

谷垣「首相の足元が乱れてきている。小沢氏は法案反対を明言し、倒閣まで示唆した」

野田「党内が五一対四九でも、決める手続きを踏んだらしっかり与野党協議する」

小沢グループが造反するなら切り捨てる覚悟を匂わせる野田に、谷垣は解散の要求を控え目にし、討論はかみ合った。二人は二五日に極秘で会い、腹を探り合っていたからだ。ともに党内基盤が脆弱で、共通する追い込まれ感がトップ会談に突き動かしたのだ。

二人の接着剤となったのが、大蔵省出身の首相だった大平正芳との縁だ。一九七五年度補正予算で、戦後初めて赤字国債を発行した蔵相が大平だ。首相に就くとその悔恨から財政再建を決意し、七九年の衆院選で一般消費税導入を公約するが、自民党は過半数割れの敗北。四十日抗争の末、大平は翌八〇年の衆参同日選挙の渦中で急死した。そんな大平の事績を野田に語り聞かせていたのは、大蔵官僚の後輩で「隠れ大平派」を自任した藤井裕久だ。

野田は大平に私淑《ししゅく》し、その女婿で首席首相秘書官だった元大蔵官僚の森田一《もりたはじめ》を首相就任前に訪ねて指南を仰いだ。大平の遺族は、最晩年の宰相が蔵書の余白に書き留めた断章の数々をパソコンで清書し、野田に進呈。これを熟読した野田は、谷垣にもコピーを届けた。

谷垣も父・専一《せんいち》が第二次大平内閣の文相で、大平が率いた派閥「宏池会《こうちかい》」の幹部だった。自らも長く「宏池会」に属した。財政再建のため、消費税増税に政治生命を懸ける「大平派」の志は同根ではないか——信頼醸成を探る野田のこんなメッセージを感じ取った。

四月二六日。小沢が検察審査会の判断によって政治資金規正法違反で強制起訴された裁判で、東京地裁は無罪判決を言い渡すが、検察官役の指定弁護士は控訴。小沢は引き続き刑事被告人に甘んじ、九月の党代表選出馬などで復権を目指す道は閉ざされた。

これを見て増税法案を審議する衆院の特別委員会が動き出す。小沢の造反を警戒する輿石らは時間を稼ごうと躍起になった。谷垣は自民党理事に財政規律派の重鎮、伊吹文明を登用。伊吹は実質的な会期末の六月一五日までに衆院本会議で採決せざるをえなくなるカレンダーを組み立て、野党なのに「特別委を止めるな」と審議促進を号令した。民主党を割り、増税法案成立に自民党の協力が不可欠な状況を創り出し、野田を解散に追い込む戦術だった。

「民主党をまとめる真の力量があるのは小沢氏だけだ。消費税増税さえ是とすれば、実権を取り戻せるし、自民党とも組めるが、反増税を貫くなら、時代の流れを読み誤る」

財務省中枢は小沢の出方にこう固唾《かたず》をのんだ。野田は五月三〇日、六月三日と輿石も交えて小沢と会談した。初回、小沢は歩み寄りも匂わせたが、二回目は与野党協議は実らず、野田は進退窮まると見たのか一転、強硬で、ついに決裂。小沢は増税法案反対を明言した。

土壇場で「近いうち解散」

会期末が迫る六月八日から民主、自民、公明の三党協議がやっと動き出した。そもそも自民党が唱えた消費税率一〇%までの引き上げで一一日に合意。次に自民党は増税法案成立への協力を視野に「社会保障制度改革基本法案骨子」の丸のみを迫る。年金や医療の改革は「現行制度を基本に」し、有識者による社会保障制度改革国民会議での審議を求めた。

　これは最低保障年金や後期高齢者医療制度見直しなど民主党の看板公約の撤回を意味した。公約を聖域扱いする小沢ら非主流派の切り捨てを、野田に決断させるためのハードルだった。案の定、民主党は紛糾し、党分裂は決定的と見た谷垣は一四日に一転、野田が示した修正案をのむ。公約「撤回」までは求めず、国民会議への「棚上げ」で合意に転じたのだ。一五日には公明党も慌てて消費税の軽減税率導入を掲げて加わり、民自公三党合意が成立した。

　土壇場で野田と谷垣は電話で話し合い、合意への政治的意思を党首同士で確認した。野田に「谷垣と直に話さないとまとまらない」、谷垣に「野田提案に乗るしかない」と双方に直接対話を促した一人は、財務省と気脈を通じる園田博之だ。こんな触媒なしには、どこで合意が崩れたか分からない薄氷を踏むプロセスだった。国会を延長した後の二六日、衆院本会議で増税法案は可決。民主党から小沢、元首相の鳩山由紀夫ら五七人が反対し、一六人が棄権・欠席した。七月三日には小沢グループの衆参四九人が党を脱けた。

「一〇月後半に臨時国会で景気下支えの補正予算を三党協調で成立させ、衆院解散・総選挙を敢行する。一二月初めにどんな新内閣ができても、一三年度予算案は年内編成が可能だ」

三党合意後も早期解散を迫る谷垣と、党分裂の後遺症から慎重な野田の間でこんな「一〇月解散〜一一月衆院選」案を持ち回ったのも園田だ。財務省への瀬踏みは済ませていた。選挙前に三党協調で補正を組むのは、選挙後の新政権でも三党体制を維持する布石だったが、谷垣は「選挙前に補正までやるのは野田首相の貪《むさぼ》りだ」と難色を示した。自民党内で基盤が脆弱な谷垣は、再選を目指す九月の総裁選の前に何とか解散の道筋をつけたかった。

だが、民主党の輿石は党再分裂を警戒。参院での増税法案審議を八月まで引き延ばし、谷垣も再び拳を振り上げるほかなくなった。これを見た小沢の新党「国民の生活が第一」など中小野党が七日、野田内閣不信任決議案を衆院に提出した。このままでは決議案に乗らざるをえない、と迫る谷垣と、三党合意を死守したい野田は八日、電話で押し問答となる。

解散時期の明示を渋る野田に、谷垣は「もはやこれまで」と最後通告。とうとう野田は「増税法案が成立した暁には、近いうちに信を問う」とギリギリぼかした表現で、首相として衆院選の時期に異例の言及に踏み切った。この舞台裏でも野田と谷垣の間を取り持った一人は園田だ。小沢の仕掛けをかわし、増税法案は一〇日の参院本会議で成立した。

政権交代とねじれ国会の混乱期に、消費税増税で超党派合意が成ったという逆説。財政規律派として消費税一〇%を最初に構想した一人、柳澤伯夫は「菅、野田と財務相が続けて首相に就いた。相手方の谷垣も財務相経験者だからこそ、できたことだ」と喝破した。

解散決断と「財政の崖」

消費税政局の陰で、野田と財務省は別の重荷も背負っていた。一二年度予算で歳入の四割超、三八兆円強を見込む赤字国債の発行を認める法案だ。財政法は公共事業などに充てる建設国債しか許容せず、赤字国債には毎年度の特例法で対応してきた。これが成立しないと、歳入不足で国庫の資金繰りが行き詰まり、予算執行に支障を来す。政権維持の生命線だ。谷垣は一一年度も野党優位の参院で赤字国債発行法案の成立阻止をちらつかせ、菅を退陣に追い込むテコにした。八月一〇日に増税法案が成立した後も、野田に早期解散を迫る切り札はこれだと考えていた。ただ、同日に韓国大統領の李明博《イミョンバク》が日本海に浮かぶ竹島《たけしま》を訪問。一五日には沖縄県尖閣《せんかく》諸島の魚釣島《うおつりじま》に香港の反日団体の船が接岸して七人が上陸し、野田は対韓国、対中国の外交危機管理に追われ、谷垣と腰を据えて向き合えなかった。

財務省では増税法案の成立を見届けた事務次官の勝栄二郎が一七日に退官。主計局長の真《ま》砂靖《なごやすし》が次官に就くなど大規模な異動を発令した。国会対策の司令塔で官房長の香川俊介はがんに倒れ、最前線から姿を消す。野田側近は八月一〇日以降の「運命の十日間」を悔やむ。「残る懸案を処理して延長会期末（九月八日）で解散に持っていくべきだった。野田が谷垣に働きかけ、衆院選後の三党協調の政権枠組みまで詰めなければいけなかった。そこまでやりきる体力が官邸に残っていなかった。支えてくれた財務省の面々も疲れ果てていた」

総裁選を目前に「近いうち解散」にもうひと押ししたいと焦る谷垣は参院自民党の強硬論にも引きずられ、小沢ら中小野党が参院に提出した野田首相問責決議案に乗ってしまう。二九日の問責決議可決で、野田は逆に硬化し、党首間のホットラインは断絶した。谷垣の求心力は地に落ち、再選断念に追い込まれる。五人が争った総裁選は九月二六日。第一回投票では前政調会長の石破茂《いしばしげる》が地方票で強みを見せて首位に立つが、二位の元首相の安倍晋三が国会議員だけの決選投票で逆転勝利。五年ぶりの総裁返り咲きを果たした。

野田は民主党代表選で再選するが、国庫の資金繰りが厳しくなり、予算執行の抑制も始まった。財務省は一一月中に赤字国債発行法案が成立しないと、年度内に三八兆円強の発行を市場で消化しきれない、と「財政の崖」を訴えた。一二月に一三年度予算編成を終えてからの衆院選は望ましくない、とも考えていた。民主党の凋落《ちょうらく》で政権の枠組みが変われば、予算編成をやり直さざるをえず、成立が大幅に遅れるからだ。これらは同法案の成立と引き換えに、自民党が望む年内の解散・総選挙に応じるしかない、と野田に迫ったに等しかった。

野田は一〇月一八日、民自公三党の党首会談で「近いうち解散」には「環境整備」が要るとして、衆院の一票の格差是正や定数削減と並んで赤字国債発行法案の複数年度化を提案した。これは自民党が政権に復帰し、当座はねじれ国会が続いても、野党に回った民主党が同法案の成立阻止で倒閣を狙う戦術は採らない、という「武装解除」を意味した。

自民党政調会長の甘利《あまり》明《あきら》が財務省の説明を受け「これは自民党が政権奪還してから楽になる話だ」と気がつき、赤字国債発行法案の複数年度化で与野党合意に走り出したのは一一月初旬。折しも野田は一一月二日夜、副総理の岡田克也、官房長官の藤村《ふじむら》修《おさむ》に年内の解散・総選挙の決断を口にした。「環境整備」を見て一四日の党首討論で解散を宣言する。赤字国債の発行を一二～一五年度まで認める特例法案が成立したのは、解散当日の一六日だった。

第5章 アベノミクスとの格闘

1 放たれる「三本の矢」

「内外一体」人事の胎動

政局激動の陰で、財務省人事に変化の胎動が起きていた。二〇一二年八月に次の事務次官を見据える主計局長に就いたのは木下康司《きのしたやすし》。官房長として異例の三年目に入った香川俊介、主税局長の田中一穂《かずほ》、理財局長の古澤満宏《ふるさわみつひろ》と幹部名簿に昭和五四年入省組が並んだ。

早くから多士済々と言われた五四年組。本流の主計畑では、木下が予算編成の司令塔である企画担当主計官や国会対策の最前線に立つ官房文書課長。香川が公共事業担当主計官や主計局総務課長。田中が厚生労働担当主計官や省内人事を差配する官房秘書課長を歴任し、競い合ってきた。田中はその後、主税局に転じる。国際金融畑を歩んだのは古澤だ。

一〇年夏に香川が省運営の要である官房長、木下がマクロ経済全体に目配りする総括審議官に就いた。香川が先に主計局長→次官の道を歩み、木下がそれに続く「同期から二人の次官」が濃厚になったと受け止められた。サプライズは翌一一年夏。木下が国際局長に転じたのだ。欧州連合（EU）本部があるブリュッセル駐在経験はあるが、国際局は初めてだ。

国際金融分野で省内の意思決定ラインに連なる国際局長は、対外通貨交渉や国際金融会議に飛び回る「通貨マフィア」の財務官へ昇格するのが定番だ。次官コースではない。政官関係が不安定化した民主党政権下で、次官レースに急変が起きた、との臆測も飛び交ったのだが、その木下が一年後に官房長の香川を飛び越す形で主計局長。またも波紋が広がったわけだ。この裏には人事の「内外一体」「複線化」を目指す歴代次官の深慮遠謀があった。

外から一枚岩に見える財務省も中では「局あって省なし」になりがちで、次官を輩出する主計畑と国際畑は疎遠だ。まず「国際局長→財務官」の単線コースの見直しを試みた次官は丹呉泰健だ。一〇年夏に古澤に国際通貨基金（IMF）理事、五五年入省の林信光《はやしのぶみつ》に国際復興開発銀行理事とワシントン赴任を発令した。二人とも国際局長候補だったが、リーマン・ショック後の国際機関での地歩強化を優先した。これが次の次官の勝栄二郎による「木下国際局長」起用の伏線となる。初めから次の主計局長含みでの一時的配転だ。国際畑の閉じた人事に風穴を開け、主計畑にもグローバル経済への目配りを求めるメッセージだった。

勝自身も主計畑だが、少年期を長くドイツで過ごし、本棚には洋書が並ぶ国際派。一九九〇年代半ばに国際金融局為替資金課長（現為替市場課長）を務めた。後に財務官となる局長の榊原英資の下で、一ドル＝七〇円台に突入した超円高を、円売りドル買いの日米協調介入などで反転させた。「ミスター円」と呼ばれたのは榊原でも、現場指揮官は勝だった。

一二年夏の人事で古澤を帰国させた勝は、財務官にする前に、国債管理政策などを担当する理財局長に就けた。金融政策で日銀との折衝窓口となる官房総合政策課長にも、従来は主計畑からの登用が多かったのに、為替市場課長を務めた市川健太《けんた》を据えた。いずれも「内外一体」による縦割り打破が狙いだった。この人事の流れはその後も引き継がれていく。

異次元緩和への序曲

衆院選の足音が近づく中、財務省は首相再登板が濃厚な自民党総裁の安倍晋三の下に通い始めた。九月の総裁選で、安倍はデフレ脱却に向けて日銀に二〜三％のインフレ目標設定と「思い切った金融緩和」を迫り、政府との目標共有に向けて日銀法改正も口にした。

金融緩和のための日銀の国債の大量購入が、膨張する財政赤字の穴埋めでしかない、と受け止められれば、市場の信認を損なって長期金利の急騰を招く――第一次内閣で首相秘書官を務めた主税局長の田中一穂を先頭に、財務官僚たちがこう説くのを安倍は遮《さえぎ》った。

「そういうオーソドックスな説明はもう何度も聞いてきたから、必要ない。俺はもう川を向こう岸へ渡ってしまったんだから。渡ってしまった前提でどうするかを考えてくれ」

安倍やその側近で幹事長代行に就いた菅義偉《すがよしひで》らは、消費税増税を巡る三党合意に関与せず、谷垣前執行部と距離を置いていた。もともと、財務省とも疎遠で、第一次内閣では成長重視の旗を掲げた安倍。退陣後の五年間で、大胆な金融緩和で期待インフレ率を高め、デフレ脱却を目指す「リフレーション政策」に傾倒し、政治信念と呼ぶほどに昇華させていた。

民主党政権下でも政治の圧力にさらされた日銀は、金融緩和をじわじわと拡大してきた。一二年二月には金融政策が目指す「中長期的な物価安定の目途」として消費者物価上昇率一%を明示。総裁の白川方明は、この「目途」は一定期間内での目標の達成を厳格に義務づける「ターゲット」とはしないが、長期的な目安として示した「ゴール」だと説明した。

一〇月に入ると、円高株安の潮目に変化の兆しが見え始める。米欧の景気が持ち直してきたうえ、手堅い手法の白川の任期切れが一三年四月に迫り、市場が金融緩和の加速に「期待」を強めたことも重なった。その「期待」を安倍のリフレ論がさらに後押ししたわけだ。

解散政局で追い込まれた民主党政権。国家戦略相の前原誠司は「政府と日銀がアコード（政策協定）を結び、外債購入も含めて対応すべきだ」と追加緩和を求めた。首相の野田佳彦も日銀に期待をにじませた。財務省は日銀に「安倍氏が首相に再登板すれば、必ずインフレ目標を突きつけてくる。政府・日銀連携の下地をこしらえておくべきだ」と説いた。

一〇月三〇日。日銀は二ヵ月連続で追加緩和を決定。政府と日銀はデフレ脱却に向け「一体となってこの課題の達成に最大限の努力を行う」とする異例の共同文書を発表した。日銀は「物価上昇率一％を目指し、強力に金融緩和を推進していく」とし、政府も規制改革、予算、税制などを総動員して成長力強化に努める、と双方の取り組みを明記した。

安倍はこれでは生ぬるい、と衆院選に向けて「建設国債の日銀引き受け」や実質成長率一％とインフレ目標三％を併せた名目成長率四％論をぶち上げた。財務省は財政の信認を危うくする、と説明に走るが、吹っ切れた彼岸の境地で金融緩和を迫る安倍に「いくらいさめても、全く聞く耳を持たない」とうめいた。「異次元」の金融政策への序曲だった。

「経産官僚内閣」が船出

一二月一六日。安倍は衆院選で自民党に二九四議席の圧勝をもたらし、首相再登板を果たした。第二次内閣では、官房長官に菅義偉、副総理・財務・金融相に麻生太郎、経済再生相に甘利明と第一次内閣以来の盟友を中枢に並べる。最側近の首席首相秘書官（政務担当）には経産省資源エネルギー庁次長の今井尚哉《いまいたかや》。第一次内閣では経産省枠の首相秘書官だった官僚だが、今回は政務。退陣後も安倍の下に通い続けた今井への信頼の厚さを物語っていた。

安倍と麻生の協議で、経産省枠の首相秘書官にはかつて麻生に仕えた経済産業政策局審議官の柳瀬唯夫《やなせただお》が再登板。首相補佐官に安倍と親しい元中小企業庁長官の長谷川栄一《はせがわえいいち》も登用し、官邸五階の安倍の執務室に続く秘書官室に、三人の経産官僚が常駐する前例のない布陣となった。

安倍のリフレ政策を支持する米エール大名誉教授の浜田宏一《はまだこういち》と静岡県立大教授の本田《ほんだ》悦朗《えつろう》を内閣官房参与に起用。財務省出身だが、異端扱いの本田も五階の住人となる。

安倍は昭和五四年大蔵省入省で木下康司らと同期の自民党の加藤勝信《かつのぶ》（衆院岡山五区）を官房副長官にした。小泉純一郎の首相秘書官を務めた丹呉泰健、同じく財務省シンパの飯島勲も参与に迎えたが、安倍へのアクセスで財務省は経産省やリフレ派に後れを取っていた。

慶大教授の竹中平蔵は「これは経産官僚内閣だ」と評した。「経産省内閣」と呼ばないのは、組織を挙げて安倍に接近したと言うより、官僚の個人プレーの色彩が濃いと見たからだ。小泉官邸で内閣参事官を務めた旧内務省系のある官僚は新体制にこんな危惧を漏らした。「経産官僚は大きな政策ビジョンを描いて政治家を説得する能力に優れている。ただ、首相秘書官の任務は各府省を現実にどう動かし、どう仕事をさせるかだ。大丈夫なのか」

安倍の祖父で元首相の岸信介《きしのぶすけ》は旧商工省で要職を歴任し、次官、商工相まで務めた。父の晋太郎《しんたろう》も通産相や外相は経験したが、盟友の竹下登が食い込んだ大蔵省との縁は薄かった。ある財務次官経験者は「安倍氏が所属する旧清和会《せいわかい》（福田派→町村派）は『大蔵・財務省は旧経世会（竹下派→額賀派）に近い』という意識を長年、引きずっている」と指摘した。

衆院選直後の一九日、日本郵政は社長の斎藤次郎の退任と、同じ大蔵省出身で副社長の坂篤郎の社長昇格を発表した。斎藤は鳩山民主党政権で郵政改革相だった亀井静香が起用した。

安倍自民党が続投させるはずがなく、政権移行の間隙《かんげき》を突いて斎藤が自ら身を引いた、と受け止められた。自民党復権と反斎藤の空気に乗じて次期社長に旧郵政官僚を推す策動も浮上していたので、坂昇格で従来の改革路線を維持する先手を打とうとした面もあった。

ただ、菅や自民党幹事長の石破茂は「政権に就く直前の自民党に相談なく大事な人事を行った。看過できない」と猛反発。財務省はノータッチを決め込むが、菅は半年で坂を退任させ、郵政民営化委員長の西室泰三《にしむろたいぞう》（元東芝会長）を社長に据える荒療治を断行する。

橋本行革以来の仕掛け

自民党の衆院選公約にも経産官僚色がにじんでいた。「日本経済再生本部に『産業競争力会議』を設置し、成長産業の育成に向けたターゲティング・ポリシーを推進する」と成長分野に狙いを定めた産業政策を説き、司令塔の「日本経済再生本部」新設も掲げた。政調会長として公約取りまとめを進め、経済再生相に転じた甘利明は第一次安倍内閣から約二年、経産相を務めた有力な商工族議員。政務秘書官には中堅の経産官僚を一本釣りした。

首相と全閣僚でつくる日本経済再生本部は経済対策や成長戦略の企画立案・総合調整を担う。その下に首相、関係閣僚、経済人や学者からなる調査審議機関として産業競争力会議も新設。内閣官房に総合事務局を置き、内閣府や財務省を抑えて経産省からの出向者が主導する態勢を整えた。これらの設置は閣議決定などで進め、法律に根拠はない。

安倍は総裁選の頃から、民主党政権が廃止を宣言した経済財政諮問会議の復活も唱えていた。同会議は法律上は存続しており、政治的意思さえあれば開ける状況にあった。安倍はマクロ政策の司令塔と言うより、「日銀総裁がいつも出席する会議だから」と金融政策も議題にして日銀にタガをはめ、新内閣との協調を求める場として活用したい姿勢を示した。

再生本部は閣議に準じる決定の場で、競争力会議は成長戦略、諮問会議は財政などマクロ政策を討議する住み分けを想定して動き出す。第二次安倍内閣の中枢に食い込んだ経産官僚たちは競争力会議で官邸直結態勢を狙う。出遅れた財務省は内閣府とも連携し、諮問会議を舞台に対抗しようとした。住み分けと言っても、例えば法人税改革は成長戦略でもあり、財政にも関わる。どこで誰が主導して議論するのか、つばぜり合いは不可避だった。

予算編成事務をテコに政策決定の総合調整役を演じ、政局カレンダーのたたき台も提供して時の首相や政権実力者と密接に結ぼうとする大蔵・財務省。ここに割り込み、主導権を奪おうとする経産官僚たちの仕掛けは、一九九〇年代後半の橋本行革まで遡る。官邸機能の強化や諮問会議の創設を発案し、通産省を経産省に衣替えしてマクロ政策への関与を目指した。それなのに、二〇〇一年の省庁再編後は、官邸主導の政策決定から疎外されがちだった。

ここで安倍、菅、麻生、甘利と財務省との縁が深いとは言えない内閣中枢カルテットが形成され、谷垣禎一ら財政規律派が退場したことで、経産官僚たちが財務省の頭を抑える好機が到来したわけだ。消費税増税を含む社会保障・税一体改革に政治生命を懸け、政権運営でも財務省をフル活用した前首相の野田佳彦に対し、民主党政権との断絶を掲げて政権交代を果たした安倍。リフレと成長を重視する政策路線の転換を打ち出すのも政治力学として不思議はなかったが、官邸周辺に経産官僚がここまで進出したのは異例だった。

自民党の財政出動圧力

「内閣の総力を挙げて、大胆な金融政策、機動的な財政政策、民間投資を喚起する成長戦略の『三本の矢』で力強く経済政策を進めて、結果を出していく」

一二月二六日。安倍は組閣直後の記者会見で、経済政策の「三本の矢」の一体的断行を宣言した。金融緩和に財政出動を組み合わせる景気下支えで時間を稼ぐ間に、成長戦略を推進し、潜在成長率を引き上げる――安倍自身は金融政策を最重視したが、政権に戻る自民党には選挙区や業界への利益誘導が見えやすい財政出動への渇望が高まっていた。

「四四兆円の国債発行枠にこだわらず、思い切った規模の補正予算を編成してほしい」

安倍は民主党政権下での国債四四兆円枠を脇に置き、大型の一二年度補正予算を求めた。財務相の麻生も金融緩和には懐疑的だが、積極財政論者だ。事務次官の真砂靖ら財務省当局は受け身に回って歳出を一〇兆円上積みし、補正後の国債発行額は五二兆円を超えた。

民主党をバラマキ体質と酷評した自民党政権は、一方で財政規律への目配りの演出も望んだ。一三年度予算案で税収は四三・一兆円。四二・九兆円に抑えた新規国債発行額を四年ぶりに上回った。土壇場で財務省が経済危機などに備える予備費（前年度〇・九兆円）を廃止して歳出総額を見かけ上減らし、国債発行額も抑える「お化粧」を施したからだ。

拡張的な財政、金融政策だけでは、典型的な不況対策のポリシーミックスに過ぎない。そこで成長戦略を加味して「三本の矢」の体裁を整えたわけだが、発足直前の政権を揺るがしたのは、安倍が慶大教授の竹中平蔵を経済財政諮問会議の民間議員に内定したことだ。

官房長官の菅義偉は「竹中氏の発信力は抜群で、国際的人脈も大したものだ」と後押しした。だが、補助金や税制を駆使して新産業育成を狙うターゲティング・ポリシー論に立つ経産官僚たちにはかつて小泉構造改革を主導し、官の裁量を排す規制改革論の旗を振る竹中は煙たかった。財務省も消費税増税に懐疑的な竹中の再登板に仰天。郵政民営化を巡って竹中とは不倶戴天《ふぐたいてん》だった麻生に頼った。麻生に再考を促された安倍は思案投げ首となる。決定打は新内閣発足から一夜明けた二七日朝。内閣官房参与の飯島勲から安倍への電話だった。

「なぜ竹中氏なのですか！『諮問会議入りだけは許せない』が霞が関の総意です。竹中氏は日本維新の会の橋下徹《はしもととおる》代表とも近い。安倍政権が維新と組むと誤解されかねない」

安倍は竹中の諮問会議入りを断念し、産業競争力会議の民間議員に横滑りさせた。

時計の針を衆院選直前の一一月二五日まで戻す。安倍は三重県津市での自民党政経セミナーに駆けつけた。「総裁！　いよいよアベノミクスですね」と声をかけたのは、新厚生労働相となる田村憲久《たむらのりひさ》。山本幸三《やまもとこうぞう》らとともに、安倍を囲むリフレ政策の勉強会を推進してきた。

第一次内閣で幹事長だった中川秀直が成長重視の「上げ潮政策」を託して命名した「アベノミクス」。ここに異次元の金融緩和を軸にした「三本の矢」の新たな装いで復活した。

国債整理基金の職人芸

日銀が国債を大量購入する異次元緩和に向かい、復権した安倍自民党から財政出動圧力は高まる。逆風下の一三年度予算編成で、財務省は財政規律への市場の信認維持に腐心した。新規国債を前年度比で減らしたうえ、過去に発行した国債の借換債を併せた国債発行総額も、約一七〇兆円と五年ぶりに減少に転じさせた。これにも、隠れたからくりがあった。

リーマン・ショック後の景気対策に奔走した〇八年度に五年物国債を大量発行しており、一三年度はこの分で借換債が急膨張する見通しだった。安倍は一二年度補正予算で公共事業などを大盤振る舞いし、約八兆円の新規国債も計上。その大半も実際の発行は一三年度にずれ込むため、財務省は債券市場の需給が緩んで長期金利が上昇しかねないと警戒した。

そこで繰り出した職人芸が、国債整理基金特別会計の基金残高約一〇兆円のうち、七兆円を取り崩して国債の繰上げ償還に充て、借換債の発行額を減らすことだった。同基金は国債の償還・利払いの資金繰りを支えている。万に一つもデフォルト（債務不履行）させぬよう目配りし、国家の信用を最終的に担保している。国債入札は一回当たり最大で三兆円。これが三回続けて不調でも、基金の資金繰りに支障がないよう一〇兆円の残高を維持してきた。

みんなの党は行革の観点から、これは特別会計の「埋蔵金」の類だとして景気対策の財源に回せと主張。民主党政権も事業仕分けで、繰上げ償還に充てる検討を求めていた。

取り崩しを聞かされた前首相の野田佳彦や前財務相の安住淳らは「なぜもう一年早く、民主党政権でやらなかったのか」と異口同音に問うた。主計局は民主党から自民党に政権交代したこと以上に、安倍とみんなの党代表の渡辺喜美《よしみ》が親しいのを警戒したのだ。同党の政権参加の可能性も視野に入れ、景気対策の財源などに使ってしまえ、との論調が勢いを増す前に、先手を打って国債償還に充当しよう、という生臭い割り切りも背景にはあった。

基金残高は約三兆円に減少したが、財務省は別の手も打った。大規模災害やシステム障害で国債の入札ができないなどの非常事態に備え、日銀から政府が無担保・無制限で緊急融資を受ける新制度で合意したのだ。原則一日の短期資金だが、借り換えもできる。日銀は国債入札で金融機関の応札額が予定額に届かない「未達」の場合などは緊急融資から除外した。政府の借金の安易な肩代わりと市場に受け止められないためだ。安倍と日銀の物価目標を巡る攻防の陰で目立たなかったが、財務省・日銀の隠れた「連携」の進展だった。

白川の陥落、麻生動く

場面は衆院選の投票日直前に遡る。安倍側近で官房副長官に就くことになる加藤勝信に、財務省の後輩のある幹部が、日銀総裁の白川方明のメンツも慮《おもんぱか》ってこう説得を試みた。

「選挙に勝ったから、といきなり物価上昇率目標の導入や日銀法改正を上から目線で突きつけたら、白川総裁は辞表を出しかねない。新政権の滑り出しが台無しです。中央銀行の独立性の保持にも配慮し、政策変更を『期待している』と呼びかけていただけないか」

大勝した翌日の一二月一七日。安倍は記者会見で、「期待」の一言に力を込めた。

「選挙を通じて、二％の物価目標で日銀と政策アコードを結びたいと主張してきた。その結果も十分に受け止めていただいて、適切な判断をしていただける、と期待している」

「期待」のメッセージを確認した財務省は、日銀に「安倍氏も一定の配慮を示したのだから、もはや物価目標二％に乗るしかない」と持ちかけた。財務省と日銀の実務者たちはこの流れを想定し、一〇月三〇日の共同文書を下敷きに、物価目標二％を前提とする政府・日銀の新たな共同声明の草案を選挙中から準備していた。あとは白川の決断だった。

「一晩、考えさせてほしい」と引き取って熟考した白川はやむなく動き出す。翌一八日午後、安倍が陣取る自民党本部を訪ね、向きあったのだ。物価目標の導入を重ねて迫った安倍。白川が退出すると「総裁が頭を下げに来た」と日銀の「陥落」に手ごたえを漏らした。

白川は記者団には「挨拶に参上した」と言葉を濁したが、一九〜二〇日の日銀金融政策決定会合で物価目標の検討を議長指示として表明。会見で「自民党の安倍総裁からの物価目標に関する検討の要請を踏まえ、次回の会合で検討し、結論を出したい」と述べた。

麻生は財務相に就くと開口一番、事務次官の真砂靖らに「もう、政府・日銀共同声明の原案はできているんだろ」と問いかけた。安倍と白川を麻生が仲介し、詰めの作業が進む。

麻生は「アコード」では拘束力が強すぎる、と「共同声明」を提案した。安倍は「物価安定の目標を消費者物価の前年比上昇率で二％とする」と明記させたうえ「中長期での実現、ではダメだ」と達成時期に固執。「できるだけ早期に実現を目指す」で折り合った。麻生が白川と調整して持ち込む文案を、安倍は何度も押し返す。麻生は「これ以上、追いつめると白川が辞表を出す」といさめ、安倍は「最後の最後まで抵抗するのか」と語気を強めた。

「声明で触れるのは金融政策だけでいい」と日銀を縛ることを優先する安倍。麻生は市場の信認を確保するため、「競争力と成長力の強化」や「持続可能な財政構造を確立」といった政府の取り組みも併せて盛り込むべきだ、と「三本の矢」を説いた。

一月二二日。日銀は物価目標二％の導入を決定し、政府・日銀は共同声明を公表した。表題で「デフレ脱却と持続的な経済成長の実現のための政府・日本銀行の政策連携について」と初めて両者の「政策連携」をうたった。前回の共同文書にあった財務相や日銀総裁らの署名は消えた。閣僚や総裁が代わっても引き継がれるから、そんな含意だった。

政府・日銀の「政策連携」

安倍と白川日銀の抜き差しならないにらみ合いに、金融緩和に懐疑的な麻生を担いで割って入り、「政策連携」で軟着陸に腐心した財務省。これは一九九七年の新日銀法施行から一五年が経ち、初めてのクラリフィケーション（解釈の明確化）の作業とも言えた。

金融政策の「自主性」尊重をうたう同法三条をタテに、日銀の面目に配慮して安倍の極端な政治介入を押しとどめた。政府との「十分な意思疎通」も定める四条に沿い、共同声明で日銀を物価目標二％へ誘導。安倍の求めに従い、経済財政諮問会議で物価目標や金融政策を定期的に検証する枠組みも設けた。同会議は二四日、さっそく金融政策を討議した。

経産相の茂木敏充《もてぎとしみつ》「実質無借金の上場企業の割合が非常に増えている、という白川総裁のご説明だが、民間に資金があるとか、新たな成長戦略を取るから金融緩和をやらなくていい、とおっしゃっているのではないと思うが、ミスリードにならないようにしてもらいたい」

白川「成長力強化の取り組みがないと、日銀が金融緩和をやらないということは全くない。これは政府の施策が条件ではなく、日銀は日銀としてこういう政策をやっていきたい」

閣僚の後ろに控える政府側スタッフは「重要な総裁発言だ」とメモを取る手に力が入った。先の共同声明で日銀は「成長力の強化に向けた幅広い主体の取り組みの進展に伴い、持続可能な物価の安定と整合的な物価上昇率が高まっていく」と指摘。その認識に立って物価安定目標二％の早期実現を目指すとうたった。安倍は、この記述が政府による成長戦略の推進を物価目標の「条件」とはしない旨を、明確にするよう要求。日銀は安倍の意向に沿った対外応答要領まで作成した。ただ、白川は記者会見で、そこをはっきり言わなかったのだ。

成長戦略で新たな需要と投資先を創出しなければ「よい物価上昇」は起きない――これが

白川の本音だった。金融緩和一辺倒の安倍とのズレの表面化を危ぶんだ財務省は日銀に「表舞台での説明は変えた方がいい」と説いたが、答えは「白川総裁は変えられない」だった。

二月五日夕。官邸を訪ねた白川は、正副総裁三人の任期を一致させ、新体制を円滑に始動させたい、として四月八日の任期満了を待たず、三月一九日に前倒しで辞任すると安倍に伝えた。七日の衆院予算委員会。財務省が危惧した安倍と白川のズレが露呈した。

安倍「日銀の責任として、二％はできるだけ早い時期に実現すると約束していただいた」

白川「成長力強化の取り組みが進められていくとの認識に立ち、二％の数字を出した」

安倍と白川の狭間で奔走した財務省幹部は「日銀の将来まで考え、辞意表明と引き換えに従来の路線と整合性を崩さない答弁を貫いたのだろう」と「最後の抵抗」の真意を推し量った。安倍・財務省・日銀の関心は既に白川の後継人事に移っていた。

黒田日銀総裁の誕生

一月七日。一時帰国したアジア開発銀行（ADB）総裁の黒田東彦が新年の挨拶を兼ね、首相官邸に安倍を訪ねた。この三日前、黒田は後輩のある財務省幹部と向き合っていた。

黒田「日銀は物価安定目標二％を導入し、二年で実現すると期限を切るしかないだろう」

財務省幹部「それはいくら何でも無理でしょう。長期金利が跳ね上がりかねない」

黒田「そうして危ない橋を渡るくらい大胆な手を打たないと、デフレは脱却できない」

マネタリーベース（通貨供給量）を二年で二倍にし、物価目標二％の実現を目指す後の「黒田バズーカ」が早くも輪郭をのぞかせていた。大蔵省で主税畑と国際金融畑を歩み、一九九九年から三年半、財務官を務めた黒田。デフレに苦しんだ当時から、日銀はもっと大胆に金融緩和を、と批判した急先鋒だ。小泉政権で要職を歴任した安倍とも誼を通じた。

物価目標で白川を追い込んだ安倍は「異次元の金融政策」への総仕上げとして、次期日銀総裁にも「考え方を共有する人材」を求めた。その意味での適任者は「二人の岩田」だった。一人は円高防止へ日銀の外債購入を唱え、自民党の衆院選公約にも採り入れられた日本経済研究センター理事長の岩田一政。もう一人は「通貨供給量を増やせばデフレ脱却できる」と一貫して主張してきたリフレ派経済学者の代表格で、学習院大教授の岩田規久男《きくお》だ。

麻生は財務省や同じ福岡県出身で親しい白川の意もくんで「組織運営の経験がない人はダメだ」と学者登用に反対した。英語力も含め、各国中央銀行総裁と渡り合える力量も求めた。〇八年に参院で人事案が否決された元財務事務次官の武藤敏郎や、黒田が念頭にあったが、財務省のある現役は「どちらも財務省の言いなりになど動きやしない。武藤日銀副総裁の時代には、我々の量的緩和継続の要請を門前払いしたではないか」と冷めていた。

安倍と麻生の相打ちで、候補者から両岩田と武藤が消える。安倍は二月二〇日の参院予算委員会で「国際金融界のインナーサークルに入って発信も説得もできる人。金融政策への批判に理論で反論できる人物がふさわしい」と総裁の資格に触れた。「異次元」路線に沿い、組織運営の経験者で、世界に顔が利く理論派となれば、黒田しか見当たらなかった。

ADB総裁を任期途中で退くと、後任を中国に奪われる懸念は、財務省が「他国の準備が整わない方が勝てる」と打ち消して黒田人事を後押し。現職財務官の中尾武彦《なかおたけひこ》を後継総裁に擁立した。大蔵・財務省からの日銀総裁は九八年に辞任した松下康雄《まつしたやすお》以来。元事務次官ではなく、元財務官からの起用は初めてだった。安倍は副総裁に岩田規久男と日銀プロパーで国際派の理事、中曽宏《なかそひろし》を充て、正副総裁で「財務省、経済学者、日銀」のバランスも測った。麻生は「この人事は安倍・財務省・日銀の三方一両損だ」と漏らした。安倍にとって黒田はザ・ベストではなく、あくまで次善の選択だ、そこに注意せよ、と言いたげだった。

「経済理論より政治判断」

安倍の日銀攻めをバランサー役として仲介に努めた財務省には「次の標的はウチではないか」と警戒感も広がった。政策運営は経産官僚が主導し始め、安倍も経済再生相の甘利明も「うっかりすると君らに洗脳されるからな」が口癖で、財務省に距離を置きがちだった。

財務省が最重視したのは、一四年四月の消費税率の八％への引き上げだ。半年前の一三年秋に安倍が景気動向などを見て実施の是非を最終判断する段取り。異次元の金融緩和に危うさを禁じえないものの、安倍がそれで突き進む以上、正面から反対するすべはない。

緩和リスクの顕在化を防ぎつつ、安倍に歩調を合わせ、デフレを脱却して日本経済を軟着陸させる方向にアベノミクスを誘導するしかない——そんな問題意識から、ある財務官僚がこの頃、個人の立場で起草した非公式文書「アベノミクスとは何か」がある。

米中の経済持ち直し、日本の貿易赤字の定着など「経済基調の変化」が始まった矢先、安倍流の金融緩和と大型補正が「ショック療法」となって円安株高を導いた。文書はまずこう分析した。金融緩和で供給する資金が、伝統的な金利ルートで実体経済に行き渡るかどうかより「着眼点はデフレ・マインドからの転換だ」と市場の期待に働きかける側面を認めた。アベノミクスの本質を「経済理論と言うより、一種の政治判断だ」と喝破したのだ。

さらに金融緩和の為替ルート（円安→輸出増）と大型補正の財政ルート（財政出動→内需押し上げ）でデフレ脱却を目指すだけでは「マネタイゼーション（中銀ファイナンスによる拡張的財政政策）となりかねず、実体経済が弱いままインフレがもたらされ、財政破綻確率が著しく高まってしまう」と「劇薬の副作用」も警告した。日銀の金融緩和＝国債の大量購入が「財政ファイナンス」と見られないよう、財政健全化への取り組みも強調した。

そしてデフレ・マインド転換から「悪い物価上昇」を避け、実体経済の回復を伴う「よい物価上昇」へ橋渡しするには、成長戦略の推進に加えて「賃金が持続的に上昇する状況を創り出す」ことが不可欠だと訴えた。マクロ政策に関わる財務省幹部はこう漏らした。

「デフレの真因は、九〇年代から企業が雇用を守る代わりに実質賃金を下げた合成の誤謬にある。三本の矢は政策手段でしかなく、アベノミクスの本丸は賃金デフレの脱却だ」

安倍との微妙な間合いを測りながら、アベノミクスの理論武装を試みる財務省。安倍は二月五日、経団連、経済同友会、日商の三団体トップを呼び、こんな異例の要請をした。「業績が改善している企業は報酬引き上げなどをぜひ検討してもらいたい。明るい兆しが見えてきたが、頑張って働く人の所得増大の動きにつなげていくことで本格的なデフレ脱却に向かっていく。それが実現できるかどうかに安倍政権の経済政策の成否がかかっている」

2　株価連動政権と消費税八%

「楽天家のデュオ」の呼吸

「物価安定の目標は二%」「達成期間は二年」「マネタリーベースは二倍」――二〇一三年四月四日。新日銀総裁の黒田東彦は記者会見でパネルを駆使しながら、「二」をキーワードとする異次元緩和の決定をこう宣言した。長期国債の購入量も二年で一九〇兆円と倍増させ、日銀券の発行残高以上に国債を保有しないという「銀行券ルール」も一時停止した。「やりすぎるくらいやった黒田バズーカだ。これだけ国債を買えば、長期金利の上昇リスクは次第に日銀に集中する。逆に言えば、安倍政権に財政健全化への覚悟を突きつけた」

未踏の領域に踏み込む金融政策に、財務省からは財政健全化も急ぐ必要がある、とこんな危惧が漏れる。日銀自身も長期金利が一%上がり、国債価格が下がると、国内金融機関が保有する国債の含み損は六兆円に上ると試算していた。財政危機が起きた途端、金融システム危機も同時進行する、が含意だ。だが、安倍の国会答弁用資料に財務省がこれを添付すると、首席首相秘書官の今井尚哉は「こんなものは首相に見せられない」と門前払いした。

「黒田バズーカ」で金利リスクは民間銀行から日銀へと次第に移りかねないわけだが、腰が重い官邸。財政リスクへの危機感を説く財務省に耳を傾けたのは麻生だ。景気対策では積極財政論に立つ半面、消費税増税や長期的な財政健全化には理解を見せた。

「年央をメドに中期財政計画を作る。経済環境を整え、消費税を引き上げる決意だ」

四月一九日、ワシントンでの二〇カ国・地域（G20）財務相・中央銀行総裁会議。麻生は一四年四月からの消費税率の八％への引き上げにこう「決意」を表明した。同会議の共同声明は、九月五～六日のロシア・サンクトペテルブルグでのG20首脳会合で、先進国が各々の中期財政戦略を示す方針をうたった。特に日本を名指しして「信頼に足る中期財政計画の策定」を求めた。こんな国際社会の視線も意識した発言とはいえ、増税への「決意」とは強い表現だ。官邸には財務省当局が麻生に言わせたのではないか、と疑心暗鬼も漂った。

「国をリードしていくには皮肉屋より楽天家であるべきだ。私と安倍首相に共通するのは日本の潜在力を信じていること。『楽天家のデュオ』と呼んでいただきたい」

同日の講演で、麻生はアベノミクスの成功にこう自信を示した。大恐慌後の一九三〇年代初頭のデフレ不況に、金融緩和と財政出動で対処した蔵相の高橋是清を引き合いに「彼の後に続きたい」と力説した。危機に再登板した首相経験者・高橋に自らをダブらせたわけだ。ただ、危機を脱した高橋は軍事予算を抑制しようとして二・二六事件で暗殺され、財政規律も国家も崩壊の道をたどった。三本の矢で突っ走る安倍に、財務省の新守護神よろしく財政規律の「第四の矢」を説き始めた麻生。「楽天家のデュオ」の呼吸が政権のカギを握った。

菅官房長官のリアリズム

一四年四月の消費税率の八%への引き上げは、景気動向を見極めるため、半年前の一三年秋に政府が実施の是非を最終判断する段取りだった。ただ、国際公約と予算編成の壁が安倍と麻生を待っていた。九月のG20首脳会合で、安倍は自ら中期財政計画を説明しなければならない。増税に踏み切るかどうかは計画の核心部分で、素通りはしづらいと見られた。G20に向こう三年分の中期財政計画を間に合わせるべく日程を逆算すると、七月の参院選直後から、初年度の一四年度の概算要求基準(シーリング)と一体で詰めを急ぐ必要がある、と財務省は考えた。八月半ばには足元の景気動向を示す四~六月期のGDPの一次速報も公表になる。だから、増税の是非を巡る論議は夏に前倒しにならざるをえない、と見た。

ここで増税の既定路線化に待ったをかけたのは、官房長官の菅義偉だ。四月二二日の経済財政諮問会議。国と地方のプライマリーバランス赤字を一五年度までに半減し、二〇年度までに黒字化を目指す財政健全化目標の堅持を、民間議員が提言した。すると、菅が「あまり固定化しないで、もう少し様子を見てはどうか」と目標見直し論を口にしたのだ。

内閣府によると、一三年度はGDP比で六・九％のプライマリー赤字があった。一五年一〇月に消費税率を一〇％まで上げても、目標の赤字半減にはさらに一〇兆円程度の収支改善が必要。アベノミクス効果による税収の自然増を当て込んだうえ、厳しい歳出抑制にも取り組んで初めて達成が視野に入る。つまり、目標堅持となれば増税と、社会保障費や公共事業費の削減を確約するに等しい。これは連立与党での過半数回復を至上命令とする七月の参院選をにらんで得策でない、と菅は判断した。増税がデフレ脱却に水を差せば、安倍の権力維持を脅かしかねず、結論はフリーハンドにしておきたい。そんなリアリズムがにじんだ。

五月一日、安倍は訪問先のサウジアラビアで記者団に「目標にいま現在、変わりはない」と述べ、見直し論議の鎮静を図ったが、菅が財務省と対峙する構図が鮮明になる。

三本の矢遠い官邸会議

四月一九日。成長戦略の司令塔となるべき日本経済再生本部の一つの人事が、波紋を広げた。経産省製造産業局長の菅原郁郎が仕切り役の事務局長代理に兼務で発令されたのだ。それまで実務を主導してきた同省経済産業政策局長の石黒憲彦《いしぐろのりひこ》の実質的な更迭とも受け止められた。経済再生相だが、「影の経産相」とも呼ばれた甘利明が菅原を一本釣りした。

成長戦略を討議する産業競争力会議も紛糾していた。科学技術振興、農業改革、医療改革など政策メニューが出てきた半面、民間議員同士の路線対立も表面化した。片や官僚と呼吸を合わせ、予算や税制など政府の裁量的政策手段の総動員を求める経済界の主流派。片や「企業に自由を与え、筋肉質にする規制改革こそ一丁目一番地」と経済自由化を唱える竹中平蔵、楽天社長の三木谷浩史《みきたにひろし》、ローソン社長の新浪剛史《にいなみたけし》らに割れた。竹中は経産官僚主導では埒《らち》があかないと競争力会議に見切りをつけ、独自の「国家戦略特区」構想をぶち上げる。

「従来の特区とは異次元だ。第一に首相主導だ。第二に、特区担当相と自治体首長や関係企業が統合本部を創り、ミニ独立政府のようにしっかりと権限を持ってやっていく」

首相主導で特区を指定し、岩盤規制を地域限定で取り払い、改革の突破口とする。地域振興より、外資の誘致など成長戦略の牽引《けんいん》役を期待し、東京都も有力候補とした。これを推進する司令塔として、首相を議長とする特区諮問会議の法制化も求めた。

この後、竹中は自ら特区諮問会議の民間議員になり、旗を振り続ける。競争力会議とも、安倍が岩盤規制の改革を狙って新設した規制改革会議（議長＝住友商事相談役・岡素之《おかもとゆき》）とも一線を画し、成長戦略論議の一角にさながら「竹中特区」を築いた。こうして成長戦略だけでも安倍のお膝元に三つも政策会議が林立。連携も乏しく、三本の矢とはいかなかった。

甘利が日本経済再生本部に菅原を投入したのは、六月に迫る成長戦略「日本再興戦略」の取りまとめに向け、揺れる競争力会議を立て直すためだった。経産官僚主導の検討体制に対しては、霞が関から先行きを危ぶむこんな声が漏れた。

厚生労働省幹部「予算編成は財務省に査定権があるから、各省は財務省に重要情報を伝える。今回の成長戦略は内閣官房が取りまとめる建前だが、事実上は経産官僚が牛耳っている。経産省に財務省や内閣官房のような総合調整の権能はなく、立ち位置は各省と横並びだ。経産官僚が官邸にすり寄るのに協力して、我々が政策ダマを提供する筋合いはない」

経済財政諮問会議の元スタッフ「諮問会議がマクロ政策の枠組みを形作り、その傘下で成長戦略や規制改革の各論を推進すべきなのに、安倍政権には総論がない。財務省が諮問会議で財政健全化を、経産官僚が競争力会議で成長戦略をバラバラに議論しているだけだ」

経済の「好循環」論争

アベノミクスのミッシング・リンク（失われた輪）は設備投資か、それとも賃金引き上げか。財務・経産両省のこんな論争に火が着いたのは、五月二二日の競争力会議だ。

経産相の茂木敏充「設備投資を三年間でリーマン・ショック前の水準の七〇兆円以上に戻すため、思い切った税制措置・金融措置を講じる。過剰供給構造にある業界の再編も迫る」

麻生「企業がリスクを取らなくなった現状で、投資減税したら本当に投資するのか。合併も誰かに言われてではなく、生き残るためだ。政策減税の深掘りで企業が動くか疑問だ」

茂木は設備投資を爆発的に増やして「企業収益が増え、個人所得も増えて消費の拡大につながり、民間投資につながる好循環を創りたい」と訴えた。設備投資に的を絞った法人税の減免という裁量的な政策手段を駆使し、経済の供給サイドの活性化を狙う経産省流だ。

麻生はそんな投資減税の効果を疑って「GDPの六割は消費だ。民間投資の拡大と賃金の向上が両方来ないと消費は拡大しない」と需要重視を説いた。二八日の諮問会議では、デフレ脱却には消費を後押しする賃金引き上げが不可欠だ、と経営者委員にこう迫った。「異次元緩和で物価だけが上がって、賃金が全く上がらないとなると、大変なことになる」

雇用は守るが賃金は上げず、コスト削減で内部留保を増やし、設備投資は控える。デフレ下で定着したこの「守り志向」の企業行動をどう変えるか。麻生・財務省は「賃上げ↓消費活性化↓企業収益の向上↓投資拡大」と賃上げを起点とする「異次元の好循環」を唱え始めた。その一手が、一九八〇年代のオランダのワッセナー合意にならった政労使の三者会議だ。使用者側が賃上げに動く代わりに、労働側は雇用の流動化など働き方の改革論議を頭から拒まない。政府は労使の間を取り持ち、賃上げをする企業への優遇措置などで後押しする役割分担だ。こんな政労使三者会議の創設が、成長戦略の最終案に盛り込まれる。

成長戦略は土壇場でなお揺れた。安倍は五日の講演で「民間活力の爆発」「女性の活躍」など骨格を明かして「いよいよ行動の時だ」と力を込めた。しかし、この講演の最中から日経平均株価が急落を始め、官邸は青ざめる。急きょ、年金積立金管理運用独立行政法人（GPIF）の運用計画見直しで厚生労働省のネジを巻いた。同省は七日に国内債券の比率を下げ、国内株式の比率を上げると発表。抜本的な資金運用改革への取り組みも打ち出した。

安倍も同日の日本経済新聞のインタビューで「成長戦略はこれで終わりじゃない」と設備投資減税の拡充を表明。秋の臨時国会を「成長戦略実行国会」だと宣言し、七月の参院選をにらんで市場の期待を引き延ばす作戦に出た。財務・経産両省の暗闘も「延長戦」に入る。

政官関係の構造変化

場面は政権発足直後の一月一一日に遡る。事務次官連絡会議で菅がこうクギを刺した。

「各省の局長級以上の人事は勝手に決めずに、事前に官邸に必ず相談するように」

各省幹部の任免権は大臣にあるが、一九九〇年代後半の橋本内閣から、官房正副長官でつくる官邸の人事検討会議の承認を得て閣議了解するのがルールだ。著書『政治家の覚悟』で「人事権は大臣に与えられた大きな権限です。（中略）効果的に使えば、組織を引き締めて一体感を高めることができます。とりわけ官僚は『人事』に敏感で、そこから大臣の意思を鋭く察知します」と人事による官僚操縦を説く菅のけん制球に、霞が関は震撼した。

同著の副題は「官僚を動かせ」だ。「政治主導」に力んで官僚排除に傾斜した民主党と一線を画し、復権した自民党は官僚を使いこなす姿勢を見せた。ただ、民主党と通底したのは「私たちは選挙で国民から審判を受ける。（行政の）最高の責任者は私だ」（安倍）と衆院選で勝ち、政権を獲得した重みを政が官に優越する根拠とする「国民の信任」論だ。平たく言えば、「我々は選挙で勝ったのだから、やりたいようにやらせてもらう。官僚は命令通りに動け」という意識だ。政権交代を重ねるうちに、政官関係に構造変化の波が打ち寄せていた。

安倍は政権発足前、内閣官房参与に就く元財務事務次官の丹呉泰健らにこう漏らした。

「財務省の昭和五四年入省組から、次官を三人出すわけにはいかないものだろうか」

五四年組は主計局長の木下康司、官房長の香川俊介の順に「二人次官」が有力視されていたが、安倍は第一次内閣で首相秘書官を務めた主税局長の田中一穂も気にしていた。民主党と流儀は違っても、政権交代の手ごたえが醸し出す「政治主導」の気分は共通だ。人事介入をちらつかせ、官僚組織を抑え込もうとする安倍・菅ラインに、財務省も身構えた。

六月。各省人事に安倍カラーが色濃くにじんだ。一年も経たずに代えた外務次官には、北朝鮮の日本人拉致《らち》事件への対処で安倍が手腕を認めた斎木昭隆《さいきあきたか》。厚労次官には本命を差し置き、「女性の活躍」の象徴として社会・援護局長の村木厚子《むらきあつこ》。総務次官も本命を外し、菅が政界の師と仰いだ梶山静六と縁の深い消防庁長官の岡崎浩巳《おかざきひろみ》。波紋が広がった。

そんな中で財務省はほぼ順当だった。麻生の人事権を官邸が尊重し、介入を手控えたためだ。次官に木下、主計局長に香川が就き、田中は留任。目を引いたのは、マクロ政策を担当する総括審議官に国際局次長の浅川雅嗣《あさかわまさつぐ》を据えたこと。主計畑か主税畑で占めてきたポストに「内外一体」人事の波が及んだ。浅川は麻生内閣で首相秘書官を務めた実績もあった。

破られた「竹下カレンダー」

安倍は七月二一日の参院選で、アベノミクスによる円安株高の勢いを駆って圧勝する。自民、公明の連立与党で参院の過半数を制し、ねじれ国会を解消。衆参両院選での連勝で安倍の求心力は増し、首相主導の政策決定を加速する環境が整ったが、安倍は記者会見で、一四年四月からの消費税率八％への引き上げは秋に慎重に判断する姿勢を崩さなかった。

麻生は「増税は国際公約で、上げなかった時の方が大変な影響が出る。決める時期は早い方がいい」と八月前半にも法律通りに増税を決断すべきだと訴えた。安倍は九月のロシアのG20首脳会合で中期財政計画の提示を迫られる。八月末には一四年度予算の概算要求の締め切りも来る。日程的にも増税を織り込んだ計画作りは待ったなしだ、との論法だ。

予算編成などから政治日程を逆算して組み立てる作業は「竹下カレンダー」と呼ばれ、旧自民党政権が財務省に求めた政権運営のファンダメンタルズ（基礎的条件）だった。竹下亡き後も、大島理森《おおしまただもり》ら国会対策のベテランには伝承されてきたが、民主党政権はこれを官僚の出過ぎた政治関与として嫌った。安倍官邸にも日程から外堀を埋め、早期の増税決定へ誘導する財務官僚の手には乗らない、と振り払う人物が出てきた。国対族とは言えない菅だ。

菅は「官僚は既成事実を積み上げ、（早期の増税決定という）判断を迫る仕組みを作っている。私が今、それをぶち壊している」と公言し、「首相は白紙だ」と言い続ける。

安倍に秋以降もギリギリまでフリーハンドを残すべく、中期財政計画の策定延期も探ったほどだ。さすがに手ぶらではG20を乗り切れないと悟った後も、菅は「増税を決め打ちする内容にはしない」とこの段階では計画に増税は織り込ませず、閣議決定も秋以降に先送りした。財務省が具申した「竹下カレンダー」を破り捨ててみせたのだ。

安倍は八月八日、増税判断に向け、有識者による集中点検会合の八月末開催を甘利に指示した。財務省は「これほど腹の内を読めない首相は、中曽根康弘氏以来かもしれない」と「白紙」を演じ続ける官邸との間合いに戸惑った。こんな警戒感も聞かれた。

「安倍官邸にとって増税は野田前政権が法制化した他人事だ。実施する場合でも、財務省に最も嫌がる政策をセットでのませ、自前の決断と指導力を演出したいのではないか」

安倍や甘利を取り巻く経産官僚たちは成長戦略の次の一手として、日本の立地競争力を高める法人税の実効税率（三五・六四％）の引き下げに狙いを定めつつあった。六月に安倍が表明したのは投資減税の拡充だが、首相補佐官の長谷川栄一や竹中平蔵らは株価を左右する外国投資家らに分かりやすく、シンプルな実効税率下げを唱えた。税率を一％下げると五〇〇〇億円近い恒久的な減収になる。

不穏な気配を察知したのは、財務省の官邸出向組だ。官房副長官補の古谷一之《ふるやかずゆき》、首相秘書官の中江元哉《なかえもとや》ら主税畑の官邸出向組は八月に入ると、法人税でゼロ回答では済まないと判断。主税局長の田中とも連携して軟着陸を探り始める。浮かんだのは、東日本大震災の復興財源として課してきた一二～一四年度までの復興特別法人税を、予定より一年早く一四年度に廃止する（約八〇〇〇億円）という奇策だった。

三％マイナス二％＝一％

九月二日。消費税増税法を成立させた前首相の野田佳彦がブログでこう喝破してみせた。

「安倍さん、社会保障と税の一体改革の議論についてはずっとカヤの外にいました。だから、常に他人事のようでパッション（情熱）をまったく感じません」

同日の自民党本部で開いた全国幹事長会議。安倍は「経済成長と財政再建、二つの達成が使命だ。さまざまな指標をよく検討し、最終的に私が決断したいと考えている」と「私が決断」で切り返した。三日に麻生と甘利を呼ぶと「増税判断は一〇月上旬にする。一日の日銀短観（全国企業短期経済観測調査）を最後の指標として確認したい」と熟慮を強調した。

実は「私が決断」は既に下っていた。八月末、安倍は麻生に法律通りの増税実施の意思を密かに伝え、麻生も財務省当局にすぐ耳打ちしていたのだ。ただ、いくつも前提条件がついていた。増税の景気下押し圧力に備える経済対策に万全を期したい。株価維持をにらむ成長戦略の追加策として法人税減税にも切り込みたい。財布の紐を締める財務省から踏み込んだ回答を引き出し、安倍カラーの「決断」を演出したい——。綱引きの一カ月が始まった。

安倍は、まず足を運んだロシアでのG20首脳会合もそこそこに、南米アルゼンチンのブエノスアイレスでの国際オリンピック委員会（IOC）総会へ飛ぶ。日本時間の八日未明、同総会で二〇二〇年夏季五輪は首尾良く東京開催が決まった。九日午前。内閣府が発表した四～六月期のGDP二次速報値は実質で前期比〇・九％増、年率換算で三・八％増とアベノミクスの好調を裏づけた。安倍の政権運営と増税判断への強力な追い風が重なった。

「成長の果実を全国津々浦々にお届けするため、成長戦略を含めた施策を、経済政策パッケージとして、九月末をメドに取りまとめてもらいたい」

安倍は一〇日、麻生、菅、甘利を集め、中長期の成長と短期の景気を両にらみの「経済政策パッケージ」作りを指示した。まず短期的な経済対策で、菅と甘利が麻生にのませたのは「三%マイナス二%＝一%」という方程式に基づく五兆円の財政出動策だ。これは内閣官房参与で安倍ブレーンの浜田宏一や本田悦朗が増税に反対し、せめて毎年度一%ずつ段階的に税率を上げるなどの軌道修正を求めたのに答える狙いだった。つまり、消費税率を五%から八%へ「三%分の増税」に踏み切るが、「二%分＝五兆円の経済対策」を実施すれば、初年度の実質的な国民負担増は消費税一%分にとどまり、景気腰折れは防げる、という計算だ。

財務省も増税に伴う景気対策としての五兆円補正までは早々と麻生に預けていた。アベノミクスで税収が好転し始め、国債に頼らずに積み上げ可能と見たからだ。法人税でも投資減税や、賃上げをした企業への優遇措置などは用意していたが、安倍の鼻息は荒かった。

アベノミクスの「抵抗勢力」

九月二日の競争力会議。安倍は法人税減税で踏み込もうと、こう「宣戦布告」した。

「民間投資促進のため、思い切った税制措置を講じるべきだ。現在、与党の税制調査会で検討しているが、日本経済を成長軌道に乗せる起爆力あるものにしたい。与党、政府・財政当局もしっかりこの危機感を共有して、思い切った政策を進めていかなければいけない」

この場にいた慶大教授の竹中平蔵は「首相は増税実施を決断した。財務省に『危機感を共有せよ』とは、法人税の実効税率引き下げで答えを出せ、と迫ったのだ」と直感した。

安倍はかねて六月一一日の講演で、設備投資を促進する政策減税などを表明。自民党税制調査会に例年は一二月に決着する税制改正作業を一四年度は秋に前倒しするよう求めた。

「次年度の税制改正は、前年の年末に決めるのが通例だった。今年は秋に決める。思い切った投資減税や、新陳代謝を促す税制など。私の成長戦略に切れ目はない」

ドンと呼ばれた山中貞則以来、財源調達に責任を負う税制改正を首相も容易に介入できない「専権事項」とし、高度な自律を伝統とした党税調。「インナー」と呼ばれ、実権を握る幹部会に会長の野田毅《のだたけし》、小委員長の額賀福志郎、顧問の町村信孝ら財政規律派が居並ぶ。

安倍や菅はそもそも党税調が置かれる自民党政調会と縁が薄い。安倍は当選二回で旧厚生省の政策を扱う社会部会長を務め、厚生族を自任したが、それ以上の政調会の要職は知らない。五五年体制型の与党主導の政策調整の経験は乏しい。菅は部会長ポストにすら就いていない。甘利も党税調とは疎遠だった。そんな官邸から見て、党税調インナーと、そこへ欠かさず根回しに動く財務省の連合軍はアベノミクスの「抵抗勢力」に映りがちだった。

安倍が税制改正前倒しを求め、党税調は八月末から投資減税などの検討に重い腰を上げた。

そこに消費税増税の決断と引き換えに大幅減収となる法人税の実効税率下げを求める官邸の気配が伝わった。町村らは「こんなもの、党税調は絶対に認めない」と言い放つ。神経戦が激化した。官邸からは党税調を揺さぶるこんな政府高官の声も漏れてきた。

「党税調と言えども党政調会の一機関に過ぎない。必要なら安倍総裁が野田会長を更迭してもいい。新会長には首相に近く、成長重視派の塩崎恭久政調会長代理も適任ではないか」

安倍は一一日、野田と党税調顧問の高村正彦《こうむらまさひこ》(党副総裁)を官邸に呼ぶと「税制でもレジームチェンジ(体制転換)が必要だ。今までになかったことを考えてほしい」と懇請した。

党税調・財務省連合軍が差配してきた従来型の税制改正を突き崩し、政策決定システムの「首相支配」を貫徹したい――消費税増税で「私が決断」を演出しようと目論んだ安倍。成長戦略の柱と頼む法人税減税を手がかりに、こんな権力闘争を仕掛けたとも言える。安倍の強硬な姿勢を察して落とし所を探ってきた財務省も、進退極まる立場に追いやられる。

官邸と党税調の板挟み

法人税減税の着地点は、一四年度までの復興特別法人税の一年前倒し廃止だった。財務省主税局長の田中一穂と、経産省出身で首席首相秘書官の今井尚哉という第一次安倍内閣の秘書官ルートで、八月から綱引きが続いていた。経産官僚たちは、特別税廃止は本丸の実効税率下げへの一里塚になると見て、攻めに出た。主税局は一四年度は特別税廃止という単年度減税でしのぎ、恒久財源が必要な税率下げ論議には時間を稼ぐ守りの作戦だった。

主計局から「復興に向けた負担の分かち合いを大義名分に、復興特別所得税も課している。企業増税だけ前倒し廃止は筋が悪い。復興財源は足りないかもしれず、政治的に通るのか」と危ぶむ声も出た。しかし、野田の直接説得に動いた安倍は党税調対策に自信をのぞかせ、これも察した田中・主税局は官邸の意向に受け身に回らざるをえなかった。

安倍は一八日、麻生を官邸に呼び、復興特別法人税を廃止し、実効税率下げにも道筋をつけたいと迫った。官邸側は事務次官の木下康司ら財務省事務当局の同席を拒んだ。主計局が危惧した通り、自民、公明両党から「復興への絆はどうなるのか」（前自民党副総裁の大島理森）などと反対論が噴出。カヤの外に置かれた一九日の党税調インナーは荒れた。

「特別法人税を廃止して減税すれば、設備投資が増加するという論拠はどこにあるのか」

「企業負担を軽減するなら、その分はアベノミクスのカギである賃金アップに回るのか」

反対の意見書をまとめ、安倍に突きつけんとする党税調をいさめに回ったのは田中だ。

「首相の意向は非常に強いのです。このペーパーを出しても勝ち目は……」

軟着陸に腐心してきた田中・主税局は、いつしか安倍と党税調の板挟みになっていた。党税調には、インナーと密接に連携するはずの主税局長が、あたかも官邸の代弁者と化した裏切り行為にも見えた。町村は「主税局にはもう期待しない」と怒髪天を衝いた。

町村は翌二〇日、単身で官邸に乗り込んだ。同じ町村派の安倍に特別税廃止を再考すべきだと説いたが、安倍は受けつけなかった。この場に会長の野田の姿はなく、揺さぶられた党税調の足並みの乱れが露呈した。安倍・麻生会談は二〇日も続開し、法人税減税の大枠が固まる。二六日には麻生と甘利がそろって党税調インナーに出席し、協力を要請した。

この間、安倍、麻生、菅、甘利の内閣中枢カルテットによる密室協議で専ら事が運ばれた。安倍は党税調のメンツを潰す荒療治は手控えたが、首相主導は一切、譲らなかった。

「私は、消費税率を法律で定めた通り、現行五％から八％に引き上げる決断をした」

一〇月一日、安倍は記者会見で「私が決断」を表明した。「経済政策パッケージ」の柱は復興特別法人税の廃止。増税の影響緩和も視野に、企業が廃止分を賃上げに回す見通しを確認して「一二月中に結論を得る」とした。実効税率下げは課税ベース拡大など財源確保もにらんで「与党で速やかに検討を開始していただく」と強調した。特別税廃止と賃上げ論議の受け皿として動き出したのは、皮肉にも財務省が発案した政労使三者会議だった。

目線上げる「地方消滅」対策

一〇月八日。麻生は記者会見で、一五年一〇月の消費税率の一〇％への引き上げをいつ判断するのか問われた。答えは半年前ではなく、一四年一二月の一五年度予算編成時、だった。「前年の一二月末までに決めておかないと、予算編成が難しくなる。その年度後半の税収が消費税率で二％分、増えるのか増えないのか、それによって歳入総額の見積もりが変わってしまうからだ。これは極めて事務的な話だが、そういうことになる」

一〇%実施は年度途中の一〇月。景気動向を見極めて半年前に判断、では遅すぎ、さらに遡って前年一二月の予算編成時だというのだ。税収見積もりに増税を織り込むかどうか。増税を当て込んで子育て対策など社会保障の歳出も増額するかどうか。これらを決めないと予算が組めない、との論法だ。財務官僚ならば当然の論理とも言えた半面、増税実施の一年近く前に安倍に決断を迫るわけで、予算カレンダーから政治の外堀を埋める「お家芸」とも見えた。ある次官経験者も「首相を追い込みすぎると、かえって危うい」と漏らした。

成長重視で「株価連動政権」と呼ばれ、短期志向の政策運営に傾斜しがちな安倍。そんなアベノミクスと格闘する財務省が、思わぬ援軍として歓迎したのが月刊『中央公論』一三年一二月号に掲載された論文「二〇四〇年、地方消滅。『極点社会』が到来する」だ。

前岩手県知事で東大客員教授の増田寛也《ますだひろや》を中心に、民間有識者らが加わった人口減少問題研究会の問題提起だ。若者、特に出産を担う二〇~三〇歳代の女性が地方から東京圏に一極集中する人口移動が続けば、四〇年には相当数の市町村がもはや人口回復が見込めない「消滅可能性都市」になる。東京圏も住宅・通勤環境が劣悪で、保育所整備なども出遅れ、ブラックホールのように若年人口をのみこみながら出生率は下がる一方。超高齢化で医療・介護サービスは絶望的に不足する。こんな「極点社会」になれば、日本は破綻する――。

財務省だけでなく、内閣府や厚労省など霞が関の主要官庁にはアベノミクスへの共通の危機意識があった。それは久々の長期安定政権への期待が強まりながら、政策決定の指針となる長期ビジョンがないことだ。増田論文が触媒となり、人口減少に歯止めをかける方策などを含め、超長期的な経済社会像を描き直してはどうかとの機運が強まった。特に積極的に動いたのが、官房副長官補の古谷一之や内閣官房参与の丹呉泰健ら官邸の財務省人脈だ。

消費税増税や社会保障改革も足元の景気だけを見て判断するのではなく、目線を高く遠く上げ、長期的視野で判断すべきだ。そんな機運を醸成するテコにしたいと考えたからだ。

首相直轄の有識者懇談会を新設する案も出たが、安倍側近は「人口減少問題が重要なのは分かるが、イメージが暗い。目先の政権運営に使えるカードにならない」と消極的だった。ひとまず経済財政諮問会議に専門調査会「選択する未来」委員会を置くことで折り合い、日本商工会議所会頭の三村明夫《みむらあきお》に会長を委嘱。増田も中核メンバーとして加わった。

3　再増税延期と「財務省解散」

小泉父子への苛立ち

財務省は安倍との距離感に戸惑いながら、前年以上に多難な二〇一四年を迎えた。まず四月から、消費税率の八%への引き上げを円滑に実施せねばならない。一〜三月は増税前の駆け込み需要が発生し、四月以降は反動減が避けがたい。ここを軟着陸させるべく奔走するうちに、年末に控える剣が峰がすぐ目前に迫ってくる。一五年一〇月から消費税率を一〇%とする再増税に踏み切るか否か、安倍に一五年度予算編成で決断を迫らねばならない。

一月二〇日の経済財政諮問会議。財務省はいきなり受け身に回る。東大教授の伊藤元重《いとうもとしげ》ら民間議員四人が「法人実効税率（三五%程度）をアジア近隣諸国並み（二五%程度）に引き下げることを目指し、速やかに検討すべきだ」と法人税率下げの目標を「二五%程度」と踏み込んで提言した。安倍は「税制改革は歳出入中立の考え方を採ってきたが、経済のグローバル化が進む中、それで対応するのがよいのかどうか」と減税先行も探る姿勢を表明した。

原案に「二五%」はなかった。「税率下げの方向は分かっている。知りたいのは経済界の本音だ。数字を書くべきだ」と説いたのは、内閣府政務官の小泉進次郎《しんじろう》だ。財務省は小泉に「税率一〇%下げには約五兆円の恒久財源が要る。課税ベースを広げて財源を捻出したくても、各種の租税特別措置の廃止に当の経済界が反対だ」と根回しに走ったが、小泉は「それらの事情も諮問会議でオープンに議論すればいい」と二五%明記を譲らなかった。

小泉は、安倍が諮問会議、産業競争力会議、規制改革会議など首相官邸に林立させたアベノミクス関連会議に追われ、多忙を極める状況を疑問視した。特に父の純一郎が首相時代に決断の舞台装置とした諮問会議を重視。安倍や閣僚、民間議員が官僚が用意した文書を読み上げる場面が目立つとして「こんな会議なら首相の時間のムダだ」と改善を求めていた。

潤沢な内部留保を抱えて設備投資に動かぬ企業に法人税減税は効かない。そう見る財務省から「経産省が最も急ぐべき成長戦略は、原子力発電所の再稼働による電力コストの低減ではないか」と批判も漏れた。だが、二月九日投票の東京都知事選に元首相の細川護熙が出馬。脱原発路線で共鳴した小泉純一郎が全面支援した。安倍は国政への波及を遮断しようと再稼働問題に距離を置く。抑えるすべもない小泉父子の動きに、財務官僚たちは苛立った。

一月二二日、スイスの雪深い山村でのダボス会議（世界経済フォーラム年次総会）。日本の首相で初めて基調演説に臨んだ安倍は、法人税の実効税率下げにこう力を込めた。

「法人税の体系も、国際相場に照らして競争的にしなければならない。内部留保を設備投資、研究開発、賃金引き上げに振り向けさせる。本年はさらなる法人税改革に着手する」

ダボス会議の有力メンバーで、安倍の招聘を働きかけた一人は竹中平蔵だ。演説に拍手を贈ると「これはグローバル市場に向けて首相が発信した『ダボス公約』だ」と語った。

幻の「異次元の税財政改革」

高齢化で膨らむ社会保障の安定財源を確保するため、消費税率を一五年度に一〇％まで引き上げる。これが政権交代を乗り越えて法制化し、財務省が金科玉条とした社会保障・税一体改革の枠組みだ。だが、安倍は一〇％への再増税は慎重に構える半面、法人税の実効税率下げに切り込む。これが財務省に深刻な危機感と増税戦略への迷いを呼び起こした。

主計畑を中心に一体改革に深く関わった面々は、一〇％への再増税までは社会保障と消費税を結びつけた従来の枠組みを貫徹するほかない、と考えた。しかし、主税畑や一体改革に直接、関与しなかった人脈には、このままでは安倍は再増税を先送りする一方で、法人税減税には財源確保を脇に置いてでも突き進みかねない、との危惧も出てきた。

局面を打開するには、従来路線で守りに徹するより、これまで別次元だとしてきた消費税増税と法人税減税の両者を包含した新たな税制抜本改革のシナリオを描き、打って出てはどうか、という機運も芽生えたのだ。法人税減税と消費税増税をセットで論じることは政治的にタブー視されてきたが、安倍は消費税率八％を決断した際、復興特別法人税の前倒し廃止を持ち出した。それに世論の批判が集中したかというと、そうでもなかったからだ。

国境を超える経済活動を自国に誘致し、立地競争力を損なわないように法人税率を引き下げ、その代わりやむをえず付加価値税を増税して財政を維持する。これはグローバル化時代の税制の潮流の一つだ。景気動向によって税収の振れ幅が大きい法人税から、極めて安定的な消費税へシフトするのは、財政運営の観点から長期的には望ましい方向性とも言えた。

「私が決断」に敏感な安倍は、消費税増税で「民主党政権の決定を追認するだけ」「法律でそう定めているから」と財務省が既定路線をタテに迫るのを嫌う。それは官僚たちも痛感していた。「一五年に消費税一〇％」や「二〇年度にプライマリーバランスを黒字化」などの既定路線にあえてこだわらない姿勢を示し、もっと長期的な時間軸と、高遠な到達目標に衣替えした「異次元の税財政改革」を演出する方が、安倍も乗りやすいのでは――。

麻生と財務省幹部のブレーンストーミングで「法人税、消費税、資産所得課税を一律二〇%にする」遠大な税制抜本改革の構想まで飛び出した。だが、結局のところ、社会保障財源を賄うための消費税増税、という従来の一体改革路線を転換しかねない試みはリスクが大きすぎる、と慎重論が勝る。すべては消費税一〇%を安倍に決断させてから、が結論となった。一月二四日の麻生の記者会見での発言に「一律二〇%」構想の痕跡がにじんでいる。「法人税率を二五%にと簡単に言うが、直接税と間接税の比率をどうするのか。欧州では消費税は二〇%を超す。日本も法人税を下げて、消費税を二〇%にするのか。そんな簡単な話にならない。この種の話をする時には大局的に考えないと、乱暴になりかねない」

法人税減税 vs.超長期推計

二月二〇日の諮問会議。法人税の実効税率を下げても、税収は伸びるという「法人税のパラドックス（逆説）」を巡る激論となった。民間議員は逆説ありうべし、として「アベノミクスの成果による増収の還元等により、実効税率を二五%に引き下げる」と主張した。東大教授の伊藤元重「法人税率を下げても英国や韓国では税収が上昇した。成長要因が非常に大きく税収増に貢献している。アベノミクスで経済成長を構造的に引き上げることができれば、その果実の一部を法人税率の引き下げの財源に充てることは、十分考えられる」

麻生「ご説明の中には、同じ期間で税率を下げずに税収が伸びた米国やフランスが入っていない。一概には言えないのではないか。財政健全化目標との関係を考えねばならない」

机を叩いて反論する麻生に加勢し、財政規律の重みを説いたのは日銀総裁の黒田東彦だ。「二〇年度までにプライマリーバランスを黒字化する財政健全化目標に対し、消費税を一〇%にしても、まだGDP比で二%程度の赤字が残る。この下で法人税改革を実現するには、法人税だけの話ではなく、社会保障制度や税制全体の見直しが必要になる」

日銀による国債の大量購入は、政府の財政規律維持の取り組みが進まないと「財政ファイナンス」と受け止められ、市場の信認を失いかねない。そんな危惧からクギを刺した。

ダボス公約から法人税の実効税率下げに突き進む安倍。四月に入ると自民党税制調査会の尻を叩いた。前年は秋口から始動させた党税調を、今度は春から腰を上げさせたのだ。一六日、会長の野田毅に「多くの人の期待を裏切らないようにしてほしい」と指示。党税調は一七日からスタートした。安倍の意向を背に諮問会議から高めのボールを投げ込む経済再生相の甘利明と野田が政府・与党間の調整ラインとなった。「政高党低」は明白だった。

さらに党税調に揺さぶりをかけたのは菅だ。二三日の党本部。「次世代の税制を考える会」の設立総会が開かれた。衆院では当選四回以下の若手を中心に八七人が出席。鈴木馨祐《すずきけいすけ》、柴山昌彦《しばやままさひこ》ら菅に近い面々が一五年度からの税率下げを訴えて、気勢を上げた。

官邸主導に抗する財務省の手立ては限られていた。四月二八日、財務相の諮問機関である財政制度審議会が二〇六〇年度までの長期推計を発表した。二〇年度にプライマリーバランスを黒字化しても、財政破綻を防ぐにはなおGDP比で七％超、消費税率に換算すると約一五％分の収支改善が必要とした。高齢化で医療・介護費の膨張が止まらないからだ。

人口減少による「地方消滅」危機を訴えた増田寛也リポートに呼応し、目先の株価維持だけでなく、長期的視野に立った政策論議の機運を高める。長期推計にはそんな狙いがあった。「成長率の上昇や人口動態の改善が収支改善幅に与える影響は大きくない。一方で、既に債務残高が膨大であり金利の変化が与える影響は大きい」と財政危機に警鐘を鳴らした。

年金運用や企業統治に力

四月一六日の衆院財務金融委員会。麻生は約一三〇兆円の公的年金を運用する独立行政法人のGPIFに「六月以降、動きが出てくる」と予告してみせた。GPIFが資産構成比率を見直し、国内株を買い増すと匂わせたのだ。一万四〇〇〇円前後でもたついていた日経平均株価は四〇〇〇円超も上昇した。消費税増税の反動減を乗り切り、一〇％再増税を地ならしするうえで、財務省も「株価連動政権」と呉越同舟で進むしかなかった。菅がGPIF改革へ厚労省を揺さぶるのを見て、金融相も兼ねる麻生が間に入って動いていた。

五月三〇日、GPIFは金融庁主導の「日本版スチュワードシップ・コード」受け入れを発表する。これは「責任ある投資家の諸原則」とも呼ばれる。機関投資家が議決権の行使も含めて投資先企業と積極的に対話し、自己資本利益率（ROE）の向上を求めるなど投資リターンを拡大する責任を果たす、という行動規範だ。外国投資家の注目度は高かった。

これに先立ち、安倍は一五日の諮問会議で「法人税を成長志向型の構造に変革するための方向性を、年末を待たずに骨太方針二〇一四で示してほしい」と法人税率引き下げでアクセルを踏んだ。民間議員は「将来的に二五％を目指しつつ、当面、数年以内に二〇％台への引き下げ」を提言。法人税収が政府の見込み額を上回った分は税率下げの財源に充てるよう求めた。続く一九日の同会議。麻生が財務・金融相を兼務する立場からこう訴えた。

「法人税率を下げた分が内部留保に回らないようにしないと意味がない。持続的成長には賃上げの継続が大事だ。その原資を確保するには、グローバル企業がコーポレート・ガバナンス（企業統治）の強化に取り組み、収益性や生産性を向上させることが本丸だ」

法人税減税で設備投資を刺激するという経産省流の経済の供給サイド改革を疑問視する財務省は、まずデフレ心理の払拭へ賃上げを重視した。「賃上げ→消費拡大→企業収益向上→設備投資拡大」の「異次元の好循環」を狙い、政労使三者会議での賃上げ協議も根回ししてきた。企業統治改革の旗を振ったのも「収益向上→投資拡大」のテコにする狙いだ。外国投資家がこの改革にも強い関心を抱く事情も織り込み済みで、安倍にも進言した。

自民党税制調査会長の野田毅は六月三日、法人税改革に税収の上ブレ分を充てるのは「厳に慎む」よう安倍に具申したが、安倍は「アベノミクスの効果」の税収増も財源に含め、年内に改革案をまとめるよう押し返した。骨太方針の最終案は「数年で法人実効税率を二〇％

台まで引き下げることを目指す。この引下げは一五年度から開始する」で決着する。

安倍はこの日、日本経団連の定時総会で「企業統治の強化も進めていく。この流れをさらに加速させるため、コーポレートガバナンス・コードの策定を成長戦略に位置づける」と企業統治の改革を迫った。上場企業の指針となる「コード」は、株主との建設的対話、社外取締役の複数選任などが含まれると見られた。居並ぶ経営者たちは賃上げに続く企業経営への政府介入かとざわめいたが、株価はこの日、ほぼ二ヵ月ぶりに一万五〇〇〇円を超えた。

五四年組「三人次官」へ

野党は弱体化し、自民党でも対抗勢力が鳴りを潜めて一強状態を創り出した安倍。権力基盤を完成すべく「首相支配」の触手を伸ばした先は、一四年夏の財務省の幹部人事だった。

「主税局長の田中一穂は秘書官として仕えてくれた人材だ。私にも首相のメンツがある」

三月三日夜の首相公邸。安倍は夕食をともにした内閣官房参与の飯島勲らにこう打ち明けた。田中を必ず財務事務次官にする、との決意表明だ。行政手腕や人格識見もさることながら、第一次安倍内閣の首相秘書官を出身官庁にしっかり処遇させるのは「首相のメンツ」だと強調した。この人事が安倍と財務省の力関係を測るバロメーターとでも言いたげだった。

この夏は事務次官の木下康司が退官し、同期で主計局長の香川俊介が後を襲うのが既定路線だと見られていた。田中も二人と同じ五四年入省組だ。安倍の熱弁に波乱の芽を感じ取った飯島は「では、今夏に田中次官、次に香川次官ですか？」と水を向けた。

安倍の意向と財務省の人事秩序に折り合いをつけるには、そんな例は知らないが、五四年組から次官を三人出すしかない。飯島はとっさにこう着想したのだ。安倍は直接答えず「主計局長を経験せずとも財務次官に就くのに問題ないはずだ。かつて池田勇人元首相は主税局長から大蔵次官になったそうではないか」と主税局長からの次官昇格もありうると説いた。

安倍の介入への防波堤として、財務省が頼ったのは直接の人事権を持つ麻生だ。麻生側近は「大臣は事務当局の望む人事案をきっちり実現する。それが保守本流の帝王学であり、正統派の組織掌握術だ」と漏らしていた。省内世論は、民主党政権下で腹の座った政界工作で消費税増税法を成立に導き、その後のがん闘病から復活した「香川次官」に傾いていた。

官邸のもう一人のキーパーソン、菅もこの局面では「香川次官」を認めた。菅は元建設相・小此木彦三郎《おこのぎひこさぶろう》の秘書から政界に進出し、建設族の実力者だった古賀誠の側近だった時期もある。主計局で公共事業に精通した香川とは、丁々発止やり合ってきた人間関係があった。

安倍と麻生・財務省がたどり着いた結論は、ここは香川を順当に次官にしたうえで、田中を主計局長に据えることだった。これなら「次の次官は田中」という含みとなる。飯島の案と順番は異なるが、同期から三人目の次官が出る筋書きが現実味を帯びた。

一方、菅は法人税率引き下げを巡る財務省と経産省の対立に「いつまでいがみあっているのか！　喧嘩《けんか》両成敗にするぞ！」と業を煮やしていた。ほどなく、官邸から「主税局長に経産官僚を据えてはどうか」との奇策も漏れ始める。安倍は五月三〇日、各省幹部人事に官邸から脱縦割りのにらみを利かせるため、その実務を担う「内閣人事局」を発足させた。

安倍と菅に共通したのは、人事を通じて政の官に対する優越、言い換えると霞が関への「首相支配」を確立する野心だ。七月、財務省は主計局参事官と副財務官に経産官僚を迎え、経産省は貿易経済協力局審議官と産業構造課長に財務官僚を受け入れる交流を実施した。主計局の課長級ポストに経産官僚が就くのは初めて。官邸主導の帰結だった。

消費失速、「秋の補正」不発

安倍は七月一日、政府の憲法解釈を変更し、集団的自衛権の行使を限定的に認めるなどの新たな安全保障法制整備の基本方針を閣議決定した。ただ、解釈変更に慎重だった公明党とのすり合わせで、法制化は秋の臨時国会で急がず、一五年四月の統一地方選後に先送りした。その地方選もにらんで人口減少対策を「地方創生」に換骨奪胎。「女性の活躍」推進と並ぶ成長戦略の新たな二枚看板に掛け替え、臨時国会のメーンテーマに据える。

九月三日には内閣改造・自民党役員人事を実施した。幹事長の石破茂を目玉ポストの地方創生相に回し、後任に前総裁の谷垣禎一を迎えて党内安定の要石とするサプライズを演出した。麻生、菅、甘利ら中枢閣僚は続投。消費税一〇%構想の主役だった「谷垣幹事長」は、増税実施を匂わせたとも、逆に増税延期も視野に、財政規律派の策動を封じる狙いとも受け止められた。財務省にも両様の見方が交錯し、安倍の胸の内はつかみきれなかった。

安倍は財務省には「私は再増税にはニュートラルだ」と言い続けていた。一方、女房役の菅は「二年続けて消費税増税などできるわけがない」「一七年四月まで一年半延期だ」などと否定的だった。一年半延期説は内閣官房参与の本田悦朗が唱えたもの。次の衆院選は最も遅くて一六年夏の参院選に合わせた衆参同日選挙になる、との読みから、安倍に解散権の自由裁量を持たせるには「一六年秋に景気判断→一七年四月に増税」が最善と見ていた。

この間、政権を揺るがしたのは、内閣府が八月一三日に公表した四～六月期のGDP一次速報値が年率換算で六・八%減となったことだ。東日本大震災のあった一一年一～三月期の六・九%減並みの落ち込み。四月の消費税増税に伴う駆け込み消費の反動減が個人消費を大きく減少させた。甘利は「想定の範囲内」と強調したが、円安による輸入物価の上昇や、夏にかけての各地の大雨・低温などの天候不順で、景気回復の足取りは芳しくなかった。

内閣府には「増税実施にせよ、延期にせよ、ここで手を打たないわけにいかない。秋の臨時国会で一四年度補正予算を編成すべきだ」との意見も浮き沈みしていた。財務省の一部にも、別の理由から「秋の補正」を探る動きがあった。仮に国債を増発してでも、景気対策で補正予算を組むなら、年内に国会で成立させて一四年度中に執行を終えたかったのだ。

補正予算を年末に編成し、成立が年明け以降になると、大半の執行を一五年度に繰り越す。そうなると計算上は一五年度の財政赤字を増やしてしまう。これはプライマリー赤字を半減する財政健全化目標の達成を危うくしかねなかった。半面、財務省から早期補正を持ち出せば、景気悪化を認めることになるわけで、増税延期論に勢いをつけるリスクもあった。

案の定、増税そのものに懐疑的な官邸から内閣府に「景気対策が必要だと言うなら、増税延期こそ最大の対策ではないか」との感触も伝えられ、「秋の補正予算」は封印された。

忍び寄っていた解散

安倍が唐突に看板に掲げた地方創生と女性活躍。政権内では秋の臨時国会への関連法案の提出準備も進んだが、どうにも泥縄で戦略性に乏しい動きだった。民主党など野党にも、財務省にも、安倍は本気ではなく、九月二九日の国会冒頭で衆院解散・総選挙に打って出るつもりではないか、との観測がくすぶった。何せ野党の選挙態勢は全く整っていなかった。冒頭解散で「一〇月一四日公示―二六日投票」なら、一一月前半には新内閣が発足し、年末の予算編成などへの影響は最小限とも見られた。国際会議が相次ぐため、安倍は一一月半ばに中国、ミャンマー、オーストラリア歴訪を計画。ここに解散・総選挙はぶつけられない。一一月後半以降の解散となると、年末選挙で予算編成は越年せざるをえず、これは財務省にはおよそ想定外だった。冒頭解散がなければ、衆院選は一五年に持ち越す、と読んだ。

召集日の九月二九日。国会では何事も起きず、安倍は地方創生法案を提出し、早期成立を訴えた。だが、本心では安保法制整備を一五年に先送りした初夏から、逆に衆院選の年内前倒しを視野に入れ始めていた。衆院選の最も遅い選択肢と見られた一六年夏の衆参同日選には与党の公明党が反対。一五年も九月に自民党総裁選が控える。一五年春の統一地方選後に安保法制整備に取り組むなら、解散・総選挙のすき間を見いだすのは難しかったのだ。

一〇月三日の衆院予算委員会。元民主党代表の前原誠司が「消費税を上げないなら、アベノミクスはうまくいっていない、と自ら証明することになる」と追及した。安倍は「生き物である経済を見ながら判断する。増税は法律で決まっているが、七～九月の状況を見て判断をする」と七～九月のGDP速報値を見極め、増税の是非を判断すると表明した。

七～九月のGDPは一次速報が一一月一七日に、設備投資などの統計を加味した二次速報が一二月八日に予定されていた。安倍は前年に続いて学者や経済人らを集めた経済財政の集中点検会合を開くよう甘利に指示した。一次速報を待たず、一一月初旬から始めさせる。

財務省には「増税を法律通り実施するより、延期する方が社会保障予算の組み直しなどに手間がかかる。官邸が早めに動くのは延期含みとも受け取れる」との警戒感も出た。一方、増税延期論を半ば公然と唱えていた菅は記者会見で、増税判断は二次速報まで見極める方針を一貫して強調し続ける。これはこれで、安倍が増税実施に傾いてもギリギリまで延期に転じる選択肢を残し、政権としてフリーハンドを持っておく狙いか、と受け止められた。

菅や甘利の顔色をうかがっていた内閣府高官。「夏以降の景気回復の遅れで、増税問題が容易ならざる事態に立ち至った、と感じたのは一〇月半ばだ」と増税延期の感触を証言する。

一〇月一六日、週刊誌が経産相の小渕優子《ゆうこ》の関連政治団体の不明朗な収支を巡る記事を掲載した。安倍は二〇日、小渕と地元選挙区に「うちわ」を配った法相の松島《まつしま》みどりを素早くダブル辞任させた。この頃には増税延期の信を問う大義名分で「一二月二日公示—一四日投票」で解散・総選挙を既に決意し、菅ともすり合わせ済みだったことが、後に明らかとなる。だが、財務省は増税延期の決断を察知しきれず、まして解散は「まさか」だった。

「ダブルバズーカ」の誤算

「増税しない場合、政府の財政健全化の意思や努力に市場から疑念を持たれる事態が起こってしまうと、政府・日銀としても対応のしようがないことにもなりかねない。他方で増税した場合、予想以上に経済の落ち込みが大きくなっても、財政・金融政策で対応できる」

九月四日。日銀総裁の黒田東彦は記者会見で、増税実施で景気が落ち込むリスクにはマクロ政策で対処しうるが、増税延期で財政への信認を失えば、長期金利の急上昇など不測の事態が起きかねない、と警鐘を鳴らした。シカゴ学派の経済学者フランク・ナイトを引く形で、予見可能な「リスク」と、何が起きるか読めない「不確実性」の違いを説いたのだ。

夏前から財務省は「日銀が追加緩和を秋まで温存できれば、景気下支えと増税実施の援軍になる」と期待していた。黒田の「リスクと不確実性」論を政治家や経済人への根回しで一斉に使い始めたのも財務官僚たちだ。黒田は九月一一日に安倍と会談。記者団に「物価目標の達成に困難を来すなら、ちゅうちょなく追加緩和であろうと何だろうとする用意がある」と強調した。四〜六月期のGDP二次速報が一次の六・八％減から七・一％減に下ブレし、景気への懸念が一段と広がった矢先に、追加緩和も辞さない構えで増税後押しに動いた。

財務省が第二の援軍と秋波を送ったのは、公的年金資金を運用する独立行政法人GPIFの資産構成見直しによる株価下支えだ。厚労省は官邸からも国内株への投資拡大を迫られ、夏から検討してきた。国内株、海外株の比率をともに倍増させて二五％とし、株式運用を五割まで高める。半面、国内債券は六割から三五％へ引き下げる。こんな方針を固めた。

約三〇兆円の国債を手放すわけなので、厚労省は日銀とも非公式にすり合わせた。そのうえで一〇月前半に新方針を発表するつもりでいたが、新厚労相の塩崎恭久がGPIFの抜本的な組織改革を持ち出して待ったをかけ、手間取るうちに三一日までずれ込んだ。午後の株式市場が閉じた後の発表を準備していたところへ、一瞬早く動いたのは黒田日銀だった。

「日銀は物価目標二％の早期実現を確かなものにするため、量的・質的金融緩和を拡大することを決定した。国債の保有残高の増加額を年間五〇兆円から三〇兆円増やして八〇兆円とする。株価指数連動型上場投資信託（ETF）の買い入れも三倍増の年間三兆円とする」

金融政策決定会合での賛否は五対四。薄氷の決定だった。安倍はこの直前、都内のホテルで麻生や三大メガバンクのトップと昼食をともにし、口々に増税実施を説かれて辟易《へきえき》していた。官邸に戻って日銀の決定を知る。その直後、麻生が今度は次官の香川俊介ら財務省幹部を伴い、一五年度予算の概略説明を理由に官邸に乗り込んできた。日程調整の偶然が重なったのだが、メガバンクも黒田も財務省が一斉に動かしたかのように、安倍には映った。

首相執務室に入った財務官僚の一人は、安倍の顔つきが険しいのでギクリとした。説明を聞きながら終始、安倍は不機嫌だった。「首相はなぜ追加緩和を歓迎しないのだろう。それは増税するつもりがないからだ、としか思えなかった」と振り返る。ある幹部は「黒田バズーカⅡが出た！　首相から増税実施の言質《げんち》を取るぞ」と勇んで官邸に向かったほどだが、空振り。株高円安を演出した黒田とGPIFの「ダブルバズーカ」はよもやの誤算となる。

マイナス成長に無力感

一〇月三一日の「安倍の不機嫌」と並び、一部の財務官僚が異変を察したのは、増税反対を公言してきた菅がダンマリに転じたことだ。増税を前提とした一五年度予算の概略を説明しても、菅が「また財務省が勝手に決めるのか」と苛立つ場面はなかった。そんな説明をいくらしても、財務省の言う通りにはならない――「菅の無反応」にも含意があったのだ。

一一月二日。内閣官房参与の飯島勲が大阪発の民放テレビ番組で、こう看破してみせた。

「一七日頃に七～九月の経済状況が分かるから、首相は二〇日頃に消費税率を一〇％に上げるかどうか決断する。思い切って衆院を解散し、一二月二日公示で一四日に投票。二四日に新内閣を組閣して、一五年度予算編成は越年。やる必要はないけど、やってもいい」

飯島は増税実施論者で、年内選挙にも懐疑的だった半面、安倍の解散シナリオを正確に言い当てていた。財務省もようやく増税延期の流れに危機感を強めるが、解散・総選挙は「まさか」だった。一二月の衆院選なら予算編成は越年だ。増税延期なら、その論拠は景気が悪化したから、しかない。なのに、選挙優先・越年予算では論理矛盾を来す、と考えた。

安倍は解散の決断を秘匿し、増税延期への巻き返しも防ぐため、予算編成との兼ね合いすら財務省に照会せずにカヤの外に置き続けた。一一月四日から一八日まで、有識者延べ四五人から経済財政状況を聴く点検会合を進めた。菅は増税判断を一二月八日のGDP二次速報まで見極めてから、と煙幕を張り続けた。経済財政諮問会議の民間議員の一人は「消費動向は一七日のGDP一次速報で分かるから、そこで首相は心証を固められる。甘利経済再生相も既に増税延期に傾いた。一二月八日は正式決定に過ぎない」と漏らしていた。

解散シナリオの最後のピース。それは安倍が一一月九日から訪れる北京で、中国国家主席の習近平との初の日中首脳会談にこぎつけることだった。日中が会談開催で合意した七日、安倍は自民党幹事長の谷垣禎一、公明党代表の山口那津男《なつお》と個別に会談し、決断を伝えた。アジア・豪州を歴訪して一七日に帰国し、GDP一次速報を受けて直ちに増税延期を決め、衆院を解散する手順だ。旅立つ安倍は財務省出身の首相秘書官を随行させなかった。

完全に立ち遅れた財務省。頼みの綱は「消費税は予定通り上げた方がいい」と言い続けてきた麻生だった。一五日から豪ブリスベーンでの二〇カ国・地域（G20）首脳会合に出席した安倍に麻生は合流する。一七日、日本に戻る安倍の政府専用機に同乗し、増税の是非の判断を衆院選後に先送りすべきだ、と最後の説得を試みようとした。そこに急報が入る。七〜九月のGDP一次速報は年率換算で一・六%減。大方の予想を裏切る二・四半期連続のマイナス成長に、財務省に衝撃が走った。安倍の増税延期解散を止めるすべはもうなかった。

予算「年内編成」の錯誤

「アベノミクスの成功を確かにするため、消費税一〇%への引き上げを一八ヵ月延期すべきだ、との結論に至った。国民生活に重い決断をする以上、速やかに国民に信を問う」

一一月一八日。安倍は記者会見で、増税延期と衆院解散の決断を明らかにした。同時に「再び増税を延期することはない」と言い切り、財政の信認への目配りものぞかせた。「一七年四月の引き上げは、景気判断条項を付さずに確実に実施する。二〇年度の財政健全化目標もしっかり堅持する。一五年夏までにその達成に向けた具体的な計画を策定する」

景気判断条項の削除や、プライマリーバランス黒字化目標の堅持。これらも財務省が具申したわけではない。安倍が官邸の側近たちと相談して決め、財務省に通告したに過ぎなかった。両者の意思疎通のなさ。それを象徴したのは、一二月一四日の衆院選後の新内閣発足は二四日頃となり、一五年度予算編成は越年する、と財務省から聞いた安倍最側近が「えっ」と絶句したことだ。官邸は年内編成は可能だと決め込んで解散に突き進んでいた。政治のファンダメンタルズだった「竹下カレンダー」はまたも破り捨てられていたのだ。

消費税増税法には景気判断条項があり、増税延期も想定外ではない。実際の延期には法改正が必要だが、与党は衆参両院で多数を占め、成立させられる状況なので解散には大義がない——野党がこう批判すると、安倍は解散した二一日の会見で微妙に軌道修正した。

「この解散は『アベノミクス解散』だ。前に進めるのか、止めてしまうのか。私たちの経済政策が間違っているのか、正しいのか。ほかに選択肢はあるのか、国民に伺いたい」

野党の虚を突く解散で、選挙情勢は自民党に追い風が吹くが、「大義なき解散」との評価はなおつきまとう。三〇日のフジテレビの党首討論番組。安倍はこんな説明も試みた。

「現実論として（増税の）方向性が決まって、ドーっと進んでいる。財務省の皆さんも善意でやっている。財政再建しなければいけない、と。善意ではあるが、凄い勢いで根回しするから、自民党全体もそんな雰囲気になっていく。大きな船を方向転換するのはそう簡単ではない。そこで責任を負っているのは私だ。解散という手法で、党内一体で向かっていく」

財務省の「凄い勢い」の根回しで、幹事長の谷垣ら党三役もそろって増税容認に傾斜していた。増税延期法案を国会に出せば、与党は賛否両論で二分する。野党も反対して否決されれば、安倍内閣は倒れかねない。この倒閣運動含みの「増税包囲網」を打破するには、解散して信を問うしかなかった——こんな「物語」を宰相自身が披露してみせたわけだ。

一二月一四日、自民党は二九一議席を獲得し、公明党を併せた連立与党で衆院の三分の二を引き続き制する勝利を収めた。安倍は二四日、第三次内閣を発足させる。

財務次官OBには「財務省が首相を追い込み過ぎたのではないか」との見方も散見された。消費税を一〇%に上げるのは一五年一〇月だ。その一年近くも前で、八%実施の後遺症も残る一四年中に再増税するか否か決断しないと、一五年度予算が組めない、と迫る戦術は適切だったのか、と問う向きもある。あるOBは「政と官」の観点から、こんな評価を漏らす。「解散権を持ち出すところまで首相を身構えさせたなら、追い込み過ぎだ。そこに至れば、官僚はもう何も言えない立場なのに、その後も増税判断の先送りまで探ったのは愚策だ」

一方、現役の官僚には「首相は年内解散ありきだった。勝てる時期はここしかないと判断したからだ。増税延期は選挙にマイナスだからであり、財務省の策動批判は後講釈に過ぎない」と冷めた見方も目立つ。次官の香川は菅に「安倍官邸は財務省のせいにして解散・総選挙を断行し、無傷で権力を維持したわけですから、財務省に大いに感謝してもらわなければ困ります」と半ば本気とも、半ば冗談ともつかぬセリフを吐き、菅を苦笑いさせた。

財政規律を重んじるあまり、時には「官」の矩を超えかねない財務省の策動を、「政」が首相の解散権という最大の権力を行使して抑え込んだのか。それとも、これは財務省が昔もいまも変わらぬ「最強官庁」だという神話に乗った、政治による究極の「財務省依存」ともいうべき奇観なのか――。安倍官邸と財務省の暗闘は三年目に入った。

終章　「最強官庁」のいまとこれから

予算も税制も首相主導

二〇一四年一二月の第三次安倍内閣の発足後も、首相官邸と財務省の呼吸のズレは解消しなかった。突然の年末の衆院選で、一五年度予算編成は越年やむなしと判断した財務省は、年明けからの通常国会での予算成立の遅れもにらみ、カレンダーを組み立て直した。

予算案の閣議決定は一月一四日。印刷に四週間を見込んで二月一〇日に国会に出す。四月一二日に統一地方選挙の前半戦で知事選などの投票日が来るので、その直前の一〇日までに予算成立を図る。つまり、一〇日間程度の短期の暫定予算の編成を覚悟する日程を描いた。

一方、予算の年内編成は可能と決め込んで解散・総選挙に打って出た安倍。そのために成立の遅れを招いた、との批判を嫌った。衆院選翌日の一二月一五日の記者会見で「個人消費をテコ入れし、地方経済を底上げせねばならない。直ちに行動する。年内に経済対策を取りまとめる」と表明する。予算編成の基本方針や与党税制改正大綱も年内決定を号令した。

基本方針などの決定を急いでも、予算案の閣議決定と国会提出をこれ以上前倒しするのは無理で、成立時期も変わらないなら意味がない。財務省はそう困惑した。だが、選挙戦で「経済最優先」を訴えた安倍は、年内に予算と税制改正の骨格を決める日程にこだわった。

このあおりで大幅に短縮されたのは、与党の事前審査プロセスだ。前年度は一五ページにわたった予算編成の基本方針はわずか三ページに簡素化され、一二月二六日に自民党の政調全体会議で約一時間、議論しただけで翌日に閣議決定。党税制調査会も選挙後に正味四日間の超特急で税制改正の作業を進め、暮れも押し詰まった三〇日の総会で大綱を決めた。

「法人税改革は初年度の一五年度になんとか実効税率を二・五%は引き下げてほしい」

安倍は一六日、副総理・財務相の麻生太郎にこう指示した。六月の骨太方針では、東京都で見て三五・六四%の実効税率を「数年で二〇%台まで引き下げることを目指す」としていた。消費税問題の陰で秋以降、安倍と麻生・財務省、経団連の間で水面下の調整が進んでいた。党税調の威光に陰りが隠せず、安倍の法人税改革への固執で「政高党低」が鮮明になったのを見て、財務省も安倍との直接協議で大枠を固めるしかない、と腹をくくったのだ。

安倍の意向を踏まえ、一五年度は二・五一%下げ、一六年度はさらに〇・七八%下げて二年で三・二九％引き下げる方針で決着した。赤字企業にも課税する外形標準課税の拡充、黒字を過去の赤字と相殺する繰越欠損金制度の縮小などで代替財源を確保するが、二年間で四二〇〇億円の実質減税だ。土壇場で経産省が初年度三％超の下げで策動したが、ここは既に安倍との間で大枠を固めていた財務省がはねつける。党税調の存在感は乏しかった。

年明けの予算編成の最終局面の焦点は、高齢化で社会保障費が増え続ける中で改定年度を迎えた介護報酬だった。過去最大の下げ幅二・三％を超える引き下げを主張した財務省に厚労族議員は猛反発。地方選への悪影響を懸念してマイナス改定阻止を官邸に訴えた。最後は安倍と麻生の協議で、二・二七％の下げで決着した。

予算編成も税制改正も一段と首相主導に傾斜した。自民党には「いったん大蔵原案を内示し、復活折衝で与党が関与する手順に戻さないと、予算の全体像が見えない」と民主党政権が廃止した予算の復活折衝プロセスの再開論がくすぶるなど、疎外感と不満が強まった。

手探りの積極広報

四月二四日。財務省広報室長の高田英樹はロンドンで慌ただしい一日を過ごしていた。世界の経済論調を形成する『エコノミスト』誌や『フィナンシャルタイムズ』紙の編集者と懇談。格付け会社の幹部と会い、十数人の外国投資家・金融関係者とのラウンドテーブル・セミナーもこなした。日本の財政事情への正確な認識を訴えた高田だが、外国勢の関心は財務省の縄張りをはみだし、アベノミクス全体の評価とその行方に集まっていた。

もともと、霞が関には、力の源泉でもある重要情報を抱え込んで秘匿する本能はあっても、対外的に説明して広く理解を求める気風は乏しかった。大蔵・財務省も例外ではない。

しかし、厳しい財政事情の下で、国債の円滑な消化や債券市場の安定をにらむと、外国投資家にもっと日本国債を保有してもらう必要がある、との考え方が強まった。そこで、財務省が〇五年から始めたのがインベスター・リレーションズ（ＩＲ）活動だ。海外各地で国債投資に必要な情報を提供するセミナーを開き、投資家の個別訪問も試みている。

安倍の再登板で、円安株高を基軸とするアベノミクスが本格化すると、財務省は一段と戦略的な海外広報を模索し始める。悲願の消費税増税を円滑に進めるためにも「株価連動政権」に違和感をのみこんで付き従い、アベノミクスの成功を演出するしかない。そう割り切らざるをえなかった。為替介入を担当する課長を経験し、外国投資家の人脈も豊富な国際畑の大矢俊雄《おおやとしお》らを海外広報戦略に投入する。大矢は内閣官房とも連携し、ニューヨーク、ロンドン、シンガポール、アブダビなど各地を飛び回って投資家やメディアに「アベノミクスは買い」だと売り込んだ。関わったのは財務省の広報室などのごく少数のスタッフだ。

さらに一四年夏に英国財務省に出向経験のある高田が広報室長に就き、戦略を加速した。広報室長は代々、課長の一歩手前の企画官級の若手キャリアが就く役職。長らく国内報道機関への対応がメーンだったが、政策広報を目的に海外へ自ら出向くまでに手を広げた。

一五年春。財務省は「国民との対話の充実」を掲げ、国内広報戦略の強化も手探りしていた。政府税制調査会や財政制度審議会などを通じた経済学者やエコノミストらとの交流。有力経済人や大手メディアへの「ご説明」と称する根回し。税負担増や行政サービスの切り下げに幅広く理解を得るには、これらの手法だけではもはや限界が来たとの認識からだ。

大学への出張講義などは無論、さまざまなNPO（非営利団体）が催す働く女性や若者らの集まりに若手官僚をどしどし送る。インターネット上での財政などを巡る討論に広報室スタッフが参加し、質問に答える。本省でも、三〇歳代の若手論客や女性誌の編集者らこれまで接点の乏しかった有識者層にも広く声をかけ、財務官僚たちとの対話の場を設けた。

日頃は縁遠い存在であろう財務官僚。その顔を見て、言葉を交わし、ともあれ生身の「ひと」として知ってもらう努力の積み重ねが、遠回りなようでいて政策への理解を得る近道かもしれない――積極広報路線はこんな「顔のない財務省」脱却を目指す新機軸だ。だが、五月中旬、財務省との対話の場に招かれたある大学教授はこんな疑問を投げかけた。

「財政でも税制でも世の中の大半から嫌われる厳しい主張を展開する。政治家に水面下で根回しし、見据えた着地点へ誘導して行く。結果として泥もかぶる。それが財務官僚の仕事ではないのか。外からどう見られているかを気にして、どうするつもりなのか」

「愛される財務省」など似合わない、と言われながらも「最強官庁」の手探りが続く。

縮まらぬ官邸との距離

一五年前半の経済財政政策の争点は、向こう五年間の財政健全化計画だった。消費税一〇％の実施延期を決めた安倍が、財政への市場の信認をつなぎ留める狙いで打ち出したものだが、三月一三日の衆院財務金融委員会で「一〇％までは消費税を上げるが、それ以上の引き上げで税収を増やすことは考えていない」と一〇％を超す増税は早々と封印した。

内閣府の中長期試算では、アベノミクスが奏功して名目成長率が三％を超えても、二〇年度にプライマリーバランス（基礎的財政収支）を黒字化する目標の維持には、歳出抑制と税収の自然増で九・四兆円の収支改善が必要と考えられた。一七年四月に消費税一〇％を実施し、その経済への影響を乗り切るまでは、次の増税論議は無理だろう、と財務省も観念した。そこで、高齢化で膨らみ続ける社会保障費を中心に歳出抑制に力を注ぐ路線に傾斜する。

ただ、安倍は一四年四月の消費税八％実施後の想定外の景気落ち込みで、財務省にだまされた、と不信感をさらに強めていた。ここでも歳出カットが行き過ぎると、景気下押し圧力となって、デフレ脱却が再び危うくなりかねない、と思案。その懸念を経済再生相の甘利明やその指揮下の内閣府事務次官の松山健士《まつやまけんじ》らが忖度して動き、財務省とのミゾが深まる。

ひとまず両府省が同床異夢ながら折り合ったのは、一〇％実施後の一八年度にプライマリー赤字をGDP比で一％まで減らす中間目標を設定し、そこで追加増税などのさらなる措置が要るかどうかを検証する手順だ。追加増税論議は先送りしたわけだ。そのうえで内閣府は経済財政諮問会議の民間議員を使い、デフレ脱却と高成長で飛躍的な税収増が期待できると主張。歳出抑制に厳しい数値目標の枠をはめるべきでない、と財務省を牽制《けんせい》した。

政策決定が首相主導に傾き、自民党で財政規律派の声がしぼんで、受け身に回る財務省に思わぬ援軍が現れた。安倍が「保守派のジャンヌ・ダルク」と期待し、当選四回ながら重用する政調会長の稲田朋美《いなだともみ》だ。党財政再建特命委員会を主宰して「現政権は過去三年間、財政改革を進めながら成長もした。この改革すら続けられないのはおかしい」と訴えた。

稲田は党行政改革推進本部長の河野太郎らと連携。高齢化などで毎年、八〇〇〇億円～一兆円規模の自然増がある社会保障費の増加を、向こう三年間は五〇〇〇億円ずつに抑える改革案をまとめた。この案を総務会で党議決定に格上げするところまで突っ走ったのである。

稲田「当てにならない成長を当てにし、雨乞いをして、プライマリーバランスの黒字化を達成させるなんていう話じゃない」

甘利「経済成長や税収と無関係に歳出を縛るのは、論理矛盾だ。算数の単純な話だ」

個別の記者会見などを通じた甘利と稲田の激しい応酬は、内閣府と財務省の代理戦争の様相を呈した。内閣府は「安倍の意向」を背負っていると自負したが、稲田も党議決定をテコに安倍や菅に直談判。財政健全化計画を柱とする骨太方針一五は六月三〇日に閣議決定された。歳出抑制の「目標」は設定しないが、社会保障費は経済・物価動向に目配りしながら、三年間で一・五兆円増に抑える査定の「目安」を盛り込んだ。玉虫色の決着だった。

自民党税制調査会などを拠点とし、不人気な増税や歳出削減にあえて取り組んでみせる財政規律派の政治家たち。しばしば「財務省の言いなり」「財務官僚に洗脳された」とレッテルが貼られる。甘利も稲田を「財務省に利用されるだけされて、いずれ捨てられる運命だ」と評した。ただ、政治家の行動原理はそう単純でもない。増税や歳出削減への取り組みは、自らの選挙にも不利に働きやすいなど政治的デメリットも確かにある。その半面、将来世代に対して責任感の強い政治家だ、とか、難題をこなす総合調整能力を備えた政策通だ、などの評価を受けるメリットもある。「財務省のためにやっているわけじゃない」と繰り返す稲田らが、新たに財政規律派の系譜に名を連ねるのかどうか。自民党の今後にもかかわる。

安倍はこの骨太の副題を「経済再生なくして財政健全化なし」と自らつけて、成長重視路線に一段と舵を切った。成長路線の先導役となってきた官邸周辺の経産官僚たちの隊列に、内閣府も加わった。財務省は官邸との距離を縮められずに暗中模索が続いた。四月に二万円を超えた日経平均株価だが、中国経済の動揺を受けて八月下旬に急落するなど不安定さも露呈。安倍は「経済最優先」を強調するが、アベノミクスの前途に不透明感も漂った。

安倍色の次官誕生

がん闘病を経て財務事務次官になった香川俊介は四月下旬から再び体調を崩し、松葉杖や車いすに頼って一年間を務めあげた。七月七日。次官に主計局長の田中一穂が昇格した。再登板した安倍が、第一次内閣の首相秘書官を必ず処遇する、と「予告」した通り。同一年度入省のキャリア組から三人目の次官誕生は極めて異例だ。時の首相の介入なしにはありえなかった。香川は執念を燃やした消費税一〇%を見ぬまま、八月九日に逝った。

各期から次官に上り詰めるのは一人だけ。時には次官を出せない期もある。同期が次官になれば他は全員が退官する——かつてはこれが各省人事の不文律だった。〇一年の省庁再編後は徐々に変わり始めた。財務省で同期から二人の次官を出した前例は昭和四九年組にある。共に主計畑を歩いた杉本和行（現公正取引委員長）と丹呉泰健（現日本たばこ産業会長）。杉本は森喜朗、丹呉は小泉純一郎の首相秘書官も務めた。甲乙つけがたいと評価された二人ゆえに、と当時は説明されたが、第4章で見た通り、長老格の次官ＯＢはひとたび「同期から二人の次官」の前例を創れば、人事秩序が不安定化し、いずれ政治の介入を招くと予言していた。それが田中ら五四年組で「三人目」という形で現実になった。

五四年組から木下康司、香川俊介と二人の次官を出すところまでは、財務省自らの構想だった。同期から次官を二人出してもいいなら、三人がいけない理由があるのか。安倍が田中を次官に押し上げた背景には、こんな論法が潜在していた。二人目もあり、という下地がなければ、三人目がありえなかったのも確かだ。安倍は内閣人事局を新設するなど、首相官邸から各省幹部人事ににらみを利かせる態勢を強化しており、この人事もその流れにある。

田中の任期は順当なら一年と見られるが、省内には「首相は気心の知れた唯一の財務官僚とも言える田中を簡単に手放さないのではないか」と次の人事介入への警戒も渦巻いた。

細る人材がボディブロー

安倍流の首相主導に受け身に回る財務省。変わりゆく政と官の力関係に加え、「最強官庁」を土台から揺るがすのは人材を巡る二〇年越しの構造要因だ。その起点は、橋本龍太郎内閣下の一九九六年七月三一日に閣議決定した国家公務員の第九次定員削減計画にある。

この計画は幹部候補生となるキャリア組の採用を九七年度は一割、九八年度以降は三割減らす方針を打ち出した。それまで毎年二十数名を採っていた大蔵省は一六～一七名まで採用を削減。九八年に金融監督庁が分離・独立（〇一年から金融庁）して独自に採用を始めたので、一度減った採用者数は容易に元に戻せなかった。この頃、大蔵官僚の不祥事への批判や組織解体論に嫌気が差し、退官して外資系金融機関や政界などに転身する若手も続出した。

「政治との力関係の変化より、こちらの方がよほど長期的なボディブローとして効いている。財務省は一〇年後まではもっても、二〇年後には今の姿ではないかもしれない」

人事部局を経験した財務省幹部は九〇年代の幹部候補生の「分母」の縮小と人材の細りに危機感を隠さない。「分母」が一〇人まで減った期もあり、二〇人を超す同期から局長や次官の候補を絞り込む競争の熾烈さと比べると、その差は歴然としてきたと漏らす。人材を補うため、一一年度から、キャリア組への登用も視野に社会人経験者の中途採用を始めた。

複数の幹部は「入省六〜七年目で各地の税務署長に出向させ、組織マネジメントの訓練を受けさせる慣行を止めたのも大きい」と打ち明ける。不祥事が相次いだ頃、たかだか三〇歳前後で税務署長になって床の間を背にふんぞり返り、ちやほやされるのが大蔵官僚を勘違いさせ、増長させる源だ、と叩かれた。そんな面も否定はしきれない、と署長出向を原則取り止めた結果、若くして組織を束ね、責任を背負う貴重な経験の機会が失われた、という。

橋本内閣でなぜ新規採用を三割減らしたのか。第1〜2章で見たように、九〇年代の自民党の顔の一人だった加藤紘一は、大蔵省とは極めて微妙な関係だった。宮澤喜一内閣の官房長官だった九二年、自らも東大法学部出身ながら、新規採用で東大出身者の比率を五〇％以下に減らす方針を打ち出したのだが、大蔵省をはじめ有力官庁は一向に減らさなかった。

細川非自民政権を経て、自民、社会、新党さきがけ三党の連立政権が誕生した九四年。自民党政調会長に転じていた加藤は、東大の同期生でもある大蔵省官房長の小村武に「なぜ減らさないのか」と問いただした。小村が「東大生以外はなかなか来てくれない」などと釈明しても加藤は納得せず、怒って小村を出入り禁止にした。このしこりが尾を引いた。

この後、与党内では国家公務員の各省別の採用を止め、一括採用にすべきだとの意見が強まる。官僚側の強い反対でこれは見送るものの、九七年四月からの消費税率三％から五％への引き上げもにらみ、橋本内閣は行革の観点から新規採用の三割削減に踏み切ったのだ。二〇年前に政治主導ではめた「改革」のタガが、いま、財務省にじわじわと効いてきている。

政策決定の首相主導の流れで内閣官房の組織や業務が膨張し、財務省も大勢の出向者を送り出すようになった。このため、本省が人手不足に陥り、主計局の登竜門である主査の職でさえ、今では各府省からの出向者が珍しくない。財務省は定員削減の枠内で、一四年度はキャリア組の新規採用を二二人まで増やし、久々に二〇人を超えた。女性もそれまでの毎年一～二人から五人に増やした。続く一五年度も二三人を入省させ、うち女性は七人。「女性の活躍」の旗印の下、女性比率を三割以上にせよ、と号令する安倍に忠実に従った。

統治構造改革への懐疑

政権交代を懸ける小選挙区中心の衆院選は、有権者による政権の選択を政党の選択、さらには「首相の選択」に変換する。時の首相は、自ら政権を勝ち取った、という「民意」への手ごたえを強める。それを拠りどころに官僚機構への優越を確信し、有権者に約束した政策（マニフェスト）を推進する。勢い、政策決定は首相主導のトップダウン型に傾く——。

この「政権交代と首相主導」の潮流は、小選挙区制を導入した政治改革から、経済財政諮問会議など首相の補佐機構を充実・強化した橋本行革へと続いた平成の統治構造改革の帰結だ。その流れは蛇行しながらも第二・三次安倍内閣に至ってはっきりと見えてきた。

五五年体制下の自民党長期政権では、霞が関の各省割拠と派閥・族議員の党内秩序に見合ったボトムアップ・全会一致型の政策決定が定着した。内閣が国会に提出する予算や法案は必ず自民党の事前承認を要する。これが与党主導の自民党システムの核心だ。内閣と国会が憲法上、分断され、内閣は国会の審議日程に介入できないため、与党に国会対策を依存したからだ。大蔵・財務省は時々の政権の最高実力者と「つるむ」ことに腐心しながら、この内閣と与党の二重権力構造の狭間で、総合調整役として政治家の間を立ち回ってきた。

このように旧い自民党システムに深々と組み込まれ、予算編成や税制改正を円滑に進めるうえでは、とことんまで政治的リアリズムに徹さざるをえなかった大蔵・財務省。政権交代や首相主導を志向する統治構造改革には一貫して懐疑的で、距離を置いてきた。従来のシステムを不安定にしかねないそんな「改革」より「政治の安定」を求めるのが常だった。

二一世紀に入り、小泉純一郎がこの「与党・官僚内閣制」を標的に「自民党をぶっ壊す」と言い放ち、諮問会議など統治構造改革の果実を使って「強い首相」を演じてみせた。それでも、国会との関係で、事前審査制を含む与党主導の下部構造は粘着力高く生き残ったし、小選挙区制で派閥が弱体化した分、与党内統制はかえって難しさを増した。〇五年の小泉の郵政解散は、党内統治に失敗した末に起死回生を狙った賭けだった。だから、財務省にも小泉流の「強い首相」はなお個人プレーにとどまるとの受け止め方が根強かった。

案の定、小泉後の自民党政権は与党主導と首相主導の間で迷走し、首相は短命続きで下野に至る。財務官僚たちからは、統治構造改革にこんな疑問の声や恨み節が目立った。

「小選挙区制は派閥秩序を崩し、落選リスクの高まった政治家を目先の集票に走らせ、増税など有権者の口に苦い政策を後回しにさせて、政治を劣化させているだけではないか」

「首相主導といっても、カヤの外に置かれる与党を誰がどうやってなだめるのか。結局、憎まれ役は我々、官僚に押しつけられ、首相官邸と与党の板挟みになって叩かれ損だ」

民主党政権は当初、政策決定の内閣一元化や与党・官僚間の接触制限を掲げた。これは小泉流の首相主導をより組織化・制度化する試みとも言えた。だが、与党事前審査をやめると、予算や法案への賛否にどこで党議拘束がかかるのか不明確になるなど、国会に臨む与党内統制がガタガタに崩れた。政権交代や衆参ねじれ国会に振り回された財務省ならずとも、これでは首相主導体制が新しいシステムとして定着するかどうか、疑わざるをえなかった。

「移りゆく四十年」の変転

民主党政権を破り、再登板した安倍は小泉流を引き継いで「強い首相」を演じ始めた。内閣・国会の分断構造は変わらず、与党主導の残像が抜けない自民党にも首相主導への違和感はくすぶる。財務省もなお対官邸と対与党の二正面作戦を強いられるわけだが、時の首相とつるめるかどうかが、財政健全化や消費税増税の生殺与奪を決める現実は否定しづらい。

今、財務省が政治に対して受け身に回っている一因は、安倍やその周辺に強烈な反財務省の気分が渦巻いているからだ。だが、「ひと」の問題だけなのだろうか。政権交代を内包しつつ首相主導への流れを強める「平成デモクラシー」が、政官関係を政治優位に傾かせる不可逆的な構造変化をもたらし、「最強官庁」財務省をも押し込んでいるのではないだろうか。

税財政を預かる財務省は政局に巻き込まれる宿命にある。国と地方で一〇〇〇兆円を超す長期債務残高を抱える財政と、年金、医療、介護といった社会保障制度は持続可能かどうかの瀬戸際にある。財務省は増税や歳出抑制など厳しい「負担の分配」を説かざるをえない。それは、高度成長期の大盤振る舞い用にできた与党主導で縦割り・積み上げ・全会一致型の政策決定には不向きで、首相主導のトップダウン型の決断がなければ前に進まない。

そうして財務省が具申する「負担の分配」は、次の政権選択選挙を意識する時の首相には厄介極まりない政策決定となる。消費税一〇％構想は何人もの首相が倒れ、政権交代とねじれ国会の果てに、衆院選での争点化を避けたい民自公三党の合意で実現した。超党派で共通の土俵ができたかと思えば、安倍は一〇％実施延期の決断を衆院解散・総選挙で問うた。

力が拮抗する政党が政権を競うなかで政策が現実路線に収斂し、共通の土俵が生まれる。どの党が政権に就いても、いずれ下野する定めを知り、時の首相は権力行使に自制を働かせる。政権交代と首相主導の「平成デモクラシー」がそこまで熟せば、政官関係も新たな均衡に向かうかもしれない。だが、民主党政権の瓦解から「安倍一強」政局へと政党政治の揺れは収まらない。一九九〇年代からの統治構造改革がいまだ「移りゆく四十年」（経済学者の故青木昌彦）の過渡期だとすれば、「財務省と政治」の位相も不安定な局面が続く。

引用・参考文献一覧

（著者五十音順）

青木昌彦『日本経済の制度分析　情報・インセンティブ・交渉ゲーム』筑摩書房、一九九二年
青木昌彦『青木昌彦の経済学入門　制度論の地平を拡げる』ちくま新書、二〇一四年
青木昌彦・鶴光太郎共編著『日本の財政改革　「国のかたち」をどう変えるか』東洋経済新報社、二〇〇四年
飯尾潤『日本の統治構造　官僚内閣制から議院内閣制へ』中公新書、二〇〇七年
五百旗頭真・伊藤元重・薬師寺克行『90年代の証言　宮澤喜一　保守本流の軌跡』朝日新聞社、二〇〇六年
市川雄一・公明党元書記長に聞く（1）〜（4）日本経済新聞電子版「永田町アンプラグド」、二〇一三年
井手英策『財政赤字の淵源　寛容な社会の条件を考える』有斐閣、二〇一二年
井手英策・諸富徹・小西砂千夫企画編集『日本財政の現代史Ⅰ・Ⅱ・Ⅲ』有斐閣、二〇一四年
猪口孝・岩井奉信『「族議員」の研究　自民党政権を牛耳る主役たち』日本経済新聞社、一九八七年
猪瀬直樹『道路の権力　道路公団民営化の攻防1000日』文藝春秋、二〇〇三年
江田憲司『誰のせいで改革を失うのか』新潮社、一九九九年
江田憲司・西野智彦『改革政権が壊れるとき』日経BP社、二〇〇二年
遠藤典子『原子力損害賠償制度の研究　東京電力福島原発事故からの考察』岩波書店、二〇一三年
岡田彰・田中一昭編『中央省庁改革　橋本行革が目指した「この国のかたち」』日本評論社、二〇〇〇年
翁邦雄『ポスト・マネタリズムの金融政策』日本経済新聞出版社、二〇一一年
奥健太郎「事前審査制の起点と定着に関する一考察」慶応義塾大学『法学研究』所収、二〇一四年一月
小沢一郎『日本改造計画』講談社、一九九三年
小野展克『企業復活　「日の丸ファンド」はこうして日本をよみがえらせた』講談社、二〇〇七年
加藤淳子『税制改革と官僚制』東京大学出版会、一九九七年
上川龍之進『経済政策の政治学　90年代経済危機をもたらした「制度配置」の解明』東洋経済新報社、二〇〇五年
上川龍之進『小泉改革の政治学　小泉純一郎は本当に「強い首相」だったのか』東洋経済新報社、二〇一

○年
軽部謙介・西野智彦『検証　経済失政　誰が、何を、なぜ間違えたか』岩波書店、一九九九年
カレル・ヴァン・ウォルフレン『日本権力構造の謎』（上・下）ハヤカワ文庫、一九九四年
岸宣仁『税の攻防　大蔵官僚四半世紀の戦争』文藝春秋、一九九八年
後藤謙次『竹下政権・五七六日』行研、二〇〇〇年
後藤謙次『ドキュメント平成政治史I・II・III』岩波書店、二〇一四年
佐々木毅『いま政治になにが可能か　政治的意味空間の再生のために』中公新書、一九八七年
佐々木毅・清水真人共編著『ゼミナール　現代日本政治』日本経済新聞出版社、二〇一一年
佐藤誠三郎・松崎哲久『自民党政権』中央公論社、一九八六年
ジェームズ・ファローズ『日本封じ込め　強い日本vs.巻き返すアメリカ』TBSブリタニカ、一九八九年
清水真人『官邸主導　小泉純一郎の革命』日本経済新聞社、二〇〇五年
清水真人『経済財政戦記　官邸主導　小泉から安倍へ』日本経済新聞出版社、二〇〇七年
清水真人『首相の蹉跌　ポスト小泉　権力の黄昏』日本経済新聞出版社、二〇〇九年
清水真人『消費税　政と官との「十年戦争」』新潮社、二〇一三年
ジョン・C・キャンベル『自民党政権の予算編成』勁草書房、二〇一四年
菅義偉『政治家の覚悟　官僚を動かせ』文藝春秋企画出版部、二〇一二年
高田英樹「英国財務省について」二〇〇六年発表
竹中平蔵『経世済民　「経済戦略会議」の一八〇日』ダイヤモンド社、一九九九年
竹中平蔵『構造改革の真実　竹中平蔵大臣日誌』日本経済新聞社、二〇〇六年
田中秀征『さきがけと政権交代』東洋経済新報社、一九九四年
田中秀明『財政規律と予算制度改革　なぜ日本は財政再建に失敗しているか』日本評論社、二〇一一年
田中秀明『日本の財政　再建の道筋と予算制度』中公新書、二〇一三年
中谷巌・大田弘子編『経済改革のビジョン　「平岩レポート」を超えて』東洋経済新報社、一九九四年
中野雅至『財務省支配の裏側　政官二〇年戦争と消費増税』朝日新書、二〇一二年
成田憲彦「国民福祉税構想の経緯」日本記者クラブでの会見詳録、二〇一〇年八月一九日
西野智彦『検証　経済迷走　なぜ危機が続くのか』岩波書店、二〇〇一年
西野智彦『検証　経済暗雲　なぜ先送りするのか』岩波書店、二〇〇三年
西村吉正『金融行政の敗因』文春新書、一九九九年

西村吉正『金融システム改革50年の軌跡』金融財政事情研究会、二〇一一年
日本経済新聞社編『金融迷走の10年　危機はなぜ防げなかったのか』日経ビジネス人文庫、二〇〇二年
日本経済新聞社編『リーマン・ショック5年目の真実』日本経済新聞出版社、二〇一四年
野中尚人『自民党政治の終わり』ちくま新書、二〇〇八年
野中広務『老兵は死なず　野中広務　全回顧録』文藝春秋、二〇〇三年
ハロルド・ジェームス『価値の創造と破壊（*The Creation and Destruction of Value: The Globalization Cycle*）＝未邦訳』Harvard University Press、二〇一二年
細川護熙『内訟録　細川護熙総理大臣日記』日本経済新聞出版社、二〇一〇年
牧原出『内閣政治と「大蔵省支配」』中央公論新社、二〇〇三年
松井孝治「民主党の政権戦略とその挫折」『世界』二〇一四年七月号
真渕勝『大蔵省統制の政治経済学』中央公論社、一九九四年
真渕勝『大蔵省はなぜ追いつめられたのか　政官関係の変貌』中公新書、一九九七年
御厨貴・牧原出編『聞き書　武村正義回顧録』岩波書店、二〇一一年
溝口善兵衛「為替随感」二〇〇四年発表
宮本太郎・山口二郎『徹底討論　日本の政治を変えるこれまでとこれから』岩波書店、二〇一五年
武藤敏郎編著『甦る金融　破綻処理の教訓』金融財政事情研究会、二〇一〇年
村山治『特捜検察vs.金融権力』朝日新聞社、二〇〇七年
森喜朗『私の履歴書　森喜朗回顧録』日本経済新聞出版社、二〇一三年
柳澤伯夫「長銀の債務超過、認定に悩んだ」日本経済新聞電子版インタビュー、二〇一四年一〇月一二日
山口二郎『大蔵官僚支配の終焉』岩波書店、一九八七年
山脇岳志『日本銀行の真実　さまよえる通貨の番人』ダイヤモンド社、一九九八年
山脇岳志『郵政攻防』朝日新聞社、二〇〇五年
与謝野馨『民主党が日本経済を破壊する』文春新書、二〇一〇年
涌井洋治「我が〝巨悪〟を嗤う」『新潮45』一九九九年八月号
※公知の事実関係については、日本経済新聞、朝日新聞、読売新聞、毎日新聞を参照した。

清水真人（しみず・まさと）

1964（昭和39）年，京都府生まれ．東京大学法学部卒業後，日本経済新聞社に入社．政治部（首相官邸，自民党，公明党，外務省などを担当），経済部（大蔵省などを担当），ジュネーブ支局長を経て，2004年より経済解説部編集委員．

著書『官邸主導　小泉純一郎の革命』（日本経済新聞社，2005）
『経済財政戦記　官邸主導 小泉から安倍へ』（日本経済新聞出版社，2007）
『首相の蹉跌　ポスト小泉 権力の黄昏』（日本経済新聞出版社，2009）
『ゼミナール 現代日本政治』（共編著，日本経済新聞出版社，2011）
『消費税　政と官との「十年戦争」』（新潮文庫，2015）
『平成デモクラシー史』（ちくま新書，2018）

財務省《ざいむしょう》と政治《せいじ》
中公新書 2338

2015年9月25日初版
2018年5月5日4版

著　者　清水真人
発行者　大橋善光

本文印刷　三晃印刷
カバー印刷　大熊整美堂
製　　本　小泉製本

発行所　中央公論新社
〒100-8152
東京都千代田区大手町1-7-1
電話　販売 03-5299-1730
　　　編集 03-5299-1830
URL http://www.chuko.co.jp/

Published by CHUOKORON-SHINSHA, INC.
Printed in Japan　ISBN978-4-12-102338-4 C1233